责任编辑：张智慧　王雪珂
责任校对：李俊英
责任印制：裴　刚

图书在版编目（CIP）数据

信用保险词典（Xinyong Baoxian Cidian）/罗熹主编．—北京：中国金融出版社，2015．9
ISBN 978－7－5049－8119－6

Ⅰ．①信…　Ⅱ．①罗…　Ⅲ．①信用保险—词典　Ⅳ．①F840．69－61

中国版本图书馆 CIP 数据核字（2015）第 212619 号

出版发行　中国金融出版社
社址　北京市丰台区益泽路 2 号
市场开发部　（010）63266347，63805472，63439533（传真）
网上书店　http：//www.chinafph.com
（010）63286832，63365686（传真）
读者服务部　（010）66070833，62568380
邮编　100071
经销　新华书店
印刷　北京汇林印务有限公司
尺寸　169 毫米×239 毫米
印张　41．25
字数　600 千
版次　2015 年 9 月第 1 版
印次　2015 年 9 月第 1 次印刷
定价　118．00 元
ISBN 978－7－5049－8119－6/F．7679

Credit Insurance Dictionary

信用保险词典 中英

（第一版）

罗熹　主编

中国金融出版社

《信用保险词典（第一版）（中英）》编撰委员会名单

作　序：项俊波

总　编：罗　熹

总　校：陈连从

编　委（按姓氏拼音排序）：

陈　新　陈　阳　程家敏

郭　伟　黄　山　孔宪华

李赞玉　林　芳　毛剑明

穆　歌　邱　阳　宋　洁

苏　磊　孙意风　谭　健

王　冰　吴　佳　肖春艺

周　娅　周瑾瑾　庄以群

编　辑（按姓氏拼音排序）：

丛　从　姜　波　李　裕

序

信用保险是以经济活动中的信用风险为标的的保险，是企业风险管理的重要工具，在促进出口、服务商业贸易健康发展、解决中小企业融资难问题等方面发挥着重要的作用。其中，出口信用保险是信用保险的重要组成部分。作为国际通行的贸易与投资风险保障手段，出口信用保险是各国政府以国家财政为后盾，为企业在出口贸易、对外投资和对外工程承包等经济活动中，提供风险保障的一项政策性支持工具。自20世纪初诞生以来，出口信用保险在全球范围内为防范国际贸易风险、促进国际贸易发展与繁荣作出了突出的贡献。

党中央国务院高度重视出口信用保险在促进出口、稳定经济中的重要作用。2014年8月，《国务院关于加快发展现代保险服务业的若干意见》（国发〔2014〕29号）中明确指出，要着力发挥出口信用保险促进外贸稳定增长和转型升级的作用。2015年《政府工作报告》中也明确提出，要扩大出口信用保险规模，对大型成套设备出口融资应保尽保。随着我国企业“走出去”和“一带一路”等重大国家战略的实施，出口信用保险在我国经济中的作用将更加重要，发展空间也将更加巨大。

中国的信用保险是在改革开放后引入的。近年来，信用保险特别是出口信用保险获得了长足的进步和发展。2001年，中国正式加入WTO，为信用保险打开了空前宽广的舞台。同年，国务院批准成立中国出口信用保险公司，并授权其成为中国唯一的政策性出口信用保险机构，中国的出口信用保险事业从此进入发展的快车道。2007年全球金融危机后，出口信用保险为出口保驾护航，凸显了政策性金融工具逆周期的特有价值。同时，也实现了信用保险业务的又一次历史性跨越，承保规模连年翻番，业务经验不断精进，专业能力和技术水平大幅提升。2014年，出口信用保险保费收入27亿美元，同比增长8.2%，承保总金额3 804.5亿美元，为稳定国家外需做出了积极贡献。2014年，4家商业保险公司试点经营短期出口信用保险业务，出口信用保险的市场体系更加完善，为出口信用保险的进一步发展奠定了良好的基础。

目前，中国经济进入了新常态，随着全面深化改革的不断推进，信用活动会更加广泛而深入地呈现在社会经济活动中，信用保险业务的重要性也会不断凸显。在信用保险业务规模不断扩大、市场体系不断完善的时刻，出版一本信用保险的工具书，为从业人员服务，为金融工具的使用者——“走出去”的中国企业服务，为相关领域的专家学者服务，对于推进行业健康发展具有积极意义。中国信保集中行业内的优秀专家，梳理总结自身多年的经验和成果，编撰完成了这本词典，为社会提供了一份高质量的信用保险专业参考资料。希望广大保险从业人员都能认真总结从业经验，把握行业规律，共同努力，加快发展现代保险服务业，为贯彻落实新“国十条”、服务经济社会发展贡献更大的力量。

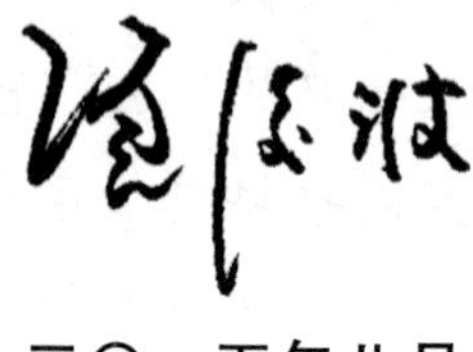

二〇一五年八月

目　　录
Contents

FIDIC 条款
FIDIC Conditions of Contract

释义:

国际咨询工程师联合会制定并推荐使用的合同条件。

Family of contract templates stipulated and recommended by International Federation of Consulting Engineers (FIDIC).

相关知识:

FIDIC 即国际咨询工程师联合会（Fédération lnternationale Des lngénieurs Conseils）的法文缩写。1913 年，该联合会在英国成立，总部设在瑞士洛桑，至今已有 60 多个国家和地区成为其会员。1996 年，中国正式加入。FIDIC 是世界上多数独立的咨询工程师的代表，是最具权威的咨询工程师组织，推动着全球范围内高质量、高水平的工程咨询服务业的发展。

每种 FIDIC 合同条件文本主要包括两个部分，即通用条款和专用条款。通用条款是合同中的一般性条件，在同类合同中具有普适性，通常包含一般规定，项目涉及的各方的定义及其权利义务，开工、延误和竣工，缺陷责任，变更和调整，合同价格和付款，合同的暂停和终止，保险、索赔、争端和仲裁等。专用条款是合同双方根据项目的实际情况，对通用条款进行明确、调整和修改后的条款。

FIDIC 系列合同条件的优点是国际性、通用性、公正性和严密性；合同各方职责分明，各方的合法权益可以得到保障；处理与解决问题程序严谨，易于操作。FIDIC 合同条件把与工程管理相关的技术、经济、法律三者有机地结合在一起，构成了一个较为完善的合同体系。

FIDIC1999 年出版的四种合同条件及其适用范围如下：

1.《施工合同条件》(*Conditions of Contract for Construction*)，简称“新红皮书”。该文件推荐用于由雇主或其代表——工程师设计的建筑或工程项目，主要用于单价合同。

2.《生产设备和设计——施工合同条件》(*Conditions of Contract for Plant and Design-Build*)，简称“新黄皮书”。该文件推荐用于电气或机械设备供货、建筑或工程的设计与施工，通常采用总价合同，部分工程也可采用单价合同。

3.《设计采购施工（EPC）/交钥匙工程合同条件》(*Conditions of Contract for EPC/Turnkey Projects*)，简称“银皮书”。该文件可适用于以交钥匙方式提供工厂或类似设施的加工或动力设备、基础设施项目或其他类型的开发项目，采用总价合同。

4.《简明合同格式》(*Short Form of Contract*)，简称“绿皮书”。该文件适用于投资金额较小的建筑或工程项目，也可用于投资金额较大的工程，特别是简单、重复性、工期短的工程。

衍生词条：

工程总承包合同
EPC contract

安慰函
letter of comfort

释义：

母公司出具的对子公司商业活动和承诺表示支持的函，但并不具有担保效力；或注册会计师出具的声明，证明用于公司证券发行的财务报表无虚假或误导信息。

A letter from a parent corporation, stating its support (but short of a guarantee) for the activities and commitments of its subsidiary; or a letter from a certified public accountant certifying that no false or misleading information has been used in preparing a financial statement accompanying a securities offering.

相关知识：

安慰函的特点。安慰函与担保函不同，虽然在广义上是国际融资信用担保文件之一，但其最显著的特征是其条款一般不具有法律拘束力，而只有道义上的约束力，即使明确规定了它的法律效力，也由于其条款弹性过大而不会产生实质性的权利义务。

安慰函的分类。1. 确认债务人现状的安慰函，尤其是母公司对子公司的现状给予确认。2. 承担清偿债务的道义上责任的安慰函。3. 补充清偿的安慰函，即承诺在债务人清偿不足时承担实际清偿责任。4. 连带责任的安慰函，近似于连带责任保证。5. 承担其他义务的安慰函，如给予债务人资产支持、确保债务人不破产、监督债务财务状况等等。

衍生词条：

保函
letter of guarantee

按保险人的指示进行追偿

instructions to take specified steps to implement collection

释义：

在保单约定的风险发生后，被保险人根据保险人的指示，及时向买方或其他相关第三方主张债权的行为。

The collection implemented against the buyer or other related third party by the insured under the insurer's instructions, after the insured risk as per the policy occurs.

相关知识：

在保单约定风险事件发生后，为最大限度地减少损失，保险人需及时启动追偿工作。一般而言，追偿行动可由保险人代理被保险人进行，也可由被保险人自行采取，但被保险人自行追偿的行动需按照保险人的指示进行。

按保险人的指示进行追偿的适用情况。1. 案件发生可能损失后，被保险人提出自行追偿申请的，保险人可根据案情指示被保险人自行进行追偿。2. 案件发生可能损失后，由于买方提出纠纷等原因被保险人无法确认债权的，保险人可要求被保险人通过诉讼或仲裁先行确定债权。3. 案件赔付后，被保险人应当按照保险人要求协助追偿，包括提供追偿所需合同、发票、提单等贸易单证，提供往来邮件等书面沟通文件，提供熟悉案件情况的负责人，及时答复追偿相关问题，根据保险人要求配合采取诉讼或仲裁等法律行动。

按保险人的指示进行追偿应注意的事项。1. 被保险人希望自行追偿的，应首先获得保险人同意，对于预期发生的费用应事先获得保险人书面同意，向保险人定期汇报追偿进展，及时摊回属于保险人权益的追偿款项。2. 被保险人委托保险人追偿的，被保险人应履行配合追偿的义务，及时按照保险人要求提供文件和信息、配合采取法律行动、及时摊回属于保险人的追偿款项。

衍生词条：

追偿
collection
追回款
recoveries
追偿收入
recovery income
追偿费用
collection expenses

巴黎俱乐部
Paris Club

释义:

债权国政府组成的非正式组织，法国财政部为该组织特设秘书处。自 1956 年以来，各国代表定期在巴黎开会，对有困难的债务国的双边债务进行重组。俱乐部内协商的债务重组是对债务负担沉重，并正寻求国际货币基金组织调整债务结构国家的一种国际支持。巴黎俱乐部没有固定的会员，所有的官方债权人均可与会。债权人通常也会寻求其他机构债权人——例如伦敦俱乐部里的商业银行——提供类似的减免。

An informal group of creditor governments whose representatives have met regularly in Paris since 1956 to reschedule the bilateral debts of troubled debtor countries. The French Treasury provides the group's secretariat. The rescheduling thus negotiated is part of the international support provided to a country with a heavy debt burden that is pursuing an adjustment program with the IMF. The Paris Club has no fixed membership, and its meetings are open to all official creditors. Creditors usually look for comparable relief to be provided by other non-multilateral creditors, such as commercial banks in the context of the London Club.

衍生词条:

伦敦俱乐部
London Club

半散件组装
semi-knocked down （SKD）

释义：

将未拆散的半成品及部分零部件出口到销售地再进行组装（通常用于整车出口业务）。

The term is used to describe a product that is exported in a set of parts that have been partly assembled and are to be assembled altogether abroad for sale to customers (usually applicable to whole car export).

衍生词条：

全散件组装
complete knocked down（CKD）

包销协议
off-take agreement

释义:

项目公司和接收人（购买项目公司产品或服务的一方）之间的协议，决定了最终产品的价格和购买数量，为项目公司提供稳定充足的收益，以承担项目贷款的还款义务、支付运营成本、满足投资者回报。

An agreement between the project company and the off-taker (the party who is buying the product/service the project produces/delivers), dictating the price and volume for sales of project product.

The enforcement of such agreements provides the project company with stable and sufficient revenue to fulfill debt obligations, covers operating costs and generates expected returns to the investors.

衍生词条:

项目融资
project finance

保费不足准备金
premium deficiency reserve

释义：

未赚保险准备金和预期投资收益不足以弥补损失和相关费用时，（保险公司）计提的准备金。

Reserve made for the deficiency of unearned premium reserve and investment return to offset expected future claims and expenses.

相关知识：

保险公司在评估未到期责任准备金时，要对其充足性进行测试。未到期责任准备金的提取金额应不低于以下两者中较大者：
1. 预期未来发生的赔款与费用扣除相关投资收入之后的余额。
2. 在责任准备金评估日假设所有保单退保时的退保金额。

当未到期责任准备金不足时，应提取保费不足准备金，提取的保费不足准备金应能弥补未到期责任准备金和上述两者较大者之间的差额。

衍生词条：

未到期责任准备金
unexpired risk reserve
未赚保费准备金
unearned premium reserve

保函/担保函
letter of guarantee

释义：

应被担保人或其他申请人请求，担保人向担保受益人出具的，在被担保人未履行对担保受益人义务时，由担保人代为履行相关义务或进行赔偿的书面承诺。

A letter of guarantee, or guarantee (bond) in short, is a written promise issued by a surety at the request of an obligor (principal), whereby the surety is obligated to the beneficiary (obligee) to perform a duty or make payment as set forth in the bond once the obligor fails to perform such an obligation.

相关知识：

保函的特点。与保证合同不同，保函是担保人向受益人单向开立的；而保证合同是由担保人和受益人双方共同订立的。

保函的种类。保函分为从属性保函和独立性保函。传统的保函是从属性的，保函是基础合同的一个附属性契约，其法律效力随基础合同而存在、变化、灭失。担保人的责任是属于第二性的付款责任，只有当保函的申请人违约，并且不承担违约责任时，担保人才承担保函项下的赔偿责任。独立性保函要求担保人的责任是不可撤销的、无条件的和见索即付的。保函一经开出，未经受益人同意，不能修改或解除其所承担的保函项下的义务；保函项下的赔付只取决于保函本身，而不取决于保函以外的基础交易，担保人收到受益人的索赔要求后应立即赔付保函约定的金额。见索即付保函就是独立性保函的典型代表。

衍生词条：

安慰函
letter of comfort
见索即付保函
demand guarantee

保理
factoring

释义：

出口商将其出口的应收款项（汇票，期票或赊销的发票）折价出售。收购应收款项的公司被称为“保理商”。

A trade finance mechanism whereby an exporter sells its export receivables (bills of exchange, promissory notes, or simply issued invoices, which the exporter is selling on an open account basis) at a discount. The company purchasing the receivables is called a factor.

相关知识：

保理的分类。按照保理商是否可以向出口商追索，分为有追索权的保理和无追索权的保理；按照是否通知进口商，分为明保理和暗保理；按照保理商向出口商提供资金的时间，分为折扣保理（或融资保理）和到期保理。

保理的一般做法。保理商收购应收款项后，进口商直接向保理商付款。有些保理商实际上管理着出口商的销售账户，而且可向进口商开具发票。有些保理商办理无追索权业务，自担进口商不付款的风险。保理商也可将进口商不付款或延迟付款的全部或部分金额向出口商追索，但此方式不常用。一些出口信用机构为保理商设计了既保障政治风险，又保障商业风险的专用保单或服务项目，包括国内保理保险、进口保理保险、出口保理保险等。

国际保理商联合会（Factors Chain International，FCI）成立于1968年，总部设在荷兰阿姆斯特丹，275个保理商会员来自76个国家，是目前全球最大的开放性跨国民间保理机构网络。

保留金抵扣
retention deduction, warranty deduction

释义:

支付工程价款时扣留的款项，用于承包商未能履行合同义务、业主（或工程师）指定他人完成应由承包商承担的工作时发生的费用。通常在工程移交后和缺陷责任期满后返还。

Deduction from project interim payments, in case of contractor's failure in performance which the employer is entitled to appoint others to fulfill. Typically such deduction is returned after project transfer or at the expiration of the defect liability period.

相关知识:

保留金保函。在对外工程承包中，工程业主一般保留5% ~ 10%的工程款作为保留金，待工程保用期满而又无缺陷时再支付给承包商。如承包商需要业主支付全额而不扣除保留金时，应提交银行开立的保留金保函。当承包工程达不到合同规定的质量标准时，承包商将把这部分留置款项退回业主。否则，担保银行将给予赔偿。

衍生词条:

缺陷责任期
defect liability period
工程总承包合同
EPC contract
预付款抵扣
advanced payment deduction

保税货物
bonded goods

释义：

经海关批准的、未缴纳关税但在境内储存、加工、装配后复运出境的货物。

Products approved by the customs to be stored, processed, manufactured in territory, and then delivered out of territory without payment of duty.

相关知识：

保税仓库是经海关批准设立的、专门存放保税货物及其他未办结海关手续货物的仓库。

保险标的合同/承保交易
insured contract, insured transaction

释义：

信用保险合同承保范围内的、被保险人对特定债务人的债权。

An obligation owing from a specific debtor to the insured and covered under the credit insurance contract.

相关知识：

在信用保险范畴内，保险人承保的交易（合同）包括商务合同和贷款协议。在商务合同项下，承保范围为被保险人的应收账款损失，有时也可包含成本投入损失。在贷款协议项下，承保范围为借款人应向贷款银行偿付的款项。

衍生词条：

保险合同
insurance contract

保险单/保险合同
insurance policy, insurance contract

释义：

保险人和投保人订立保险合同的正式书面证明，完整地载明双方的权利和义务。

A contract between the insurer and the insured which stipulates each party's rights and obligations.

相关知识：

保险单的主要内容包括保险人和被保险人的名称、保险标的、保险金额、保险费、保险期限、赔偿或给付的责任范围以及其他规定事项。出口信用保险单通常由投保单、保险条款、保险单明细表和批单共同组成。

衍生词条：

保险条款
general terms and conditions
保险单明细表
policy schedule
批单
endorsement

保险单明细表
policy schedule

释义：

保险单的组成部分之一，是对保险标的和有关承保条件的具体表述。

One of the constituent parts of an insurance policy, which stipulates the insured object and detailed insurance terms and conditions.

相关知识：

在通常情况下，保险单条款都是标准制式的，具有很强的通用性。但是具体保险项目中的保险标的、承保条件、保险覆盖范围和相关限制等都无法在保险单条款中约定，一般会在保险单明细表中予以明确，主要包括被保险人基础信息、约定的保险范围、风险类别、赔偿比例、投保额、费率、最高赔偿限额、保费、限额、保险单有效期、争议解决方式等。

衍生词条：

保险单
insurance policy

保险单期限/保险单有效期
policy period

释义：

保险单生效至终止的时间。

The period from commencement date to termination of the policy.

相关知识：

保险单期限是保险产品的必备要素之一。在保险单期限内，投保人按照保险单约定缴纳保险费，保险人按照约定承担保险责任。

衍生词条：

保险单生效
commencement of policy
保险单终止
termination of policy

保险单生效
commencement of policy

释义：

依法订立的保险合同对当事人产生法律效力。

The situation that an insurance contract established in accordance with the law becomes enforceable or otherwise takes effect for parties.

衍生词条：

保险责任起始
commencement of liability
保险单期限/保险单有效期
policy period
保险单终止
termination of policy

相关知识：

一般情况下，保险单签发即生效，但保险人开始承担保险责任（即保险责任起始）仍需要满足保险单规定的条件。

保险单终止
termination of policy

释义：

保险单有效期届满，或法律规定，或合同约定的终止事由发生，使保险单不再有效。

The expiration of the policy period, or the occurrence of events which lead to agreed or statutory termination which cause the policy no longer valid.

相关知识：

保险单终止的三种情形。1. 被保险人申请保险单终止。在保险单有效期内被保险人可以单方面提出解除保险单，经保险人审核，在符合保险单终止约定条件的情况下即可终止保险单。2. 保险人终止保险单。被保险人违约，保险人有权根据保险单约定终止保险单。3. 保险单自然终止。保险单有效期届满，保险单自然终止。

衍生词条：

保险单期限/保险单有效期
policy period
保险单生效
commencement of policy

保险费
premium

释义：

为获得保险保障，投保人按合同约定向保险人支付的费用。

The sum paid by an insured party to an insurer in accordance with the insurance contract for coverage.

相关知识：

保险费通常包含赔付成本、营业费用、税金和合理的利润。出口信用保险的费率通常依据所承担的风险、信用期限以及买方国家的风险度等因素厘定。一般在保险费支付后，保险责任才完全生效。

衍生词条：

费率
premium rate

保险费退还
refund of premium

释义：

由经保险人认可的原因导致保险人责任提前解除后，保险人将全部或部分保险费返还给被保险人的行为。

The act that an insurer returns all or part of the premium to the insured, after having been relieved of the liability for any reason endorsed by the insurer.

衍生词条：

保险费

premium

保险金额/保额/承保金额
insured amount, sum insured

释义:

保险人承担保险责任的金额，是计算保险费的依据，应等于或小于可保利益的价值。

The maximum amount which the insurer undertakes to indemnify under its insurance obligation. Insured amount is the basis for the calculation of premium and should be equal to or less than the value of insurable interest.

衍生词条:

保险费
premium

相关知识:

最高赔偿限额是指在一个保险期内保险人对某保单承担的最大赔偿责任，通常设定为保额的一定比例或保费的一定倍数。

保险人
insurer

释义：

与投保人订立保险合同、承担保险责任并在风险发生时按保险合同支付赔偿金的保险公司。

The insurance company which enters into an insurance contract with an applicant and is obligated to make indemnity for insured losses.

衍生词条：

保险合同
insurance contract
被保险人
insured

保险条款
general terms and conditions, insurance clause

释义：

保险合同中约定双方当事人权利、义务及其他有关事项的格式化条文，内容复杂，专业性强，一般由保险公司单方面制订。

Format clauses which stipulate each party's rights, obligations and other relevant matters in the insurance contract. In general, the insurance company draws up the general terms and conditions unilaterally, which are complex and technical.

相关知识：

保险条款通常分为基本条款、附加条款、法定条款、任意条款等。1. 基本条款是指保险人根据不同险种约定的有关保险合同当事人权利义务的基本事项，通常印制在保险单上，构成保险合同的基本内容。2. 附加条款是指在基本条款的基础上保险合同当事人对权利义务的补充约定，通常对基本条款的内容加以扩大或者限制。3. 法定条款是指法律规定必须明确约定的条款。4. 任意条款是指保险合同当事人自由约定的条款。投保人和保险人在已约定的保险合同事项外，可以就与保险有关的其他事项做出约定。

衍生词条：

保险单/保险合同
insurance policy, insurance contract

保险责任起始
commencement of liability

释义：

保险人按照保险合同约定开始承担保险责任。

The insurer begins to assume insurance responsibility in accordance with the provisions of the insurance contract.

相关知识：

出口信用保险项下保险责任起始的条件通常包括被保险人交纳保险费、保险单生效或开始履行等。

衍生词条：

保险单生效
commencement of policy
保险费
premium

保证
credit guarantee

释义：

担保人和担保受益人约定，当被担保人不履行债务时，担保人按照保函或保证合同约定履行债务或承担责任的行为。

An act of a guarantor to issue a bond (guarantee) to an obligee, promising to assume responsibility for the obligation of an obligor if that obligor defaults.

相关知识：

保证又称信用担保，实质上是人的担保，只能由第三方提供，不能由被担保人提供。根据《中华人民共和国担保法》，保证的方式有：1. 一般保证。在保证合同中约定被担保人不能履行债务时，由担保人承担保证责任。一般保证的担保人在主合同纠纷未经审判或者仲裁，并就被担保人财产依法强制执行仍不能履行债务前，对担保受益人可以拒绝承担保证责任。2. 连带责任保证。连带责任保证的被担保人在主合同规定的债务履行期届满没有履行债务的，担保受益人可以要求被担保人履行债务，也可以要求担保人在其保证范围内承担保证责任。除上述方式外，在涉外担保中，还存在独立保证。

衍生词条：

担保
guarantee
保函
letter of guarantee

保证金
cash deposit

释义：

为降低风险，担保人要求被担保人提供的现金，用于应付违约时发生的代偿。如未产生担保责任，担保责任解除时，保证金应退还被担保人。

A sum of money pledged by an obligor to a guarantor serving as protection against the obligor's default. If the obligor does default on its obligation towards an obligee, and the guarantor has to step in and settle the claim from the obligee, the obligor forfeits the money pledged as collateral, with the guarantor then becoming its owner; the money will be returned to the obligor when its obligation towards the obligee has been fully performed and the guarantor's duty has been relieved.

相关知识：

保证金实质上是一种反担保措施，只能用于被担保人违约时担保人发生的代偿。

保证金与定金不同，定金是一种担保方式。《中华人民共和国担保法》规定，交易双方可以约定一方向对方给付定金作为债权的担保。债务人履行债务后，定金应当抵作价款或者收回。给付定金的一方不履行约定债务的，无权要求返还定金；收受定金的一方不履行约定债务的，应当双倍返还定金。

被保险人
insured， policyholder

释义：

在保险合同中，与保险人订立保险合同，缴纳保费，并在保险事故发生时享有保险金请求权的一方。

The party of an insurance contract whom the insurer agrees to indemnify for losses caused by perils covered in exchange for premium payments.

相关知识：

被保险人作为合同一方，除了缴纳保费以外，还应履行合同项下的各项义务，包括最大诚信、如实告知、协助理赔等；同时享有合同约定的各项权利，如获得赔付、解除保单等。

衍生词条：

保险人
insurer

被担保人
obligor，principal

释义：

在担保关系的当事各方中，对主合同负有最终履约义务的一方，也即担保函所担保的一方。

The party with the ultimate burden to perform the underlying contract and for whom the guarantee is issued.

相关知识：

担保通常涉及三方当事关系，即担保人、被担保人和担保受益人。其中担保人是对被担保人履行主合同义务负有担保责任的一方；被担保人（债务人）是主合同义务的实际履约方；担保受益人（债权人）是接受担保并享有其权益的一方，在主合同项下被担保人对其负有履约义务。

一般情况下，在投标保函项下，被担保人为投标方；在预付款保函、履约保函、质量保函项下，被担保人为卖方/总包方/分包方；在融资担保项下，被担保人为借款的债务人。

被担保人可以是担保申请人（即向担保人提出担保申请的一方），也可以与担保申请人分离。

衍生词条：

担保
guarantee
担保人
guarantor
担保受益人
obligee

备用信用证
standby letter of credit

释义：

开证行的一种支付承诺，保证在开证申请人未能履行义务时，受益人按照备用信用证的规定向开证行开具汇票、出具特定单据或文件，开证行随即向受益人付款。

A payment commitment issued by banks on behalf of an applicant to a beneficiary. Should the applicant fail to fulfill a contractual commitment set out in the letter of credit, the beneficiary will be paid only if the stipulated notes or files be fully provided.

相关知识：

备用信用证是适用《跟单信用证统一惯例》（UCP）、《国际备用证惯例》（ISP98）的一种特殊形式的信用证，是开证行对受益人承担一项义务的凭证。备用信用证的种类通常有：履约备用信用证、预付备用信用证、投标备用信用证、担保备用信用证、融资备用信用证、保险备用信用证、商业备用信用证、直接付款备用信用证等。

衍生词条：

信用证
letter of credit
(L/C)
开证行
issuing bank

本国成分
national content

释义：

出口合同载明的源自出口国的货物或服务成分。传统上，出口信用机构主要支持本国货物和服务的出口。然而，在短期业务方面，承保货物的原产地概念越来越模糊，而在中长期业务领域，常常对本国成分有最低比例要求。这一概念正逐渐被“本国利益”的提法取代。

Goods and services originated in the exporting country in an export contract. Traditionally, export credit agencies have mainly supported the export of goods and services from their own countries. In the area of short-term business, however, the national origin of covered goods becomes increasingly blurred, while rules governing national content are applied more carefully in the area of medium-and long-term credit, requiring minimum amount of national content. This concept is being replaced gradually by “national interest”.

相关知识：

出口信用机构在提供出口信贷或出口信用保险时通常会要求出口合同中具有一定的本国成分，以促进本国货物和服务的出口，拉动经济发展。

衍生词条：

出口信用机构
Export Credit Agency（ECA）
外国成分
foreign content
当地成分
local content

本票
promissory note

释义：

由出票人出具的书面承诺，保证在将来某个时间或根据执票人的要求，支付一定金额给执票人或其指定人。

A legal instrument (more particularly, a financial instrument), in which one party (the maker or issuer) promises in writing to pay a determinate sum of money to the other (the payee), either on demand or at a fixed or determinable future time.

相关知识：

本票的种类。我国《票据法》对本票的定义指的是银行本票；国外票据法允许企业和个人签发本票，称为一般本票。在国际贸易中使用的本票，均为银行本票。银行本票都是即期的；一般本票可以是即期的，也可是远期的。

本票的内容。我国《票据法》规定，本票必须记载的事项包括表明“本票”的字样、无条件支付的承诺、确定的金额、收款人名称、出票日期和出票人签章。

衍生词条：

汇票
bill of exchange

比例再保险
proportional reinsurance

释义：

根据再保险合同的规定，原保险公司将承保的业务以成数分保或溢额分保的方式，按一定的比例分给再保险公司。

A catchall term for all types of quota share and surplus reinsurance, in which the reinsurer shares proportionally the losses and premiums with the ceding insurer.

相关知识：

比例再保险的分类。根据如何确定原保险公司和再保险公司的分保比例，可以进一步细分为成数再保险、溢额再保险、成数溢额混合再保险。

比例再保险的应用。比例再保险条约的基础是“原始风险”，所以原保险公司必须按照承保业务时保险人与被保险人之间达成的原始条件分保。原保险公司必须严格按照比例再保险合同规定的业务范围、分保比例等向再保险公司分保，再保险公司必须无条件接受，双方享有同等的权利和义务。比例再保险合同因手续简便在国际分保市场上比较流行。

比例再保险和非比例再保险的区别。按分保责任分配方式的不同，再保险分为比例再保险和非比例再保险。比例再保险是以保险金额为基础划分分保责任，非比例再保险以实际发生的赔款为基础进行责任的分摊。非比例再保险的主要形式为超赔再保险。

衍生词条：

成数再保险
quota share reinsurance

溢额再保险
surplus reinsurance

非比例再保险
non-proportional reinsurance

超赔再保险
excess of loss reinsurance

变更合同支付条件
change of payment terms

释义：

在国际贸易中，贸易双方经协商变更已约定的支付方式及信用期限的行为。

The seller and the buyer enter into a new agreement to change the terms of payment or the credit period previously agreed.

相关知识：

支付条件是贸易合同的核心条款。贸易实务中，买方有时会根据客观商务环境的变化与卖方协商变更合同支付条件，如延长信用期限、变更支付方式等，均会导致信用保险人实际承保风险的变化。因此，信用保险合同通常规定，未经保险人同意，被保险人不得擅自变更支付条件。在被保险人申请变更已承保合同支付条件时，保险人一般要求被保险人提供双方变更合同支付条件的具体信息，同时结合承保情况、买方授信情况、历史付款表现、其他风险信号等信息，综合判断风险变化，以决定是否接受变更、附条件接受变更或拒绝接受变更。

表面利率/名义利率

cosmetic interest rate, nominal interest rate

释义:

合同或贷款协议约定的不反映实际水平的利率，常用于中长期出口信贷。经合组织的《君子协定》对出口信用机构所支持的项目利率有相关的规定。但是，由于一些进口商或借款人寻求更低的利率，实际利率和预期利率的利差会被计入合同价格或贷款本金。

An interest rate set in a contract or loan agreement that does not reflect the real interest rate. This terminology is used in some medium-and long-term export credits. The interest rates on transactions supported by export credit agencies are guided by the OECD Arrangement. However, some buyers or borrowers seek for lower interest rates, and the difference between the real interest rate and the expected rate may be calculated and hidden in the contract price or in the principal of the loan.

衍生词条:

贷款协议
loan agreement

经济合作与发展组织/经合组织
Organization for Economic Cooperation and Development (OECD)

《官方支持出口信贷的安排》/君子协定
Arrangement on Officially Supported Export Credits (the Arrangement)

出口信用机构
Export Credit Agency (ECA)

伯尔尼协会
Berne Union（BU）

释义：

全称“国际信用和投资保险人协会”，成立于1934年，是由官方与私营出口信用保险机构组成的一个非官方组织。协会的宗旨是促使出口信用与投资保险业内达成完善的原则，并促进业内信息和经验交流。协会成员每年召开两次会议，寻求建立共同标准，例如适用于不同类型贸易的首付款与还款期标准。所有成员仅代表保险机构而非各自国家政府。

The International Union of Credit and Investment Insurers. Founded in 1934, the Berne Union is an informal association of export credit insurance agencies, including both public and private insurers. The two main objectives of the Berne Union are the promotion of the international acceptance of sound principles in export credit insurance and investment insurance, and the exchange of information relating thereto. Members meet twice a year to exchange information and seek to establish common standards, for instance, on the appropriate down payment and repayment periods for various kinds of exports. All members participate as insurers and not as representatives of their governments.

相关知识：

目前伯尔尼协会主要成员为官方出口信用保险机构（ECA），少数成员为私营机构。两者的主要区别在于官方ECA的出资人一般为国家政府（全资控股或绝对控股），并由国家财政担保。私营信用保险机构（或公司）的主要出资人或是上市公司，或是由几家股东共同持股，没有国家财政担保，完全商业运作。

表 1　伯尔尼协会成员名单（截至 2014 年 9 月）

序号	成员	国家或地区	序号	成员	国家或地区
1	AIG	美国	26	HISCOX	百慕大
2	ASEI	印度尼西亚	27	HKEC	中国香港
3	ASHRA	以色列	28	ICIEC	—
4	ATI	—	29	KSURE	韩国
5	ATRADIUS	荷兰	30	KUKE	波兰
6	CESCE	西班牙	31	MEXIM	马来西亚
7	COFACE	法国	32	MIGA	—
8	COSEC	葡萄牙	33	NEXI	日本
9	CREDENDO GROUP	比利时	34	ODL	卢森堡
10	ECGC	印度	35	OeKB	奥地利
11	ECIC SA	南非	36	OPIC	美国
12	ECICS	新加坡	37	PwC	德国
13	EDC	加拿大	38	SACE	意大利
14	EFIC	澳大利亚	39	SBCE	巴西
15	EGAP	捷克	40	SERV	瑞士
16	EH GERMANY（State）	德国	41	SID	斯洛文尼亚
17	EH GERMANY（Private）	德国	42	SINOSURE	中国
18	EKF	丹麦	43	SLECIC	斯里兰卡
19	EKN	瑞典	44	SOVEREIGN RISK	百慕大
20	EXIM HUNGARY	匈牙利	45	TEBC	中国台湾
21	EXIM J	牙买加	46	THAI EXIMBANK	泰国
22	EXIMBANKA SR	斯洛伐克	47	TURK EXIM	土耳其
23	FCIA	美国	48	UK EXPORT FINANCE	英国
24	FINNVERA	芬兰	49	US EXIMBANK	美国
25	GIEK	挪威	50	ZURICH	美国

相关信息：

1934 年，英国、法国、意大利和西班牙四国的出口信用机构（ECA）发起成立了该协会，因注册地在瑞士伯尔尼而得名“伯尔尼协会”。协会最初成员基本为欧洲主要工业国的官方及部分私营出口信用机构。经过80年的发展，到2014年协会成员机构扩大到50家，来自40个国家或地区。1996年，中国人民保险公司以“观察员”身份加入伯尔尼协会，1998年成为正式成员。2001年，中国出口信用保险公司成立，接替中国人民保险公司在协会中的成员席位至今。

1993年，协会为当时各国（主要为东欧、非洲等）新成立的出口信用机构设立“布拉格俱乐部”，旨在促进新兴市场国家的出口信用机构的发展，其成员多数为新兴市场国家的官方出口信用机构，俱乐部成员满足条件后可正式加入协会。2014年布拉格俱乐部成员共有36家，其中有9家兼为伯尔尼协会成员。

据伯尔尼协会数据统计，协会成员整体业务量1983年为仅4 000亿美元，2006年突破1万亿美元，2008年达到1.5万亿美元，占世界出口总额的10%以上。受2008年国际金融危机影响，协会成员业务量下滑，赔款上升。但2010年以后，协会整体业务很快好转，当年业务量基本恢复到危机之前，到2013年已达1.87万亿美元，达到历年最高水平。

表2　　伯尔尼协会2005—2013年总体业务情况

单位：亿美元

年 度	保 额	保 费	已决赔款	追偿收入
2005	9 799.6	58.6	29.3	194.1
2006	11 420.7	62.8	27.8	327.3
2007	13 218.0	67.1	22.6	75.2
2008	15 090.0	74.8	23.4	75.6
2009	13 625.3	84.8	54.5	44.7
2010	14 976.6	102.5	36.6	25.8
2011	17 617.5	113.6	39.7	26.0
2012	18 046.2	97.4	48.3	30.7
2013	18 712.9	98.7	44.1	26.4

衍生词条：

出口信用机构
Export Credit Agency (ECA)
国际信用与保证保险协会
International Credit Insurance and Surety Association (ICISA)

补充承保
top-up cover

释义：

在已有的信用限额基础上，同一家或另一家保险公司补充提供的承保能力，即保单持有人在现有的信用限额基础上补充选择保障额度并另交保费。

Additional coverage over a credit limit established by the same or another insurer. Policyholder chooses the amount of supplemental cover on top of the existing credit limit by paying additional premium.

相关信息：

伯尔尼协会超过半数成员机构提供过此类保险，且大多数都征收了附加费。75%的协会成员都是在2008年金融危机后开始这一做法的，且大都表示将予以延续。例如，瑞士政府就曾于金融危机后临时提供补充承保计划，直至2011年。2011年，Euler Hermes在法国率先实施补充承保计划并逐渐扩大规模，主要对紧急和敏感的客户提供额外的承保服务，定价机制较为透明。2013年，葡萄牙信用保险机构COSEC开始实施补充承保计划。

衍生词条：

信用限额
credit limit

补贴
subsidy

释义：

一国政府或其辖内任何公共机构对其境内某种产品价格或某些企业收入提供的财政资助，以直接或间接地增加出口或减少进口，会对其他国家利益产生不利的影响。出口信用保险对出口的支持不属于补贴的范围。

A financial contribution or support of the price or revenue by a government or any public body in its territory. This kind of governmental deed or measure directly or indirectly leads to an increase of export or a decrease of import, or results in the damage of interests of other countries. The support of export credit facility is not taken as subsidy.

相关知识：

根据《补贴与反补贴措施协议》，补贴可分为禁止性补贴、可申诉补贴和不可申诉补贴。禁止性补贴又称“红色补贴”，指任何成员不得实施或维持的补贴，包括出口补贴和进口替代补贴。可申诉补贴又称“黄色补贴”，只在一定范围内允许实施，但如果在实施过程中对其他成员方的经济贸易利益造成了严重损害，或产生了严重的歧视性影响时，则受到损害和歧视影响的成员可对其补贴措施提出申诉。不可申诉补贴又称“绿色补贴”，是指成员方在实施这类补贴时，其他成员方一般不会反对或为此采取反补贴措施。

反补贴是指一国政府或国际社会为了保护本国经济利益，或者为了维护公平竞争的国际贸易秩序，针对国际贸易中的补贴行为而采取的限制性措施。

衍生词条：

出口信用保险
export credit
insurance

不附有条件的援助贷款
untied aid credit

释义：

与援助提供国的贸易无任何关系的双边援助贷款。

Bilateral aid credit which is not linked to purchases from the offering country.

相关知识：

援助贷款与官方支持的出口信贷的关系。1. 当为同一个项目提供贷款时，援助贷款与官方支持的出口信贷形成一种混合贷款。即使援助贷款部分是不附有条件的援助，若官方支持的出口信贷与被援助国从援助提供国购买物品有关，则构成了附有条件的援助贷款。2. 附有条件的援助贷款，除在利率、宽限期和支付条件上与官方支持的出口信贷不同以外，两者在其他方面的差别较小。

衍生词条：

附有条件的援助贷款
tied aid credit

不可撤销信用限额
non-cancelable credit limit

释义：

在保单有效期内持续有效的、保险人一般不可主动撤销的信用限额。但当发生某些事先约定的特定事件时，如买方评级调低、买方逾期付款等，限额则会被自动撤销。

Credit limits that cannot be canceled by the insurer and remain valid for the duration of the policy period in principle, but may be canceled for the occurrence of certain defined events, such as rating downgrade, overdue payments etc..

相关知识：

为了对被保险人贸易活动提供持续保障，信用保险保单中一般规定保险人批复的信用限额在保单有效期内可循环使用、持续有效。同时，为了保障保险双方的利益，避免风险增大的情况下被保险人继续出运带来的可能损失，保单中通常也会约定当买方评级降低、买方付款出现逾期时，被保险人在该买方项下的信用限额将自动撤销。在任何条件下均不可撤销的信用限额在信用保险实务中较少出现。

衍生词条：

信用限额
credit limit

不可兑换货币
non-convertible currency

释义:

又称“冻结货币”，主要用于国内市场交易，不能在外汇市场上兑换成另一种货币，或仅能进行有限量的兑换。

Also known as "blocked currency", which is used primarily for domestic transactions and may not be converted into another currency in the foreign exchange market, or may only be converted in limited amount.

衍生词条:

可自由兑换货币
convertible currency

采购订单
purchasing order（PO）

释义：

买方对供货方发出的采购货物或者服务的凭证，条款比较简单。在某些情况下，合同双方先签署一个框架协议，约定一段时间内双方的采购和供应总量，详细约定双方的权利和义务；随后通过采购订单的形式，单独约定每一期采购和供应的数量、金额、交付时间等。

A certificate, with relatively simple clauses, sent to the supplier for purchasing goods or service by the buyer. Under some circumstances, the buyer and the supplier will sign an umbrella agreement, which stipulates the total purchasing and supplying volumes during a certain period, and also the rights and obligations of each party. Afterwards, the two parties will stipulate the amount, unit price and time of delivery in the form of purchasing order.

衍生词条：

保险标的合同
insured contract

残值
residual value，salvage value

释义：

在会计核算中，指从可折旧资产的原始成本中，减去所有折旧费用后的金额。在租赁行为中，指租赁资产未来的绝对货币价值，有时也表示为原始价值的一定百分比。

In accounting, the remaining value of an asset after it has been fully depreciated. As one of the constituents of a leasing calculus or operation, it describes the future value of goods in terms of absolute value in monetary terms and it is sometimes abbreviated into a percentage of the original value.

偿付能力充足率
solvency ratio

释义：

保险公司的实际资本与最低资本的比率，反映保险公司履行赔偿或给付责任的能力。

The size of an insurance company's capital relative to all risks it has taken, which is most often defined as the ratio of available capital to required capital.

相关知识：

偿付能力充足率＝保险公司的实际资本/最低资本。保险公司的实际资本，是指认可资产与认可负债的差额。保险公司的最低资本，是指根据监管机构的要求，保险公司为吸收资产风险、承保风险等风险对偿付能力的不利影响而应当具有的资本数额。

按照目前监管标准，对偿付能力充足率小于100%的保险公司，中国保险监督管理委员会可将该公司列为重点监管对象，根据具体情况采取以下监管措施：1. 对偿付能力充足率在70%以上的公司，可要求该公司提出整改方案并限期达到最低偿付能力额度要求，逾期未达到的，可对该公司采取要求增加资本金、责令办理再保险、限制业务范围、限制向股东分红、限制固定资产购置、限制经营费用规模、限制增设分支机构等必要的监管措施，直至其达到最低偿付能力额度要求。2. 对偿付能力充足率在30%到70%之间的公司，除采取前款所列措施外，还可责令该公司拍卖不良资产、责令转让保险业务、限制高级管理人员的薪酬水平和在职消费水平、限制公司的商业性广告、责令停止开展新业务以及其他必要措施。3. 对偿付能力充足率小于30%的公司，除采取前两款所列措施外，还可根据《保险法》的规定对该公司进行接管。

衍生词条：

实际资本
available capital
最低资本
minimum capital
偿付能力资本要求
solvency capital requirement (SCR)

偿付能力资本要求
solvency capital requirement（SCR）

释义：

保险公司和再保险公司合理的自有资金水平，保障保单持有人或受益人在保险事故发生时获得应有的赔偿。

A term to reflect a level of eligible own funds that enables an insurance or reinsurance company to absorb significant losses and that gives reasonable assurance to policyholders and beneficiaries that payments will be made as they fall due.

相关知识：

偿付能力资本要求是 2009 年欧盟 Solvency II 指令的组成部分，替代了之前欧盟的 13 条指令。计算偿付能力资本要求，需要考虑到各类风险的相关性，而不能只对独立的风险进行简单加总。偿付能力资本要求在欧盟的 Solvency II 的第一支柱中有明确的规定，它要求保险公司或再保险公司在未来的 12 个月内有至少 99.5% 的概率满足其赔偿责任。

SCR 的计算公式如下：

$$SCR = BSCR + CR_{OR} + \mathrm{Adj}$$

其中 $BSCR$ 为基础 SCR，包括寿险风险、非寿险风险、健康险风险、市场风险、信用风险、无形资产风险模块及其交互作用，CR_{OR} 表示操作风险资本的变化，Adj 是对未来利润分配和延税所带来的风险吸收效应的调整。

衍生词条：

偿付能力充足率
solvency ratio

长期股权投资
long-term equity investment

释义：

一个会计科目，在资产负债表中作资产项，用来表示投资者长期持有被投资方的股份而获得的所有权利益。

An accounting item on the asset side of a company's balance sheet that represents the ownership interest possessed by shareholders for more than one year in a corporation, as opposed to bonds.

相关知识：

在海外投资保险中，投资者的长期股权投资科目可用作可保利益和损失的核定。

衍生词条：

海外投资股权保险
overseas equity investment insurance

偿债覆盖率/偿债备付率
debt service coverage ratio（DSCR）

释义：

在借款偿还期内，各年可用于还本付息的资金与当期应还本付息金额的比值，通常用来衡量借款主体赚取足够现金偿还债务的能力。

The ratio of cash that is available for debt servicing to interest and principal. It is a common benchmark used in the measurement of an entity's（person, corporation or project）ability to produce enough cash to cover its debt payments.

相关知识：

偿债覆盖率是项目融资中评估项目经济可行性的重要指标。指标越高，获得融资的可能性越大。在贷款协议中通常会约定贷款人可接受的偿债覆盖率的最低数值。

衍生词条：

项目融资
project finance
贷款协议
loan agreement

偿债率
debt service ratio

释义：

一国在某一特定年份应偿还的债务总和（包括本金和利息）与该国当年出口收入之比（通常用百分比表示）。

The ratio (usually expressed as a percentage) of a country's debt repayments (both principal and interest) due in a given year to the country's export earnings in the same year.

相关知识：

偿债率的计算公式为：偿债率 =（中长期外债还本付息额 + 短期外债付息额）/当年货物和服务项下外汇收入，警戒线为 20% ~25%。由于借款国各笔债务的期限、利率等条件不同，实际还本付息额各年不同，有的国家各年度的还款比例变化很大，衡量偿债能力时要考虑到这些因素。

偿债率不是衡量一国偿债能力的唯一依据。其他衡量外债是否适度的指标有：1. 债务率（foreign debt ratio），指一国外债余额占年出口外汇收入的百分比。2. 负债率（liability ratio），指一国外债余额占国内生产总值的比例。

衍生词条：

外债
external debt

超赔再保险
excess of loss reinsurance（XL，XoL）

释义：

指超出一定限额的赔偿责任由再保险人承担的一种再保险，是非比例再保险的一种。

A form of non proportional reinsurance that indemnifies the ceding company for the portion of a loss that exceeds its own retention.

相关知识：

超赔再保险的分类。分为险位超赔再保险、事故超赔再保险、赔付率超赔再保险。

超赔再保险的合同设计。通常来说，超赔再保险既可以是以一段期间内的损失发生（loss occurring）为保障范围，也可以以原保险合同下风险接受（risk attaching）为基础。设计应遵循仅覆盖相对发生概率极小的少数大型损失，若预计保障的损失事件经常发生，则该保障结构的有效性和实用性就值得商榷，超赔一般用来保障至少10年一次的损失概率事件。1. 明确界定哪些风险种类需要购买再保险（比如将商业风险和政治风险分开）。2. 明确界定风险单位，既可以是保障某个买方下的损失，也可以是保障成数再保险之后的自留损失，还可以是政治风险下某一国别的损失。3. 确定起赔点，在该金额之下，所有的损失都由原保险公司自留。这一设定十分重要。4. 对超出起赔点的部分进行分层设计，它的最高值就是再保险公司的最大责任限额。5. 超赔合同的限额可以分为多层，层数越高，赔款的概率越低，费率也越低。

超赔再保险的功能。本质上，超赔再保险指的是以赔款额度作为自留和分保界限的一种分保方式，它提供了另一种将索赔控制在原保险公司可以接受水平的方法，即减少了原保险公司面临

衍生词条：

非比例再保险 non-proportional reinsurance
损失发生再保险 loss occurring reinsurance
风险接受再保险 risk attaching reinsurance
险位超赔再保险 per risk excess of loss reinsurance
事故超赔再保险 per event excess of loss reinsurance
赔付率超赔再保险 excess of loss ratio reinsurance
成数再保险 quota share reinasurance

的巨灾风险。具体来说，原保险公司通过超赔再保险可以扩大承保能力、控制责任限额、有利于增加保费收入，同时分保手续和账务结算简便。

超赔再保险的定价。超赔再保险的价格通常描述为保费责任比（Rate on Line，ROL），为超赔保费与超赔限额之比。ROL 代表损失发生的概率，即摊回损失所需的时间。如 20% ROL 代表需要 5 年时间。

超赔再保险与成数再保险的比较。（图 1）

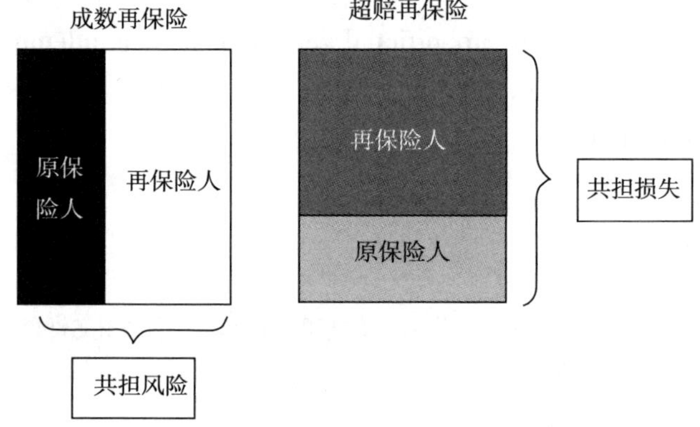

图 1　超赔再保险与成数再保险的对比

超限额出运
shipment amount in excess of credit limit

释义：

被保险人的出运申报总额超过保险人批复的有效限额。

The insured's declaration amount exceeds the credit limit approved by the insurer.

相关知识：

在短期出口信用保险中，信用限额是用于控制、衡量和管理风险的基本技术。被保险人需要为每个单独的买方申请信用限额。保险人认为超过限额的出运可能导致买方付款能力出现问题，催生风险，因此，当被保险人超限额出运时，需要依据实际出运申报金额缴纳保费，并及时向保险人提交限额追加申请。

在超限额出运情况下，如出现全额损失，超过限额部分的损失将无法得到风险补偿。以信用限额 50 万美元为例，被保险人 A 的实际出运金额为 100 万美元，被保险人 B 的实际出运金额为 50 万美元，并均出现了全额损失，在这种情况下，保险人对被保险人 A 和 B 的实际承担责任金额均为 50 万美元。

衍生词条：

信用限额
credit limit
短期出口信用保险
short-term export credit insurance

承包商
contractor

释义：

缔约为另一方提供工程或物品的合同一方。

A party who contracts to do work or provide supplies for another.

相关知识：

在建筑市场中，承包商是指有一定生产能力、技术装备、流动资金，具有承包工程建设任务的营业资格，能够按照业主的要求提供不同形态的建筑产品，并获得工程价款的建筑业企业。按照承包内容不同，分为勘察、设计单位，建筑安装企业，混凝土预制构件、非标准件制作等生产厂家，商品混凝土供应站，建筑机械租赁单位，以及专门提供劳务的企业等；按照承包方式不同，分为施工总承包企业、专业承包企业、劳务分包企业。在我国工程建设中承包商又称为乙方。

衍生词条：

工程总承包合同
EPC contract

承保
underwriting

释义：

保险人接受投保人的投保申请，与投保人/被保险人签订保险合同，并承担相应保险责任的行为。

The process that the insurer accepts an application and sign an insurance contract with the applicant （insured） to take responsibility in case of certain perils.

相关知识：

出口信用保险的承保可以分为保单承保和限额承保。

衍生词条：

买方承保/银行承保

buyer underwriting, bank underwriting

承保比例/赔偿比例
insured percentage, coverage ratio

释义:

出口信用机构愿意承保的风险比例，或其愿意为一笔交易或项目合同提供保障的部分。

The share of the risk for the contract value of a transaction or project that an export credit agency is willing to cover.

相关知识:

由于被保险人是贸易的实际参与方，相对于出口信用保险机构可更全面直接地获悉买方信息，并采取相应的风险控制措施以减少可能损失。因此在被保险人向出口信用机构投保之后，为了保障被保险人谨慎合理地安排出运、保持对应收账款安全性的关注度，出口信用机构一般通过设置承保比例/赔偿比例的方式与被保险人共担风险。

出口信用机构一般设置80% ~95%的承保比例/赔偿比例，个别险种与业务项下承保比例/赔偿比例可达100%。考虑到拒收可能蕴含的道德风险高于破产、拖欠等商业风险以及政治风险，部分机构对于拒收风险一般设置相对较低的承保比例/赔偿比例。传统上，多数出口信用保险机构对于政治风险都采用较高的赔偿比例。主要因为政治风险通常是由政府支持或者国家经营的保险人承保，出口商对于政治风险的控制力较弱。

降低赔偿比例是一个重要的工具，可以用于实现特定市场或买方项下风险和保险责任的平衡。对于部分高风险业务，出口信用保险机构可通过调低承保比例/赔偿比例、增大被保险人自留风险比例的方式与被保险人共担风险以实现承保。

衍生词条:

出口信用机构
Export Credit Agency (ECA)
商业风险
commercial risk
政治风险
political risk

承保利润
underwriting profit，technical profit

释义：

保险公司经营保险业务取得的利润，是已赚保费减去与承保相关的费用、赔款支出和提取准备金后的余额，是保险公司利润的主要来源。

The profit earned from the insurance business, which is the main part of an insurance company's profit. It is the balance of earned premium less paid claims reserves and all expenses connected with insurance activities.

相关知识：

承保利润 = 已赚保费 - 综合赔款 - 综合费用

已赚保费 = 保费收入 + 分保费收入 - 分出保费 + 转回未到期责任准备金 - 提存未到期责任准备金 + 转回长期责任准备金 - 提存长期责任准备金

综合赔款 = 赔款支出 + 分保赔款支出 - 摊回分保赔款 + 提存未决赔款准备金 - 转回未决赔款准备金 - 追偿款收入

综合费用 = 营业费用 + 手续费支出 + 提取保险保障基金 + 营业税金及附加 + 分保费用支出 - 摊回分保费用

承保人
underwriter

释义：

出口信用机构中，通过全面的风险评估决定是否承保某些风险、提供多少保险或信用限额等的人员。

Personnel in an export credit agency to conduct comprehensive credit assessment and to reach underwriting decisions.

相关知识：

在出口信用保险项下，按承担业务内容不同，承保人可分为保单承保人和限额承保人。

保单承保人的职责。在短期出口信用保险项下，评估被保险人本身对承保风险的影响，确定保险人可以承担的风险模式。在中长期出口信用保险和海外投资保险项下，具体审核和评估项目的承保风险，确定承保方案。

限额承保人的职责。对买方或银行进行风险评估和风险跟踪，审批和调整信用限额。

衍生词条：

出口信用机构
Export Credit Agency（ECA）
承保
underwriting
信用限额
credit limit

成本超支
cost overrun

释义：

在项目执行过程中的费用超出了项目或贷款合同签订时的预计。

Costs incurred during execution of a project that turn out to be higher than anticipated when the project contract and its financing arrangements were signed.

相关知识：

工程项目成本超支的原因：在项目实施之初由于对工程量、施工环境、材料成本、人力成本、固定费用等因素估计不足，导致项目预算低于工程实际投入，致使项目成本超支。

在项目融资中，成本超支的风险通常由项目发起人承担。

衍生词条：

项目融资
project finance

承担费
standby fee, commitment fee

释义:

在海外投资债权保险中，保险人就承担金额收取的费用。

Fees charged by the insurer, in an overseas debt investment insurance policy, for its commitment to underwrite the undrawn part of a loan prior to disbursement.

相关知识:

在银行相关业务中，承担费也叫承诺费，仅在提款期内存在，是对银行为满足借款人随时提款而不得不占有一些头寸，从而影响自身流动性的补偿。

承担费 = 承担金额 × 承担费率

承担金额是指保险人承诺按照保单约定，对提款后的被保险贷款项下本金承担保险责任的金额。

衍生词条:

海外投资债权保险
overseas debt investment insurance

承兑交单
documents against acceptance（D/A）

释义：

销售合同中规定的、以买方取得货运单据或出具承兑汇票为条件的支付方式以及同等条件的其他形式，是贸易合同中的付款条件之一。

One of the payment terms in international trade, whereby a buyer receives the documents giving title to the purchased goods upon accepting a bill of exchange or issuing a promissory note, and thus undertakes to pay the sum on the bill or note on the date specified.

相关知识：

承兑交单只适用于远期汇票的托收。买方只要办理了汇票承兑，即可取得商业单据，并凭商业单据提取货物。

衍生词条：

付款条件
payment terms

成数再保险
quota share reinsurance

释义：

原保险公司将每一风险单位的保险责任，按约定的比例向再保险公司分保的方式，是比例再保险的一种。

A form of proportional reinsurance in which the ceding company cedes an agreed percentage of every risk it insures to the reinsurers in accordance with the terms and conditions of a reinsurance treaty.

相关知识：

成数再保险是比例再保险常见形式之一，是指通过设定一个固定的分保比例，由原保险公司将再保险合同范围内的风险全部按此固定比例分出给再保险公司。不论原保险公司承保的每一风险单位的保额大小，只要在合同规定的限额内，双方都按约定的固定比例来分担责任，且每一风险单位的保险费和发生的赔款，也按同一比例分配和分摊。由于组合内的全部风险都按比例分出给再保险公司，原保险公司实质上是利用了再保险公司提供的资本金扩大了承保能力。

成数再保险是一种对频发损失的再保险保障，再保险公司对合约设定单一风险单位的自动接受限额和最高赔偿限额。信用保险领域的成数再保险合同中，通常设定一个特殊接受条款，允许原保险公司在单一风险超过合约规定的自动接受线时通过特殊接受申请的形式，向再保险公司申请同意将超过的部分按照同样的分保比例分出。若特殊接受申请不被批准，则信用保险公司还可以就超过合同自动接受限额之上的那部分风险通过临时再保险方式另行安排分出。

成数再保险的优点。1. 再保合同双方按固定比例分摊保费和赔款，利益一致。2. 便于管理，保费和赔款结算手续简便，节省再保险安排成本。3. 再保险公司支付的再保手续费能够弥补原保险公司的成本支出，降低原保险公司财务结果的波动性。

成数再保险的缺点是缺乏弹性。由于不论业务大小和质量好坏，双方均按约定的比例分担，因而不能满足原保险公司获得准确再保险保障的需求。

历史上，成数再保险是信用保险公司最普遍使用的工具，可为信用保险人提供资本金和承保能力支持，改善保险人总损失和自有资本金之间的比率关系，从而提高保险人的偿付能力。

近年来，随着国际商业信用保险业的合并，一些主要的商业信用保险人开始出现，在利用传统的成数再保险的同时，更多采用超赔再保险等非比例再保险方式，重点保障个别大额风险。

衍生词条：

分保比例
cession
特殊接受
special acceptance
比例再保险
proportional reinsurance
临时再保险
facultative reinsurance
超赔再保险
excess of loss reinsurance (XL，XoL)

重置成本
replacement value

释义：

按照当天的价格把一项资产替代为另一项相似资产的成本。

Cost to replace an asset with another of similar utility at current prices.

相关知识：

重置成本是指资产按照现在相同或者相似资产所需支付的现金或现金等价物的金额计量，负债按照现在偿付该项负债所需支付的现金或者现金等价物的金额计量。

重置成本是一种现行成本，它和原始成本在资产取得当时是一致的。之后，由于物价的变动，同一资产或其等价物就可能需要用较多的或较少的交换价格才能获得。因此，重置成本表示当时取得同一资产或其等价物需要的交换价格。这种交换价格应该是从企业资产或劳务市场获得的成本价格，而不是从企业正常经营过程中通常出售其资产或劳务的市场中的销售价格。

重置成本是现在时点的成本，它强调站在企业主体角度，以投入到某项资产上的价值作为重置成本。

重组期（巴黎俱乐部）
consolidation period（Paris Club）

释义：

在巴黎俱乐部重组协议中，对在该期间内已到期或将到期的偿债支付额进行重组（即对该期间内到期的债务进行重组）。重组期的开始时间可能早于、等同于或晚于商定纪要日期。标准的重组期是一年，但有时也对两年或三年期的债务偿付（与国际货币基金组织多年期贷款安排相对应）进行重组。

In Paris Club restructuring agreements, the period in which imminent or due debt-service payments are to be restructured (the "current maturities consolidated"). The beginning of the consolidation period may precede, coincide with, or come after the date of the Agreed Minutes. The standard consolidation period is one year, but can also be two or three years, corresponding with IMF's multi-year arrangements.

相关知识：

重组的数额或重组的债务（Consolidated Amount or Consolidated Debt）是指在巴黎俱乐部重新安排协议下重组的偿债额和拖欠额或债务存量。

衍生词条：

巴黎俱乐部
Paris Club
债务重组
debt rescheduling

重组债务利息
moratorium interest

释义:

经过重组后的债务派生的利息。在巴黎俱乐部内,延期还款的利率是由债务国和债权国双方协商而定的,因而不同的债权人会定出不同的利率。然而,在伦敦俱乐部里,根据协议,采用通用的延期还款利率,适用于所有银行的信贷。

Interest charged on rescheduled debt. In the Paris Club, moratorium interest rates are negotiated bilaterally between the debtor and creditor countries and thus can differ between creditors. In the London Club, however, a common moratorium interest rate usually applies to all bank credits under the agreement.

衍生词条:

债务重组
debt restructuring
巴黎俱乐部
Paris Club
伦敦俱乐部
London Club

初步验收证书/初验证书
Provisional Acceptance Certificate （PAC）

释义：

根据合同约定，工程阶段性完成（非最终完成）并通过业主或业主代表验收后颁发的证书。

Subject to specific clauses stipulated in the contract, a provisional acceptance certificate is a certificate issued by the owner when the project is completed in phase but not yet in full and also has been accepted by the owner.

相关知识：

初步验收证书/初验证书（PAC）多见于电信类商务合同中约定，有时伴有最终移交证书（Final Acceptance Certificate，FAC）的约定。

在国际工程承包类商务合同中，移交证书多表述为“take over certificate”。

衍生词条：

最终移交证书
Final Acceptance Certificate （FAC）

移交证书
take over certificate

初次交易承保条款
first order cover，first sale clause

释义：

保险人同意在买方信用限额尚未生效时，对被保险人与该买方的第一笔交易提供信用风险保障。

A policy that provides credit risk cover for the first sale risks commencing before a credit limit has been approved with a new buyer.

相关知识：

初次交易承保条款的作用。信用保险项下，保险人一般会先根据被保险人的交易对手（买方）的信用状况核定信用限额，待信用限额生效后，保险人以该信用限额为限承担被保险人与该买方交易中的信用风险。但是，为更好地支持被保险人承接新订单、开发新客户，保险人会通过出具批单等形式，与符合一定资质条件的被保险人约定承保被保险人与新客户初次交易的信用风险，为被保险人提供更加全面的信用风险保障。

衍生词条：

信用风险
credit risk
信用限额
credit limit

出口买方违约保险
insurance against buyer's breach of contract, insurance for contract frustration

释义:

在商务合同项下，承保出口企业因政治风险或商业风险导致买方违约而遭受成本损失的风险，适用于船舶建造、成套设备出口、对外工程承包等，是出口信用机构的保险产品之一。

A type of export credit insurance offered by an export credit agency, which covers the loss of exporter's actual costs caused by contract frustration due to political or commercial risks. It applies to ship building industry, whole sets of equipment exportation and overseas construction projects.

相关知识:

出口买方违约保险主要为较大金额的出口贸易和工程项目提供有力的风险保障和便利的融资条件，有利于企业承接船舶出口项目、拓展对外工程承包和劳务合作市场、提升企业融资能力。

中国出口信用保险公司提供的出口买方违约保险，适用范围包括在中华人民共和国境内注册的企业与境外买方签订商务合同项下的出口业务，如机电产品和成套设备出口、对外工程承包项目、对外劳务合作业务等。投保条件是：1. 货物或服务从中国出口。2. 合同金额在 100 万美元以上，其中有一定比例预付款。3. 支付方式为按合同约定或项目进度分期付款。4. 有明确的出口商务合同。

衍生词条:

出口信用机构
Export Credit Agency (ECA)
政治风险
political risk
商业风险
commercial risk

出口票据保险
documentary bill of exchange insurance

释义：

以提供出口融资的银行为被保险人，保障融资银行出口票据贴现或押汇业务收汇安全的一项出口信用保险业务。

Insurance provided to export financing lenders and covers the risks in discounting of documentary bill when the insured fails to receive the payment due to the default of the debtor.

相关知识：

出口信用保险项下融资是指被保险人为货物或服务出口办理出口信用保险后，将保险权益转让给银行，银行向出口商提供的短期贸易融资业务。

衍生词条：

票据贴现
discounting of a bill

出口特定合同保险
specific contract insurance

释义：

承保出口企业商务合同项下、因政治风险或商业风险导致的应收账款损失风险，适用于机电产品、成套设备出口和服务合同等，是出口信用保险机构的保险产品之一。

A type of export credit insurance offered by an export credit agency, which covers the loss of the account receivables under a specific export contract arising from political or commercial risks. It is applicable to export contracts of capital goods or services.

相关知识：

出口特定合同保险主要为较大金额的出口贸易和工程项目提供有力的风险保障、便利的融资条件和灵活的支付方式，有利于企业承接电信等机电设备出口项目、拓展对外工程承包和劳务合作市场、提升企业融资能力；可按合同约定或项目进度分期付款，或者在设备交付、工程完工后分期付款。

中国出口信用保险公司提供的出口特定合同保险，适用范围包括在中华人民共和国境内注册的企业与境外买方签订商务合同项下的出口业务，如机电产品和成套设备出口、对外工程承包项目、对外劳务合作业务等。投保条件是：1. 货物或服务从中国出口。2. 合同金额在100万美元以上。3. 支付方式为：按合同约定或项目进度分期付款或在设备交付、工程完工后分期付款。4. 有明确的出口商务合同。

衍生词条：

出口信用机构
Export Credit Agency（ECA）
政治风险
political risk
商业风险
commercial risk

出口信贷/出口融资/出口信贷融资 export credit, export finance, export credit finance

释义:

一国为鼓励出口，以提供利息补贴或信用保险的方式，通过银行对本国出口商或国外进口商提供的较低利率贷款，以解决本国出口商资金周转困难，或满足国外进口商对本国出口商的付款需要，是国际信贷方式之一。

A type of international credit aiming to support export. It is conducted through bank loans, supported by exporting government with interest subsidy or credit insurance for exporters' liquidity, or for fulfillment of payment requirements from foreign importers.

相关知识:

出口信贷常见的形式有买方信贷、卖方信贷、福费廷和混合信贷。

出口信贷的主要特点。1. 利率较低。出口信贷的利率一般低于相同条件资金贷放的市场利率，由国家补贴利差。2. 与出口信用保险相结合。由于出口信贷偿还期限长、金额大，发放贷款的银行面对较大风险，为保证贷款资金的安全发放，出口国的出口信用机构为贷款提供保险或担保。3. 由专门机构进行管理。出口信贷一般直接由商业银行发放，若因为金额巨大，商业银行资金不足时，则由国家专设的出口信贷机构给予保险或担保支持，或直接发放贷款。

衍生词条:

买方信贷
buyer's credit
卖方信贷
supplier's credit
福费廷
forfaiting
混合信贷
mixed credit

出口信用保险
export credit insurance

释义：

是出口信用机构提供服务的主要形式。这一术语指一系列的保险服务，在不同的情况下有不同的含义。从类型上说，既包括中长期险项下的卖方信贷和买方信贷等，也包括短期险项下各产品。从时间上说，既包括项目完成前或货物出运前的信用风险，也包括项目完成后的或货物出运/交付后阶段的信用风险。

The main type of facility offered by an export credit agency. The term describes a range of facilities and can mean different things in different contexts. It includes both short – term trade credit and mid – and – long term credit (supplier's credit and buyer's credit for example). It includes credit extended both during the period before goods are shipped or projects completed (the preshipment period or pre – credit period) and the period after delivery or acceptance of the goods or completion of the project (the postshipment period or credit period).

相关知识：

出口信用保险是指信用保险机构对企业投保的出口货物、服务、技术和资本的出口产生的应收账款提供安全保障机制。它以出口贸易中国外买方信用风险为保险标的，保险人承保国内出口商在经营出口业务中因进口商方面的商业风险或进口国方面的政治风险而遭受的损失。

出口信用保险承保的主要风险包括政治风险和商业风险。

衍生词条：

出口信用机构
Export Credit
Agency（ECA）
商业风险
commercial risk
政治风险
political risk

相关信息：

出口信用保险是各国政府为提高本国产品的国际竞争力，推动本国的出口贸易，保障出口商的收汇安全和银行的信贷安全，促进经济发展，以国家财政为后盾，为企业在出口贸易、对外投资和对外工程承包等经济活动中提供风险保障的一项政策性支持措施，是政府对市场经济的一种间接调控手段和补充，是世界贸易组织（WTO）补贴和反补贴协议原则上允许的支持出口的政策手段。一般通过国家设立的出口信用保险机构经营。

1919 年，顺应国际贸易风险保障的需要，英国在全球首先建立了官方的出口信用担保署，出口信用保险由此诞生。中国信用保险制度起始于 1988 年，最初由中国人民保险公司出口信用保险部和中国进出口银行共同经营。2001 年，国务院批准成立中国出口信用保险公司，成为中国境内唯一的官方出口信用保险机构。

出口信用机构
Export Credit Agency（ECA）

释义：

为支持一国货物和服务出口而提供保险、担保或贷款的金融机构。

An agency in a creditor country that provides export credit facilities, including insurance, guarantees or loans, for the export of goods and services.

相关知识：

出口信用机构是一国出口信用体系的核心，是连接本国政府、出口企业以及国际贸易市场之间的桥梁和纽带；以国家财政作后盾，提供国家信用，对外贸出口具有促进和导向作用，也能引导融资银行的资金流向。各国的官方出口信用机构在业务范围、机构设置、模式选择等方面各有不同。不少国家制定专门的法律法规，规范其官方支持的出口信用机构。国际上，1934 年成立的国际信用和投资保险人协会（以下简称伯尔尼协会）是由来自 40 多个国家和地区的 50 家出口信用机构组成的国际行业组织，对其成员机构提出业务指导原则。经合组织（OECD）成员国的出口信用机构还需遵守《官方支持出口信贷的安排》（以下简称《君子协定》）等国际规则。

出口信用机构共经历了三个发展阶段，即政策性主导阶段、政商共存阶段和政策性强化阶段。

1. 政策性主导阶段。1919 年，英国建立了出口信用制度，成立了第一家官方支持的出口信用机构，英国出口信用担保局（ECGD，该机构于 2012 年更名为英国出口融资局，即 UKEF）。随后，比利时成立了出口信用保险局（ONDD），荷兰、挪威、西班牙、瑞典、美国、加拿大和法国分别建立了各自的出口信用机构，专门从事对本国的出口和海外投资的政策支持。

2. 政商共存阶段。20 世纪 90 年代以后，随着国际政治趋于稳定、经济快速发展和欧洲一体化的进展，欧洲几家规模较大的商业保险机构开始介入部分可盈利的出口信用保险业务。1991 年，英国政府将英国出口信用担保局的短期出口信用保险业务出售给荷兰 NCM 公司，拉开了出口信用机构短期险业务商业化经营的序幕。部分官方出口信用机构撤出短期出口险市场。

3. 政策性强化阶段。2008 年，国际金融危机爆发，商业机构大规模收缩其出口信用保险业务，而官方出口信用机构则在政府的支持下采取了更加积极的承保措施。官方出口信用机构成功填补了商业机构留下的市场缺口，并在这一过程中淋漓尽致地发挥了其政策性功能。

衍生词条：

出口信用保险
export credit insurance
伯尔尼协会
Berne Union（BU）
经济合作与发展组织
Organization for Economic Cooperation and Development（OECD）
《官方支持出口信贷的安排》
Arrangement on Officially Supported Export Credits（the Arrangement）

出口许可证注销
cancellation of an export license

释义：

一国授权发证机关按照相关法律和规定，取消或者收回准予出口的许可证件，是许可事项撤销的表现形式之一。

This is a form of cancellation of license. It refers to the cancellation or withdraws of the export licenses granted in accordance with relevant laws and regulations by issuing authorities.

相关知识：

出口许可证是在国际贸易中，根据一国出口商品管制的法律规定，由有关当局签发的准许出口的证件。出口许可证制是一国对外出口货物实行管制的措施之一。

国家对有数量限制或实行配额管理和出口配额招标管理等限制出口货物实行许可证管理。

出口许可证注销的原因。1. 为加强对某种产品或者资源的出口管理，国家强制进行出口许可证注销。2. 出口商存在某些不合规或者违法事件，导致政府机构强制取消其出口许可证。

衍生词条：

许可事项撤销
cancellation of license

出险率
risk probability

释义：

单一风险单位出险的可能性，即单位保险金额（或笔数）所对应的损失报告金额（或笔数）。

The probability of occurrence of a single risk unit, i. e. the reporting amount (count) of potential loss that is matching with the underwriting amount (count) of one unit.

相关知识：

出险率反映一定时期内单一风险单位发生风险的可能性或概率，常用百分数或千分数表示。对于出险率的统计和分析，有助于保险人通过分析出险原因，完善承保政策，优化承保结构，提高承保效益，一方面可能会使保险人在保单续转时提高承保费率，也可能促使被保险人在选择交易对象、执行贸易合同等方面更为审慎，从而更加有效地控制风险，降低未来交易的潜在损失。

在信用保险业务项下，出险率分为金额出险率和笔数出险率。计算公式分别为：1. 金额出险率 = 报损金额/承保金额。2. 笔数出险率 = 报损笔数/承保笔数。

衍生词条：

可损金额
amount of potential loss

出运后风险
post-shipment risk, post-credit risk

释义：

货物出运（或接收）后，或项目完工后，出口方或承包方不能按期收回应收款项的风险。

Nonpayment risks after the delivery or acceptance of goods, or the commissioning of the project.

相关知识：

出运后风险是信用保险承保的主要风险之一，通常包括商业风险和政治风险两大类。商业风险是指与买方紧密相关的风险，主要包括买方破产、拖欠、拒收。政治风险是与国家政治或经济事件相关的风险，主要包括汇兑风险、政府采取措施干涉和阻止合同履行、第三国风险、战争及内乱等。

衍生词条：

政治风险
political risk
商业风险
commercial risk
出运前风险
pre-shipment risk,
pre-credit risk

出运前风险

pre-shipment risk, pre-credit risk

释义：

货物出运（或接收）前，或项目完工前，出口方或承包方不能按期收回应收款项的风险。

Nonpayment risks before the delivery or acceptance of goods, or the commissioning of the project.

相关知识：

出运前风险保险主要承保被保险人从签订合同到货物出口或项目完工期间可能面临的风险，常用于期限较长、附加值高、合同金额大、买方所在国家风险较高以及出口商缺乏经验等情况下的出口或工程。

衍生词条：

出运后风险
post-shipment risk, post-credit risk

船边交货
free alongside ship（FAS）

释义：

是指当卖方在指定的装运港将货物交到买方指定的船边（例如，置于码头或驳船上）时，即为交货。货物灭失或损坏的风险在货物交到船边时发生转移，同时买方承担自那时起发生的一切费用。FAS 要求卖方办理出口清关手续。但卖方无义务办理进口清关、支付任何进口税或办理任何进口海关手续。

“Free Alongside Ship” means that the seller delivers when the goods are placed alongside the vessel（e. g. , on a quay or a barge） nominated by the buyer at the named port of shipment. The risk of loss of or damage to the goods passes when the goods are alongside the ship, and the buyer bears all costs from that moment onwards. FAS requires the seller to clear the goods for exports, where applicable. However, the seller has no obligation to clear the goods for import, pay any import duty or carry out any import customs formalities.

衍生词条：

船上交货
free on board
(FOB)

船上交货
free on board（FOB）

释义：

是指卖方以在指定装运港将货物装上买方指定的船舶或通过取得已交付至船上货物的方式交货。货物灭失或损坏的风险在货物交到船上时转移，同时买方承担自那时起的一切费用。

“Free on Board” means that the seller delivers the goods on board the vessel nominated by the buyer at the named port of shipment or procures the goods already so delivered. The risk of loss of or damage to the goods passes when the goods are on board the vessel, and the buyer bears all costs from that moment onwards.

衍生词条：

船边交货
free alongside ship
（FAS）

纯保险
pure cover

释义:

出口信用机构只提供保险服务，不提供利率支持或者利率补贴，不直接贷款。

An insurance facility provided by an export credit agency in the absence of any interest rate support, interest rate subsidy or direct lending.

相关知识:

出口信用机构可提供保险服务和融资服务。有些出口信用机构只提供保险业务，如中国出口信用保险公司、印度出口信用担保公司、韩国贸易保险公社等；有些出口信用机构提供保险和融资两种服务，如美国进出口银行、加拿大出口发展公司等。

衍生词条:

出口信用机构
Export Credit Agency（ECA）

次级贷款/后偿贷款
subordinated loan

释义：

当债务人公司清算或破产时后于其他债务偿付的贷款。一般情况下，偿还顺序后于清算人、政府税务机构和高层级债权人的优先债务。

The debt or loan which ranks after other debts and will be settled after the liquidator, government tax authorities and other senior debt holders if a debtor falls into liquidation or bankruptcy.

相关知识：

相对一般贷款，次级贷款处于后偿的地位，风险系数较大，故其贷款利率较高。

存仓销售
sales from warehouse

释义：

出口商先将货物存放在国外仓库，再按照买方指令发货，或买方按合同约定提货。

The exporter put the goods in the oversea warehouse and delivers the good at the buyer's request or the buyer directly takes the goods from the warehouse in accordance with the contract.

相关知识：

一般情况下，存仓销售模式的承保责任起始于货物进入仓库之日（即租金起算日），终于货物最长仓存期限到达日或该货物被运离仓库之日，两者以先到之日为准。

贷款出售
loan sales（LS）

释义：

在贷款形成之后，商业银行将贷款债权出售给第三方，重新获得资金来源并获取手续费收入的一种业务方式。

A sale of existing loan by a commercial bank for liquidity and extra fees.

相关知识：

按照权利、义务转让程度的不同，贷款出售分为参与、转让和更换三种基本形式。

1. 贷款参与（participations）是赋予购买者（全部或部分）获得标的贷款未来现金流的权限，这是最常见的贷款出售形式。贷款参与合约仅是出售行与购买者之间的合约，并没有转让原有合约的权利义务，购买者依赖出售行去执行原有的贷款合约，包括对借款公司的监管、对抵押物的管理、对现金流的收回等。

2. 贷款转让（assignments）是直接将贷款关系从银行转让给贷款的购买者，也将银行的权利转让给购买者。受让者不仅有权拥有该笔贷款的未来收入，而且有权直接干预借款人。然而，贷款转让并没有转让银行对借款人的义务，也没有转让基于银行自身特征的某些权利（如税收优惠等）。这是贷款出售较少使用的方式。

3. 贷款更换（novations）是最少使用的形式，是把银行所有的权利、义务都转移给购买者贷款购买者作为新的行为主体代替原来的银行。一般情况下，除非在原有合约中有相关规定，否则，这种形式的贷款出售需征得借款人的同意。

贷款协议

loan agreement

释义:

借款人和贷款人达成的，贷款人向借款人提供贷款，借款人到期返还贷款本金及贷款利息的书面协议。

A contract between a borrower and a lender, where the lender offers to finance and the borrower commits to repay principal and interest due.

相关知识:

贷款协议的主要内容通常包括贷款金额、用途范围、提款、还款、取消还款和提前还款、利息和利息期、费用、前提条件、陈述与保证、约定、违约事件、适用法律与司法管辖等。

代理出单/代出单
fronting

释义：

保险人承保出单后将全部风险或绝大部分风险分保给另一保险人，并收取一定比例出单手续费的业务。常用于自保公司业务。

The use of a licensed, admitted insurer to issue an insurance policy on behalf of a self-insured organization or captive insurer without the intention of transferring any of the risk.

相关知识：

很多国家对特定风险的保险人可能有特殊要求，有些国家要求承揽保险业务的公司必须具备国际评级机构的一定评级水准，这些要求可能会将某些保险公司拒之门外。为排除这些法律法规障碍并承揽更多业务，这些公司可以寻找当地符合资质的保险公司（称为出单公司，the fronting company）签订代理出单协议，约定出单公司以自己的名义出面承保及理赔，并收取一定比例的佣金，而将风险责任转移给另一保险公司。代理出单模式下，出单公司需要承担一定的信用风险，即在合作的再保险公司或自保公司违约时，出单公司需全额承担全部保险责任。

在信用保险领域，由一家当地保险机构代表另一家信用保险人签发保单的情况时有发生。比如，如果信用保险人在某一地区没有经营许可证，就会授权当地的某个保险人代为签发保单。当地保险人会用自己的保单为信用保险人签发保单，并按照当地法律规定承担应负责的最低百分比的风险，大部分风险转嫁给信用保险人。当地的保险人只负责执行信用保险人的指示，其他工作由信用保险人完成。

代理出单协议有时以再保险协议的形式出现，但实际上，代理出单不符合再保险的风险分散原则，二者应区别开来。根据中国保监会2010年颁布的《再保险业务管理规定》，“以比例再保险方式分出财产险直接保险业务时，每一危险单位分给同一家再保险接受人的比例，不得超过再保险分出人承保直接保险合同部分的保险金额或者责任限额的80%”，对再保险市场存在的代理出单行为进行了约束。

衍生词条：

再保险
reinsurance

代位求偿
subrogation

释义：

已获得赔款的出口商或银行将与其债权相关的权益，包括选用任何渠道和手段向债务人追偿的权利，转让给出口信用机构的行为。

The transfer to an export credit agency, by an exporter or bank which has been paid a claim, of its rights connected with the debt, including the right to pursue the debtor at the agency's discretion.

相关知识：

保险人行使代位求偿权的范围为已向被保险人支付赔款的部分。

信用保险代位求偿的方式主要包括保险人自行追偿、委托海外渠道进行追偿、非诉协商追偿、诉讼仲裁追偿等。

衍生词条：

出口信用机构
Export Credit Agency (ECA)

担保
guarantee, suretyship

释义：

在承担义务一方违背约定的情况下，接续偿还债务或履行义务的一种书面承诺。

Suretyship, or the arrangement of guarantee involves a promise by one party to assume responsibility for the obligation of a principal if that principal defaults. The person or company providing this promise is known as a surety or as a guarantor.

相关知识：

担保通常涉及三方，担保人、担保受益人、被担保人。担保受益人与被担保人之间的权利和义务是担保标的，两者之间的合同是担保的基础，称为主合同。根据担保与主合同的从属关系，可将担保分为从属担保与独立担保。从属担保的效力不能独立于主合同，主合同无效或消灭，从属担保也无效或消灭；独立担保与主合同相互独立，主合同的无效或者消灭不影响担保人向担保受益人承担担保责任。

反担保是担保的担保，是担保人为保证其追偿权的实现，要求被担保人提供的担保。在承担担保责任后，担保人即成为被担保人的债权人，有向被担保人追偿的权利。

根据《中华人民共和国担保法》，担保的形式具体包括保证、抵押、质押、留置与定金。

由于不同法系之间的差异，担保概念并没有统一的国际标准。但这并不妨碍担保被广泛应用于贸易与融资活动中，主要是因为不同国家当事人对担保的本质特征有着共同的认识，即担保人的

衍生词条：

保证
credit guarantee
抵押
mortgage
质押
pledge
留置
lien

责任就是督促被担保人履行义务，保障担保受益人权利得以实现。经济与贸易全球化使得担保关系出现了较多的跨国特征，为减少不同国家担保法律冲突造成的法律纠纷与风险，独立担保逐步取代了从属担保，成为了主要的担保产品。

独立担保于20世纪60年代中期在美国出现。20世纪70年代，中东国家利用石油美元开展大规模基础设施建设，独立担保发挥了重要的支付保障作用。至20世纪90年代中期，独立担保已经在世界范围内得到非常广泛的运用。

担保人
guarantor

释义：

在担保关系的当事人中，保证被担保人履行担保项下主合同相关义务，在被担保人不履行上述义务时，代为向担保受益人履行义务或者偿还债务的一方。

In a surety relationship, the guarantor, also known as the surety, is the party that issues the bond, and is obligated to the obligee as set forth in the bond and is relieved of any duty to the obligee if the obligor performs.

相关知识：

担保通常涉及三方当事关系，即担保人、被担保人和担保受益人。其中担保人是对被担保人履行主合同义务负有担保责任的一方，被担保人（债务人）是主合同义务的实际履约方；担保受益人（债权人）是接受担保并享有其利益的一方，被担保人对其在主合同项下负有履约义务。在被担保人不履行主合同义务，且担保人按照担保约定向担保受益人履行债务或者承担责任后，担保人有权向被担保人（担保申请人）或反担保人（如有）索偿。

根据《中华人民共和国担保法》，担保人具体包括抵押人、出质人、保证人、定金交付人等。其中，抵押人是指以不转移对财产的占有，并以该财产为自己或者他人的债务提供抵押担保的人；出质人是指将动产或权利移交债权人占有、作为自己或者他人债务的担保的人；保证人是指与债权人约定，当债务人不履行债务时，按照约定履行债务或者承担责任的第三人；定金交付人是指在双方约定以给付定金作为债权的担保时，给付定金的一方。

担保授信
secured credit

释义:

基于第三方就买方对卖方（通常是被保险人）的付款义务承担的连带付款责任，信用保险人作出的授信审批，第三方为担保方，买方为被担保方。担保合同可以与货物贸易销售合同相互独立。

The credit limit granting on the basis of the guarantee from the third party, which presents the joint liability of buyer's obligation of payment to the seller (normally the insured). The third party is the guarantor, while the buyer is the secured party. The guarantee contract may be independent from the trading contract.

衍生词条:

担保
guarantee
信用限额
credit limit

相关知识:

担保是买方增信的手段之一。在出口贸易实务中，如果买方实力不足，出口商可以要求第三方就相关债权提供担保，以保证应收账款的回收。第三方通常与买方存在关联关系，如买方的母公司或与买方属于同一集团等。

担保受益人
obligee

释义：

在担保关系的当事方中，担保受益人是担保人向其出具担保，并根据保函内容对其承担担保责任的一方。

In a surety relationship, the obligee (the creditor) as the beneficiary, is the party to whom the surety (the guarantor) owes the duty of performing its obligation under the bond.

相关知识：

担保通常涉及三方当事关系，即担保人、被担保人和担保受益人。其中担保人是对被担保人履行主合同义务负有担保责任的一方；被担保人（债务人）是主合同义务的实际履约方；担保受益人（债权人）是接受担保并享有其利益的一方，被担保人对其在主合同项下负有履约义务。当被担保人不履行其在担保项下主合同的义务时，担保受益人有权按照担保约定要求担保人履行债务或者承担责任。

一般情况下，在投标保函项下，担保受益人为招标方；在预付款保函、履约保函、质量保函项下，担保受益人为买方/业主；在融资担保项下，担保受益人为提供融资的债权人。

担保协议
indemnity agreement

释义：

担保协议是指担保人与被担保人或担保申请人以书面形式订立的，在担保人履行担保责任后有权向被担保人或担保申请人进行追偿的协议。

A written agreement signed between a guarantor and a principal, whereby the principal agrees to indemnify the guarantor if there is a loss. The agreement is a contractual obligation that provides security for the guarantor.

相关知识：

担保协议常见于国内担保业务实践中，由担保人与被担保人或担保申请人双方订立，一般约定担保人出具担保的范围和期间、担保方式、担保人享有的追偿权、担保费收取、反担保等事项。

衍生词条：

担保
guarantee

当地币
local currency

释义:

当地币有广义和狭义的概念。广义的当地币指交易所在地本地的货币。狭义的当地币通常相对于硬通货而言，指仅流通于交易所在国，并没有在国际贸易中被广泛接受和使用的货币，具有汇率不稳定、流动性相对较差的特点。

The concept of local currency can be interpreted in broad and narrow senses. In broad sense, local currency means the currency used where trade takes place. In narrow sense, it refers to the currency only used in a specified country, not widely accepted and used in international trade. Compared with hard currency, the liquidity of local currency is weak and its exchange rate is volatile.

当地成分/当地费用
local content, local cost

衍生词条:

本国成分
national content
外国成分
foreign content
经济合作与发展组织
Organization for Economic Cooperation and Development (OECD)
《官方支持出口信贷的安排》
Arrangement on Officially Supported Export Credits (the Arrangement)

释义:

指发生在进口国或买方国家内用来购买货物或服务的费用。

The cost incurred by purchasing goods and services in the importing or buying country.

相关知识:

经合组织的《君子协定》中有很多涉及当地成分的规定:1. 当地成分应作为官方出口信贷支持的融资条件被披露。2. 官方对当地成分的支持不能超过出口合同价值的一定比例,如果超过相应比例,应该明确受支持当地成分的性质。3. 官方支持不应通过条款对同意相关出口的参与方有所偏袒或者减少限制。

倒追赔款
recourse, clawback, indemnification refund

释义:

在信用保险业务中，指试图向被保险人追回已付赔款的行为。

In the context of credit insurance, recourse or clawback, refers to an attempt to recover a claim that has been paid by the insurer from the insured.

相关知识:

一般情况下，倒追赔款发生在案件赔付后，追偿案件结案前，保险人赔后追偿期间。

倒追赔款的原因。1. 赔后追偿时，当保险人发现买方在赔付前还款但出口商未告知保险人，保险人定损核赔时未扣除相关还款；2. 出口商与买方存在付款担保或贸易纠纷；3. 出口商擅自接受退货、同意折扣、擅自放弃债权或与买方或开证行私自达成和解协议；4. 因出口商原因导致保险人不能全部或部分行使代位追偿权等情形时，保险人会要求客户退还全部或部分赔款。

信用保险实务操作中，追偿人员在案件赔付后的调查追讨过程中，如发现相关案件可能全部或部分不属于保险赔偿责任，一般应及时通知理赔人员，并提供相应的书面调查取证材料。理赔人员根据保险合同约定，结合追偿等相关人员调查反馈结果及书面取证材料，对相关案件事实及定损核赔意见进行重审。对重审认定相关案件符合保险合同约定的赔后倒追条件，且被保险人仍有偿付能力的，保险人应向被保险人倒追全部或部分保险赔款。

衍生词条:

已决赔款
settled claim amount
追偿
collection

等额还款/按揭式还款
level payment, mortgage type repayment

释义:

在信用期限内均衡地归还本金和利息，是信贷还款方式之一。按照经合组织要求，这种还贷方式只能用于租赁业务，有时也可用于项目融资。

A credit repayment arrangement, under which the principal and interest is paid on an equal basis during the credit term. Such repayment arrangement is more often seen in lease transactions than in sales contract. Since such repayment arrangement is normally used under medium and long term credit, according to OECD, it is only allowed to be used in lease business, and occasionally in project finance.

衍生词条:

还款条件
repayment terms
信用期限
credit period
租赁
lease
项目融资
project finance

抵押
mortgage

释义:

债务人或第三人不转移对财产的占有，将该财产作为偿还债务或履行义务的担保。债务人不偿还债务或履行义务时，债权人有权以该财产折价或者以拍卖、变卖该财产的价款优先受偿。

Mortgage is an act of a principal to pledge his or her interest (right to the property) as security or collateral for a loan or a bond. In case of nopayment or nonfulfillment of obligentions by the principal, the creditor may be reimbursed with the pledged interest.

相关知识:

抵押与质押都属于物的担保。不同于质押，抵押一般通过抵押登记实现，因抵押物不转移占有，其占有人仍可使用该资产进行生产经营活动。

按抵押物不同，抵押可分为六种。1. 不动产抵押。不动产是指不能移动或移动后会丧失其原有价值或失去其使用价值的财产。2. 动产抵押。动产是指可以移动并且移动后不影响其使用价值，不降低其价值的财产。3. 权利抵押。权利是指法律规定的各种财产权利。4. 财团抵押。以其所有的动产、不动产及权利的集合体作为抵押权客体而进行的抵押。5. 共同抵押。为了同一债权的担保，而在数个不同的财产上设定的抵押。6. 最高额抵押。在最高额限度内，以抵押物对一段时间内连续发生的债权作担保。

衍生词条:

保证
credit guarantee
质押
pledge

第三国风险
third country risk

释义:

因运输途径、货物交付或服务履行涉及被保险人和买方所在国以外的第三国，而导致的该国商业和政治风险敞口。

Exposure to commercial and political risks in a country other than the country of the insured or of the buyer; usually a country through which shipments may pass or where the goods are to be delivered, or the services to be performed.

衍生词条:

商业风险
commercial risk
政治风险
political risk

相关知识:

出口信用保险项下，第三国风险主要是指货款或信用证付款经过的第三国颁布延期付款令，使买方或开证行不能如期支付货款。

定价
pricing

释义：

保险人厘定保险费率的行为。

Determination of the premium rate by the insurer.

相关知识：

厘定保险费率的原则。1. 公平原则。保险人收取的保费应与其承担的风险相当，投保人负担的保费应与被保险人获得的保障相当。2. 充分原则。保险人收取的保费在支付赔款、营业费用和税款等之后，仍有一部分结余，以确保保险人的偿付能力。3. 相对稳定原则。在一定时期内应保持费率的稳定。4. 促进防灾防损原则。既减少保险人的赔款支出，又避免社会财富的大量损失。

衍生词条：

费率
premium rate
保险费
premium

定损核赔
loss ascertainment

释义：

保险人在受理被保险人的索赔申请后，在规定期限内核实损失原因，并将核赔结果书面通知被保险人。

The insurer ascertains the cause of loss and provides written notification of such ascertainment to the insured within specified time frame after admission of claim.

相关信息：

定损核赔期是指保险人用于查明致损原因、决定是否赔付及具体赔付金额的期限。

衍生词条：

索赔受理
admission of claim

定损核赔期
period of loss ascertainment

释义：

保险人用于查明致损原因、决定是否赔付及具体赔付金额的期限。

The time limit for the insurer to ascertain the loss and calculate the amount to pay.

相关知识：

《中华人民共和国保险法》第二十三条规定："保险人收到被保险人或者受益人的赔偿或者给付保险金的请求后，应当及时作出核定；情形复杂的，应当在三十日内作出核定，但合同另有约定的除外。保险人应当将核定结果通知被保险人或者受益人；对属于保险责任的，在与被保险人或者受益人达成赔偿或者给付保险金的协议后十日内，履行赔偿或者给付保险金义务。保险合同对赔偿或者给付保险金的期限有约定的，保险人应当按照约定履行赔偿或者给付保险金义务。保险人未及时履行前款规定义务的，除支付保险金外，应当赔偿被保险人或者受益人因此受到的损失。任何单位和个人不得非法干预保险人履行赔偿或者给付保险金的义务，也不得限制被保险人或者受益人取得保险金的权利。"

《中华人民共和国保险法》第二十四条规定："保险人依照本法第二十三条的规定作出核定后，对不属于保险责任的，应当自作出核定之日起三日内向被保险人或者受益人发出拒绝赔偿或者拒绝给付保险金通知书，并说明理由。"

《中华人民共和国保险法》第二十五条规定："保险人自收到赔偿或者给付保险金的请求和有关证明、资料之日起六十日内，对其赔偿或者给付保险金的数额不能确定的，应当根据已有证明和资料可以确定的数额先予支付；保险人最终确定赔偿或者给付保险金的数额后，应当支付相应的差额。"

衍生词条：

定损核赔
loss ascertainment
索赔受理
admission of claim

东道国
host country

释义：

投资人的海外投资项目所在国。

The nation in which the investment project is located.

相关知识：

东道国政府是指有效控制东道国政治和经济事务、对投资项目有直接影响的统治机构，或其授权的代理人、代表人，或其承认的法院、法庭或从属的立法、司法及行政机构。

短期出口信用保险
short-term export credit insurance, trade credit insurance

释义:

出口信用机构提供的一种保险产品，承保出口方信用期限在一年以内的出口因政治风险和商业风险而遭受的收汇损失。

The type of export credit insurance offered by an export credit agency to cover the loss of the exports with credit period within one year due to political or commercial risks

相关知识:

短期出口信用保险的基本作用包括控制风险和保障收汇，延伸作用包括为出口企业提供融资便利、帮助出口企业开拓海外市场。

1. 控制风险。出口企业投保后，可以通过信用保险机构对买方进行资信调查，详细了解买方信用等相关情况，将收汇风险控制在出运前。

2. 保障收汇。货物出运后，一旦发生损失，出口企业将获得赔偿，企业经营不会因收汇风险而受到影响。

3. 融资便利。以出口信用保险为保障，银行更愿意为出口企业提供贸易融资，及时满足出口企业的资金需求。

4. 开拓市场。投保出口信用保险后，出口企业可以更多地采用非信用证结算方式，增加贸易机会。

衍生词条:

出口信用机构
Export Credit Agency（ECA）
政治风险
political risks
商业风险
commercial risks

多方外包
multi-sourcing

释义:

从多个国家采购货物和服务，常用于大型项目。多方外包采购有其商业和经济的考虑（如寻找最好、最廉价、最方便的货源），也可作为分散风险政策的一部分。多方外包促使出口信用机构更密切地关注便捷而又灵活的合作安排，不仅包括对外国的货物和服务提供保险和融资，而且包括在共保和分保方面更密切的合作。

Multi-sourcing refers to procurement of goods and services from a number of countries, typically for a large project. The decision of multi-sourcing is usually made under considerations in commercial and industrial interests (e. g. , seeking out the best or cheapest or most easily available source of supply), but it can also be part of a policy to spread risk. Multi-sourcing urges export credit agencies or ECAs to take a closer look on more convenient and flexible cooperation arrangements, which are not limited to insurance and financing support for foreign goods and services but more intensive cooperation in coinsurance and reinsurance.

相关知识:

离岸外包是指跨国公司将生产和服务外包到具有低成本优势的发展中国家，是企业进行产业转移的方式之一。与外商直接投资（FDI）相比，离岸外包具有降低成本、强化核心能力、扩大产业规模等作用，因此越来越多的跨国公司将其作为国际化的重要战略选择。离岸外包兴起于制造业，但进入21世纪以来，由于发展中国家的技术、人力资源等要素水平不断提高，而且低成本优势继续保持，大量的服务业离岸外包从发达国家转向发展中国家，承接新一轮跨国公司服务业外包成为许多发展中国家利用外资，实现经济增长的新途径，也为中国服务业发展和有效利用外资提供了新的发展机遇和广阔的市场空间。

衍生词条：

出口信用机构
Export Credit Agency（ECA）
再保险
reinsurance

多年重组协议（巴黎俱乐部）
multi-year rescheduling agreement（MYRA）（Paris Club）

释义：

官方债权人准许的协议，包括两年或两年以上的重组期，与多年期的国际货币基金组织贷款安排（如中期贷款及减贫与增长贷款）相一致。这种协议的形式是，在满足巴黎俱乐部商定纪要中规定的某些条件后（如迄今为止全面履行了重组协议，继续执行国际货币基金组织的贷款安排等），实行一系列较短期的重组。

An agreement granted by official creditors that covers consolidation periods of two or more years in accordance with multi-year IMF arrangements, such as the Extended Fund Facility（EFF）and the Poverty Reduction and Growth Facility（PRGF）. The modalities of the agreement are that a succession of shorter consolidations（tranches）are implemented after certain conditions specified in the Paris Club Agreed Minute are satisfied, such as full implementation to date of the rescheduling agreement and continued implementation of the IMF arrangements.

衍生词条：

重组期
consolidation period
巴黎俱乐部
Paris Club

相关知识：

中期贷款是国际货币基金组织 1974 年设立的一项贷款工具，用于解决成员国源于结构性问题、需要更长调整时间的国际收支问题，借款国必须在 4 年半至 10 年的期限内偿还贷款。申请中期贷款的成员国须提出其在整个贷款期限内的目标和政策，并承诺每年详细说明在未来 12 个月中将采取的政策和措施。

恶意追索
unfair calling

释义：

保函受益人在明知保函申请人未违约的情况下进行索款。

The beneficiary's calling of bonds despite knowing that the principal has not defaulted.

相关知识：

见索即付保函是一种独立的付款保证，旨在保障受益人在基础合同项下不受损失，但独立于申请人和受益人之间的基础合同，是担保人和受益人之间的第一性承诺，该承诺自保函开出后即产生约束力。原则上，见索即付保函的担保人必须对保函限额内的任何要求付款，而不管申请人是否确实违约、受益人实际遭受的损失大小，因而存在被恶意追索的风险。

衍生词条：

保函
letter of guarantee

罚金
penalty

释义:

按照当事人的约定或者法律规定，一方当事人违约时应向另一方支付的金钱。

Sum paid by the breaching party to the other party in accordance with contract or law.

衍生词条:

罚息
penalty interest

相关知识:

由于罚金本身具有惩罚性质，通常不纳入出口信用保险的赔偿范围。

罚息
penalty interest

释义：

贷款人因借款人未在贷款协议规定期限内还款而加收的惩罚性利息，是罚金的形式之一。

A type of penalty. It refers to the extra interest charged by the lender on condition that the borrower fails to repay its debt according to the loan agreement.

相关知识：

由于罚息具有惩罚性质，贷款协议项下应付未付的罚息不属于出口信用保险的赔偿范围。

衍生词条：

罚金
penalty

法律意见书
legal opinion

释义：

司法人员或律师就特定法律事项所出具的书面意见。

A written advice issued by a lawyer or judicial personnel on legal subject.

放款
disbursement

释义:

出口商从买方信贷项下提取款项。绝大多数工程或资本货物的合同都规定出口商可以在工程进度中支取款项（称为进度款），即在工程建设期未结束前，或资本货物未交付或未收到前即可支取款项。通常都按商定的时间表进行，且以取得工作进度相关的满意合格证才能支付，旨在保护出口和进口双方及贷款人和借款人双方的利益。

A drawing made by an exporter under buyer's credit facility. Most project contracts or capital good sales contracts provide exporters the right to receive payments while work is in progress (also known as progress payments), that is, before completion of the project construction or before the delivery or acceptance of finished capital goods. These payments are usually made in accordance with an agreed schedule and on the basis of acceptance certificates, thus protecting all relevant parties' interests, including the exporter, importer, lender and borrower.

衍生词条:

买方信贷
buyer's credit

非比例再保险
non-proportional reinsurance

释义：

原保险公司与再保险公司协商议定一个自留额，由原保险公司自行赔付，超过该额度的，须按协议约定由再保险公司承担部分或全部赔付责任。

Under non-proportional reinsurance the reinsurer only pays out if the total claims suffered by the insurer in a given period exceed a stated amount, which is called the "retention", "deductible" or "priority".

相关知识：

通过非比例再保险，原保险公司可以扩大承保能力，防范巨灾风险，减少大额损失事件下的自留损失，有助于原保险公司在非预期损失下稳定业绩。

非比例再保险的优点是管理费用较低，保费流出较少，再保险成本可控，具有较大承保自主权；缺点是对小额高频损失的保护有限，需预付保费，费率水平受再保险周期或再保人损失经验影响较大。

非比例再保险分为险位超赔再保险、事故超赔再保险、赔付率超赔再保险。

非比例再保险与比例再保险的区别。比例再保险是以保险金额为基础进行划分，定价遵循原保险合同（original rates）。而非比例再保险是以实际发生的赔款为基础进行责任的分摊，定价权在再保险公司，与原始保单和原始保费处于分离状态。

衍生词条：

超赔再保险
excess of loss reinsurance (XL, XoL)
险位超赔再保险
per risk excess of loss
事故超赔再保险
per event excess of loss
赔付率超赔再保险
excess of loss ratio reinsurance
比例再保险
proportional reinsurance
责任恢复
reinstatement

费率
premium rate

释义:

费率是保险费和保险金额的比率。

Premium rate refers to the ratio of the insurance premium to the insurance coverage.

相关知识:

费率的形式。1. 费率表。根据买方/银行所属国家风险类别、支付方式和信用期限设定不同的费率值，用于体现不同出运业务风险对应的费率水平。2. 统扯费率。又称单一费率。根据保单约定，保险人可不区分业务结构，对被保险人在特定保单项下的所有出运均按照同一个固定费率计收保险费。3. 级差费率。为鼓励被保险人增加投保规模，保险人可在一个保单年度内针对申报金额的不同区间，分别设定不同的递减费率，即级差费率。级差费率包括费率表和单一费率两种形式。4. 特殊费率。针对适保范围内特殊国家/地区、特定买方/银行或者特定支付方式等可承保的风险情况而单独约定的费率。

衍生词条:

定价

pricing

分保手续费
ceding commission

释义：

原保险公司向其他保险公司分保业务，并收取一定费用，用于弥补原保险公司在承保和管理过程中所发生的各项费用。

Remuneration paid to the cedant by the assuming reinsurer, compensating the cedant for various expenses that it incurs, such as underwriting and business acquisition expenses.

相关知识：

原保险公司在展业和管理过程中发生很多费用，这些费用会被分摊给那些没有产生任何额外费用的再保险公司。再保险公司接受这一逻辑并因此允许原保险公司从其所得的原始保费中扣除相应比例的分保手续费，一般是原保险公司在支付分出保费时扣存。

分保手续费率分类。1. 固定手续费率。分保手续费按再保险费的固定百分率计算。例如，分保手续费按再保险费收入的25%的比例计算。这种方法简单、普遍。通常固定手续费与盈余手续费同时出现。2. 浮动手续费率。根据估计的业务最终赔付率计算实际的手续费率；或者根据历史赔付经验建立模型，采用随机模拟等技术得出平均的手续费支付水平。实际操作中，常常先确定一个预付手续费率，实际赔付后，再计算一个实际的分保手续费率，进行调整。

分保手续费的调整 = 实际分保手续费率 - 预付手续费率

分保手续费的金额应控制在合理的范围内。如果偏低，原保险公司的费用支出无法弥补，会给再保险关系的稳定带来不利影响；分保佣金过于优厚，降低了再保险公司的利润空间，又会使再保险公司的承保动力不足。迄今为止，还没有一个固定的公式准确表明分保手续费的合理水平。

再保险公司将分保佣金作为再保险承保能力的价格，并以此确保一定的利润率。原保险公司也非常关心再保险公司应当承担的展业和维护成本，避免反噬自身的利润。由于竞争和对信息系统的大量投入，信用保险公司的运营成本持续上升，分保手续费水平成为信用保险公司与再保险公司谈判的主要内容。

谈判中，双方都将利用自身对业务增长预期、业务结构和损失率的预测作为谈判的基础。如果原保险能够通过详细分析说服再保险公司认同其对业务组合的积极风控能力，则该原保险公司就可以获得谈判优势。如果双方不能就赔付率和固定手续费水平达成共识，通常的妥协方案将会采用与最终损失率挂钩的浮动手续费率。

衍生词条：

固定手续费
fixed commission
浮动手续费
sliding scale commission
预付手续费
provisional ceding commission
盈余手续费
profit commission

分期赔付
installment indemnity

释义:

保险人仅就损失金额的确定部分先行赔付，待核定其余损失后再继续赔付。对保险责任已经确定，损失金额部分确定的索赔案件，可进行分期赔付。

The situation where the insurer only compensates the loss of the insured that can be proved, the rest of which shall be paid until proven. Installment indemnity is only available for claims where insurance liability is confirmed.

相关知识:

相对于一次性赔付，分期赔付主要适用于被保险人履行贸易合同、保险合同存在一定瑕疵，损失原因和保险责任已确定，但损失金额尚未完全确定的情况，保险人可以对被保险人的损失进行分期足额赔付或分期扣减赔付。

例如，在破产案件中，被保险人仅登记成功部分债权金额，剩余债权金额登记仍需一定时间，则保险人可就已成功登记的债权金额先行分期赔付，待后续债权金额登记成功后，再就剩余部分足额或扣减赔付。在贸易纠纷案件中，贸易双方对部分债权金额存在争议，保险人可先就无争议部分金额对被保险人进行赔付，待贸易双方争议解决后，再进行后续赔付。

衍生词条:

赔付
indemnity
一次性赔付
indemnity in one lump sum

（贷款）份额
tranche（of a loan）

释义：

在结构融资中，（贷款）份额是指为单个交易提供的多份融资中的一份。每份融资相互独立，且对应的风险级别各异，常用字母标识，并有不同的评级。贷款份额也可用于包含多份融资的直接融资领域。

In structured finance, a tranche, is one of a number of related securities offered as part of the same transaction. Each tranche is a slice of the deal's risk, and different tranches are usually identified by letter (e. g. , Tranche A, Tranche B) with different credit ratings. The term "tranche" is also used in fields of finance other than structured finance (such as in straight lending, where multi-tranche loans are commonplace).

风险边际
risk margin

释义：

在精算领域，指技术准备金和保险公司实际需要承担各项责任的准备金的差额。

The risk margin shall be calibrated such that the value of technical provisions is equivalent to the value that an insurer would be expected to require in order to take the obligations.

相关知识：

风险边际是一个在保险精算领域和金融投资领域通用的名词，在不同的领域有不同的含义和计量方法。在投资领域，风险边际用来衡量投资的价值偏离期望值的幅度。在保险精算领域，国际通用的度量方法是分位数法和资本成本法两种；国内财险公司采用的度量方法包括区间下限法、简单分位数法、复杂分位数法和资本成本法等。

风险分担
risk sharing

释义：

为避免或减少保险责任内损失带来的影响，保险公司采取由被保险人自留一部分风险的承保安排，促使被保险人谨慎选择交易对象，谨慎签署和执行合同，积极追讨到期债务。在出口信用机构参与的涉及多个相关方的结构复杂的交易中（如项目融资），通常会要求风险由最适合承担的一方承担，以控制风险，降低成本。

The way the insured retains an interest in the insured debt, to eliminate or reduce the impact of insured losses by the credit insurance agency. It is a cardinal principle that the insured should always retain a share of the risk for their own account so that there is financial discipline to influence the insured's choice of buyers, to ensure care in drawing up contracts and carrying them out, and to pursue unpaid amounts or claims recoveries. When participates in structured finance deals (project finance for example) with multiple parties involved in, export credit agencies always make sure each risk is taken by the most appropriate party to mitigate risk and reduce aggregate cost of the deal.

相关知识：

出口信用机构主要采取的风险分担方式是在保单中确定承保比例，即保险人对保险标的所承担责任的最高比例，通常小于100%。剩余的部分即未保比例由被保险人自担，一些机构不允许被保险人将这部分风险转嫁给其他方。最低自留额、第一损失、免赔额等商业保险常用的方式，出口信用机构也可以视情况采用。

衍生词条：

承保比例
insured percentage
项目融资
project financing

风险分散
ceding, laying off the risk

释义：

承担大的风险并将这些风险分散的过程，使大风险转化成由许多机构承担的小风险。

The action of ceding risks taken at the front end by the insurance company, to either a single reinsurance company or to a series of them.

相关知识：

宏观层面的风险分散。1. 使风险在地理范围上分散。2. 使风险在时间上分散。3. 通过多种经营来实现风险分散。

微观层面的风险分散。1. 承保前分散。在承保时合理地划分危险单位，参考每个风险单位的最大可能损失确定保险金额，对超出自身承保能力的部分不予承保。2. 承保后分散。主要采取共同保险和再保险两种方法。

为保证经营的稳定性，保险公司应使风险分散的范围尽可能扩大。倘若保险公司承保的风险过于集中，就可能产生风险累积，使保险公司难以履行保险责任。通过再保险，将巨额的保险责任转嫁给再保险公司，可以实现全球范围内的风险分散。

衍生词条：

再保险
reinsurance
共同保险
coinsurance

风险集中
accumulation of risk

释义:

某一类业务组合下风险较为集中，可能会因单一事件的发生，引发巨额损失。

A concentration of risks that might give rise to exceptionally large losses from a single event.

相关知识:

在财产保险中，某一地点风险过于集中；或者员工责任保险中，某一职业风险过于集中，在单一风险事件发生时，则会造成巨额损失。对于出口信用保险，某一国别风险过于集中，某一债务人风险过于集中，或某一行业风险过于集中，都会造成巨额损失。出口信用机构需要通过风险组合管理，平衡风险，防止责任过于集中。

衍生词条:

风险组合管理
portfolio
management
风险分散
ceding
再保险
reinsurance

风险接受再保险
risk attaching reinsurance

释义：

承保协议期间签发保单所发生的风险，即使索赔是在再保险合同已经失效后发生，该索赔仍属于该份再保险合同保障范围。

A basis under which reinsurance is provided for claims arising from policies commencing during the period to which the reinsurance relates. The insurer knows there is coverage during the whole policy period even if claims are only discovered or made later on.

衍生词条：

损失发生再保险
loss occurring reinsurance

相关知识：

由于信用保险业务的索赔具有滞后性，其再保险安排通常以风险接受作为基础。

风险溢价
risk premium（RP）

释义：

促使一个人持有风险资本而放弃无风险资本所需要的资金补偿，是风险资本的期望收益超过无风险资本确定收益或低风险资本期望收益的部分。

Risk premium is the minimum amount of money by which the expected return on a risky asset must exceed the known return on a risk-free asset, or the expected return on a less risky asset, in order to induce an individual to hold the risky asset rather than the risk-free asset. Note that risk premium may be negative.

相关知识：

保险市场的定价深受风险溢价的影响。每个人能接受的溢价程度不一，影响因素在于此人是否是风险趋避者。若是风险趋避者，由于风险接受度低，比一般人愿意在公平保费之外付出更高的价格，以获得当风险发生时确定的收入。但是，如果当风险溢价加上公平保费的价格超过未保险情况下因风险而产生折损的收入，风险趋避者就没有购买此保险的意愿。

风险责任/风险敞口/风险暴露
exposure

释义：

通常指出口信用机构对一个国家的承保总量，是任何风险事件下可能遭受的最大损失。也可用于单个买方或银行项下，甚至单个保单项下。

Most commonly, the total commitments of an export credit agency with respect to a specific buying country. In this sense, exposure measures the maximum loss an export credit agency could suffer in the event of total default, with no insured payments received or recovered from the buying country. But the term can also be used in relation to commitments on an individual buyer or bank, or even under an individual facility or policy.

相关知识：

在中长期信用保险业务中，风险敞口包括未追回的赔款、未收汇金额、重组后的债务和未到期应付款的本金及利息。

在实务中，申报、责任，甚至限额，有时可用 exposure 表示。

浮动利率
floating interest rate

释义：

与固定利率相对，通常采用在一个基础利率上加点的方式，在计息期内随着基础利率变化而变化。较常用的基础利率如伦敦银行同业拆借利率。

As opposed to fixed interest rate, floating interest rate is based on an index or other base rate for establishing the interest rate for each relevant period, and expressed as a spread or margin over the base rate. One of the most common base rates is the London Inter-bank Offered Rate, or LIBOR.

衍生词条：

伦敦银行同业拆借利率
London Interbank Offered Rate (LIBOR)
固定利率
fixed interest rate

浮动手续费/梯次佣金/超额累进佣金
sliding scale commission

释义:

再保险公司根据分保合约的实际损失动态调整向原保险公司支付的分保手续费，一般随着分保合约业务的实际赔付率而浮动，通常设有最小值和最大值。

A predetermined commission adjustment on earned premiums whereby the actual commission varies inversely with the loss ratio, subject to a maximum and minimum.

相关知识:

采用浮动手续费，原保险公司和再保险公司的费用支出都能够得到补偿。出现亏损时，可减少再保险公司支付的分保手续费；有较多盈余时，增加再保险公司分保手续费支付额。有利于鼓励原保险公司加强对再保险业务的经营管理。浮动手续费形式虽然比较公平合理，但计算较为复杂，占用人力较多。

浮动手续费的变化幅度与赔付率并不是一一对应的。比如，赔付率每下降一个百分点，浮动手续费可能只增加 0.5 个百分点。

同时，为了应用浮动手续费计算公式，常常在初步计算损失率的基础上，设定一个预付手续费。对于某一比例分保合约，浮动手续费的支付规则为：

表 1　　浮动手续费支付规则

数据项	浮动手续费率	条件
预付手续费	30%	
最小值	22%	损失率≥70%
赔付率与手续费率变化按照 1:0.8	22% ~38%	50% ≤损失率 <70%
赔付率与手续费率变化按照 1:0.6	38% ~50%	30% ≤损失率 <50%
最大值	50%	损失率 <30%

根据这一规则，可以得到不同损失率情形下的浮动手续费：

表 2　　不同损失率情形下的浮动手续费

赔付率	28%	34%	40%	46%	52%	58%	64%	70%
佣金率	50%	47.6%	44%	40.4%	36.4%	31.6%	26.8%	22%

若上述比例分保合约的账单是按照季度编制并发送，那么第一业务年度中前 3 个季度账单的分保手续费均按照 50% 收取，第四季度账单按照 47.6% 收取，调整的补充账单中则按照（47.6% －50% = －2.4%）收取。

采用浮动手续费的分保合约通常存在三个不同的费率：预付手续费率、最小费率和最大费率。预付手续费率常常设为最近几个经验期的平均经验费率，并且每隔一段时间（如 3 ~5 年）合约双方将根据该新经验期内的实际损失经验调整预付手续费率，然后根据双方协商结果考虑各种附加，最终得到调整后新的预付手续费率。这些附加包括利润附加、风险附加和费用附加等，最后得到的调整费率通常在有限的范围内波动，受到最小和最大手续费率的限制。通常情况下，当每个业务期结束时，再保险公司的损失率在 65% ~90% 。

衍生词条：

分保手续费
ceding commission
预付手续费
provisional ceding commission

福费廷
forfaiting

释义:

出口商将在延期付款出口贸易中的应收账款以无追索权方式卖断给票据包买商,提前实现收汇,是出口信贷类型之一。

An export credit mechanism, whereby the exporter gets financing by selling out without recourse the receivables under deferred payment export contract to a forfaiter.

相关知识:

福费廷的优点。1. 终局性融资便利。出口商不必对债务人偿债与否负责,同时不占用银行授信额度。2. 改善现金流量。将远期收款变为当期现金流入,有利于出口商改善财务状况和清偿能力。3. 节约管理费用。出口商不再承担资产管理和应收账款回收的工作及费用。4. 提前办理外汇核销及出口退税手续。5. 规避远期收款可能产生的利率、汇率、信用等风险。

衍生词条:

出口信贷
export credit

付款保函
payment bond

释义：

由保证人出具的，担保在总承包商违约时向分包商或材料供应商支付相应款项的一种书面承诺。

A bond given by a guarantor to cover any amounts that, because of the general contractor's default, are not paid to a sub-contractor or materialman.

付款交单
documents against payment (D/P)

释义：

买方以先付款为条件取得货运单据，是贸易合同中约定的支付方式之一。

One of the payment terms in international trade, whereby the ownership documents of purchased goods are released to the buyer by the collecting bank only upon receipt of the necessary payment.

衍生词条：

付款条件
payment terms

相关知识：

付款交单分为即期付款交单（D/P at sight）和远期付款交单（D/P after sight）。

付款条件
payment terms

释义：

交易双方在合同中约定的付款安排，包括支付方式、付款期限等。

Contractual conditions of payment arrangement between business parties, including payment method and payment period etc. .

相关知识：

出口合同中的付款条件通常包含预付款、支付方式、付款期限、最终付款日等具体约定。影响风险判断的主要是支付方式和付款期限。1. 支付方式。在短期出口信用保险业务中，支付方式主要分为信用证和非信用证两大类。其中，信用证支付方式风险相对较低。非信用证支付方式按风险从低到高排列，通常包括付款交单（D/P）、承兑交单（D/A）和赊销（OA）等。2. 付款期限。可结合买方性质、经营方式以及出口产品自身的特性确定付款期限的合理性。一般情况下，期限越长，风险相对越高。

衍生词条：

信用证
letter of credit (L/C)

付款交单
documents against payment（D/P）

承兑交单
documents against acceptance（D/A）

付款证书
payment certificate

释义：

工程承包项目的业主或其代表根据合同价格和支付条款签发的文件，标志着承包商完全或部分完成标的合同。

Documents issued by the owner or its delegate of a construction project in accordance with contract price and payment clause, stating that the work has been completed or partially completed by its contractor.

衍生词条：

承包商
contractor

相关知识：

按签发时点，付款证书通常分为期中付款证书和最终付款证书两类。

附有条件的援助贷款
tied aid credit

释义：

与被援助国向援助提供国购买物品相联系的特定援助贷款。

Aid credit which is linked to purchases from the offering country.

相关知识：

援助贷款与官方支持的出口信贷的关系。

1. 当为同一个项目提供贷款时，援助贷款与官方支持的出口信贷可形成一种混合贷款。即使援助贷款部分是不附有条件的援助，若官方支持的出口信贷与被援助国向援助提供国购买物品有关，则构成了附有条件的援助贷款。

2. 附有条件的援助贷款，除在利率、宽限期和支付条件上与官方支持的出口信贷不同以外，两者在其他方面的差别较小。

衍生词条：

不附有条件的援助贷款
untied aid credit

工程风险保险
construction works cover

释义：

一种满足工程承包行业特定需求的保险，承保境外工程期间由政治事件引发的应收账款损失以及其他风险损失，例如工程设备损失、外派劳务人员返程等。

Type of export credit cover specially tailored to suit the needs of the construction industry, which provides cover for account receivable losses, and other types of losses incurred due to political risks when carrying out construction work abroad.

衍生词条：

出口信用保险
export credit insurance

相关信息：

工程设备保险承保因政治风险导致的境外承包工程设备的直接损失，通常以附加险的形式出现。

工程量清单
bill of quantities

释义：

记录承包合同中已经实施的工程项目和内容的清单，列表标示工程部位、性质及其数量、单价、合价等，用于项目开工后计算工程价款的依据。

A document listing the implemented works in EPC contract, with materials, parts, and labors (and their costs) itemized, which enables a contractor to price the work when the project is commenced.

相关知识：

承保商将经由业主或其监理签字确认的债权清晰的工程量清单卖断给银行，称为量单融资。

衍生词条：

工程总承包合同
EPC contract

工程总承包合同/交钥匙合同
EPC contract，turn-key contract

释义：

受业主委托，承包商承担建设某个工程项目的全部工作，包括工程项目的设计、施工、运行试验等，最后把随时可以使用的工程交给业主。工程总承包合同是由设计合同、许可证合同、土木工程合同以及设备合同等构成。

Engineering, Procurement and Construction Contract's, whereby the contractor is responsible for construction of the project, including the entire workload of design, construction and operation test before submitting the complete project to the owner. The master EPC contract is a complex of design contract, licensing contract, civil engineering contract and equipment contract.

相关知识：

为了保证交易的顺利进行，多数国家或地区政府、社会团体和国际组织都制定了标准的招投标程序、合同文件、工程量计算规则和仲裁方式。使用这些标准的招投标程序、合同文件，便于投标人熟悉合同条款，减少编制投标文件时所考虑的潜在风险，以降低报价。发生争议的时候，可以执行合同文件所附带的争议解决条款来处理纠纷。标准的合同条件明确规定了双方的权利、义务，能够公平合理地在合同双方之间分配风险和责任，很大程度上避免了因不认真履行合同造成的额外费用支出和相关争议。如国际咨询工程师联合会（FIDIC）制定的《设计采购施工（EPC）/交钥匙工程合同条件》（简称“银皮书”）。

根据 FIDIC 合同条件，通常将投标截止日期前第 28 天定义为“基准日”，作为业主与承包商划分合同风险的时间点。

衍生词条：

承包商
contractor
FIDIC 条款
FIDIC Conditions of Contract

公共买方
public buyer, government buyer

释义:

与私营买方相对，指被保险人出售商品或服务的对象机构，通常具有以下特征：

1. 被授权以其所在国政府名义或者代表所在国政府签署相关承诺性文件的机构，包括政府本身、政府下辖单位或公共产业机构等；2. 由政府控股；3. 该机构作出的承诺由政府提供担保。

Opposite to private buyer, the entity to which an insured sells its goods or services and that is:

1. authorized to enter into commitments in the name or on behalf of the government of its country, including the government itself, government agencies or any public sector institutions;

2. majority owned by a government;

3. guaranteed by the government.

公私合作
Public Private Partnership（PPP）

释义：

指公共部门与私营部门通过中长期合作协议建立起来的一种合作伙伴关系，由私营部门提供本应由公共部门提供的公共基础设施，公共部门与私营部门共担风险、共享收益。

A partnership arrangement established by a medium to long term agreement between the public and private sectors whereby some of the services that fall under the responsibilities of the public sector are provided by the private sector, with clear agreement on shared objectives and risks for delivery of public infrastructure and services.

公司账户
corporate account

释义:

与国家账户相对，指出口信用机构以自有资本经营，并可能从私营市场购买再保险的业务。本国政府或监管当局不介入此类业务，也不为此承担责任。

As opposed to government account business, corporated account business is conducted by an export credit agency on the basis of its own capital, possibly with reinsurance purchased in the private market, without the involvement or assumption of responsibility of its home government or guardian authority.

衍生词条:

国家账户
state account

共命运条款
following the fortunes clause

释义：

再保险合同的附加条款，表明原保险合同的约定事项，都是原保险公司和再保险公司的共同利益，再保险公司应是原保险公司的命运共同体。

The clause in a reinsurance contract stating that it is the reinsurer's duty to "follow the fortunes" of the insured as if the reinsurer were a party to the original insurance.

相关知识：

共命运条款目的在于要求再保险公司必须在合同利益范围内与原保险公司共命运，在发生损失时尤为重要。原保险公司有权决定通融赔付、损失追偿行动和损失解决方案，并要求再保险公司遵守，再保险公司有义务遵守由原保险公司所做的所有损失解决方案。

《再保险合约》中共命运条款示例：原保险公司有独自决断权，再保险公司没有任何干涉、调整、解决或者向任何条款或者损失妥协的权利。原保险公司对索赔和条款的调整、处置或者妥协将自动适用于再保险公司。原保险公司同样可以在它的独自决断力指引下评价、继续、维护、妥协、解决或者退出某种活动、诉讼或起诉。这些独自决断权，可能是使之受益或对其有利的，所有因此而发生的成本和费用（不包括办公成本和原保险公司人员薪水，在不超出相似服务的正常费用的情况下，包括由原保险公司理赔人员实施调查的成本），都需要再保险公司按比例分担。再保险公司同时也应按照自身的承保比例获得应有的收益和追偿收入。

衍生词条：

再保险
reinsurance

共同保险/共保
coinsurance

释义：

某一项目或合同涉及两个或两个以上保险人的联合保险。在信用保险操作中，既可以是几家出口信用机构间的合作，也可能是出口信用机构与私营保险公司的合作。

Normally a joint insurance arrangment on a project or contract involving two or more insurers, one of which is an export credit agency and the other usually another export credit agency but could be a private insurer.

相关知识：

共同保险、平行保险、再保险是各国出口信用机构（ECA）之间开展业务合作的重要方式。

1. 共同保险。下述虚线内的交易模式可引入共同保险：海外买方与一家出口商（总包商）签订一个完整的出口合同，该出口商将项目分别分包给不同国家的分包商；分包商与海外终端买方之间不发生直接的支付关系，而必须通过主要出口商（总包商）；

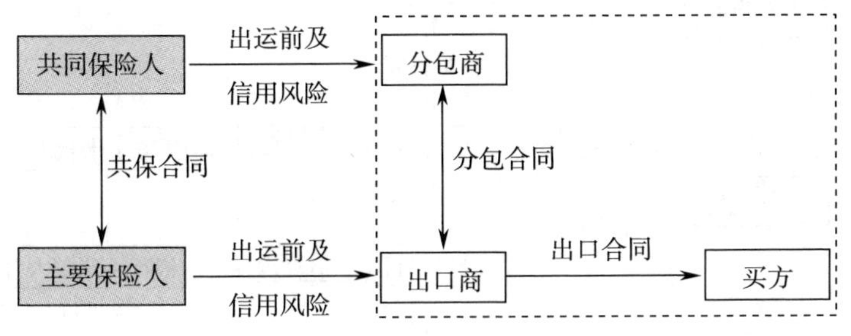

图 1　共同保险关系图

如果海外买方无法偿还支付款项，分包商需由主要出口商（总包商）代表他们向海外买方追索。在共同保险中，投保人与各保险人之间只有一个保险合同，即共保合同，主要保险人、共同保险人（通常为其他国家ECA）分别对各自的出口商、分包商承担出运前及信用风险。

2. 平行保险。ECA之间一种松散的合作形式，主要目的是为联合项目中的信息交换制定规则。下述虚线内的项目模式）可引入平行保险：一个项目中的各供应商来自不同国家，且处于平等地位，他们分别直接与海外买方签订出口合同，独立付款。出口信用保险机构之间会签订平行保险合同，保持信息沟通，确保公平对待供应商，使其获得相对平等的合同条款。

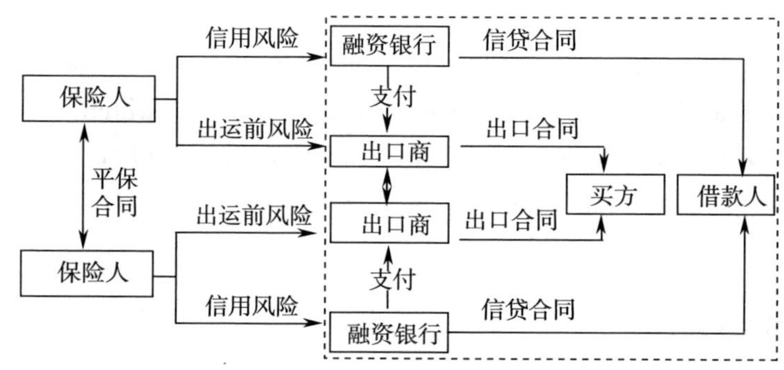

图2　平行保险关系图

3. 再保险：保险人将其承保的一部分业务转给另一个保险人（再保险人），是ECA之间运用最广泛的合作模式。在贸易险项下，可按照一定比例分出；在项目险项下，因为出口商的采购成

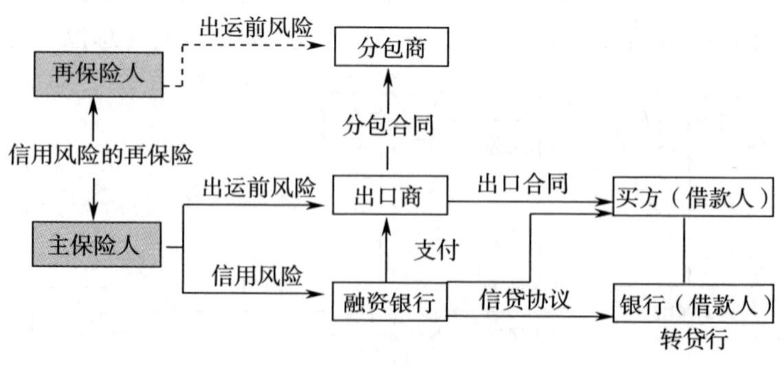

图3　再保险关系图

分中会有来自分包商的外国成分，因此主保险人 ECA 将外国成分分给相应的外国 ECA。在共同保险中，每一个保险人直接面对各供应商（包括主要出口商、分包商），风险在各保险人之间被横向分散；而在再保险中，投保人（即各供应商）直接面对的是原保险人，原保险人又与再保险人发生业务关系，投保人与再保险人之间没有直接的联系，两者通过原保险人发生间接关系，风险在各保险人之间纵向分散。

衍生词条：

再保险
reinsurance
出口信用机构
Export Credit Agency（ECA）

共同融资
cofinance

释义：

对一个项目的联合融资或者平行融资，部分资金来自出口信用机构，其余来自其他渠道，例如双边贷款或赠款，或者来自国际金融机构或商业银行。

Joint or parallel financing of a project, where part of the financing involves export credit agency's support and the rest comes from other sources, such as bilateral loans or grants from an international financial institution, or a commercial bank.

相关知识：

共同融资的类型。

1. 平行融资。将项目分成若干个独立的部分，以供出口信用机构或其他渠道分别融资。

2. 联合融资。指出口信用机构与其他渠道按照商定的比例，对某会员国或地区成员的一个项目进行融资。

3. 伞形融资或后备融资。开始时由出口信用机构提供全部的融资，但只要找到联合融资的其他经济实体，出口信用机构的部分份额即被取代。

4. 窗口融资。指共同融资的其他经济实体将资金通过出口信用机构投入某个项目，而与借款人之间不发生直接关系。

5. 参与性融资。指出口信用机构先对项目进行贷款，然后商业银行购买出口信用机构中较早到期的部分。

衍生词条：

出口信用机构
Export Credit Agency (ECA)

供应方
supplier

释义：

销售或服务合同中，依据约定条件履行提供货物或服务义务的一方。

The party of a sales or service contract that should provide goods or service according to agreed conditions.

相关知识：

卖方信贷是供应方融资的表现形式之一。

衍生词条：

买方
buyer

购电协议

power purchase agreement（PPA）

释义：

将电力项目产出的电力出售给当地或国家电力机构的协议，是电力项目融资中担保安排的重点，通常是长期安排，包括定价特别公式和程序、购电最低数量、购电时间范围等。在有些国家，购电协议的条款需经项目所在国政府的批准。

An agreement whereby electric power produced by a power project is sold to a local or national power authority. Such an agreement is often the centerpiece of the security package for a project financing involving a power project. The agreement typically specifies long-term arrangements containing specific formulas and procedures for setting tariffs, as well as the minimum quantity to be purchased and over what period. In some countries the terms of such agreements need to be approved by the host government.

购销合同
sale and purchase contract

释义：

买卖双方就某一交易谈判协商一致而签订的书面合同，内容包括商品名称、规格、包装、单价、交货期、付款方式、商品检验以及索赔、仲裁等条件。

A written contract negotiated and signed by the buyer and the seller in relation to the transaction, including the name of commodity, specification, packing, price, delivery, payment, commodity inspection, claims, arbitration and other conditions.

相关信息：

在出口信用保险实务中，购销合同真实、合法、有效是信用保险机构承担保险责任的前提条件之一。

衍生词条：

保险标的合同
insured contract

估损
loss estimation

释义：

保险人运用以精算方法为基础的损失评估规则，对已发生的报损案件最终可能产生的净损失进行事先评估和预测的工作。

The activities of the insurer, using actuarial science methodology, to evaluate and predict in advance the final possible net loss of the notified potential loss.

衍生词条：

可能损失
potential loss

相关信息：

保险人估损的目的是为计提未决赔款准备金提供基础数据和重要参考，但会针对不同产品制定不同的损失评估规则及公式。

固定价格条款
fixed price clause

释义：

商品或服务的价格不接受议价的合同条款。

A non-negotiable clause or term used in the contract to specify price of goods or service.

相关知识：

总价合同（Lump Sum Contract）也称总价包干合同。根据总价合同规定的施工内容和有关条件，业主按明确约定的总价付给承包商；只要施工内容和有关条件不发生变化，业主付给承包商的价款总额就不会发生变化。

固定利率
fixed interest rate

释义：

与浮动利率相对，指在贷款期内不作调整的利率。

As opposed to floating interest rate, fixed interest rate remains constant throughout the entire credit tenor.

衍生词条：

浮动利率
floating interest rate

固定手续费
fixed commission

释义：

再保险公司支付给原保险公司的，按照事先约定的再保险费一定比例计算的分保手续费，约定的比例为固定手续费率。再保险公司支付分保手续费的多少只与分出再保险费的多少有关，与赔付率无关。

A stated commission percentage of premium ceded, payable by the reinsurer to the reinsured and irrelevant of loss ratio.

相关知识：

提倡采用固定手续费的观点认为，分保手续费主要用来弥补原保险公司开展业务的费用支出，而业务质量对初始业务费用的多少没有影响，所以应该采用较为简单的固定手续费率计算分保手续费。这种方法的缺点是缺乏激励机制，不利于鼓励原保险公司加强经营管理。当分保合约存在较多利润时，原保险公司不能增加分保手续费分享该利润；在分保合约发生亏损时，再保险公司也不能减少分保手续费以补偿其损失。

固定分保手续费采用固定手续费率的计算方法，不论再保险合同业务量大小和质量如何，原保险公司均按再保险费收入的一定比例向再保险公司收取分保手续费。如某再保险合同的全年保险费收入为500 000 美元，固定分保手续费率定为30%，那么该合同的分保手续费则为150 000 美元。通常固定手续费与盈余手续费同时出现。

表1　采用固定手续费率的成数再保险合同数据

参数
承保年份：2014 年
分保比例：60%
最高赔偿限额（每风险单位）：50
自动接受限额（每风险单位）：30
佣金比例（固定）：35%

2014 年	100%	对再保人	自留
2014 年保费	250	150	100
分保佣金支付		-52.5	52.5
损失	125	75	50
追偿收入	25	15	10
技术结果	150	37.5	112.5
运营成本		4.5	87.5
净运营利润		33.0	25.0

相关信息：

固定分保手续费率通常由原保险公司和再保险公司根据以往的赔款记录共同商定。固定分保手续费制度被劳合社市场使用，是因为劳合社采用三年制财务会计制度，每一会计年度的保费和赔款须等三年后才能完整核算，在这一会计核算制度下无法进行每年的再保险成本核算。某些业务的非比例再保险合同也采用固定分保手续费，如承保新业务或未办理过超赔分保缺乏经验数据的业务，可以采用固定分保手续费作为一种过渡性办法，为以后使用浮动分保手续费积累经验数据。

衍生词条：

分保手续费
ceding commission
盈余手续费
profit commission
非比例再保险
non-proportional reinsurance

官方发展援助/官方开发援助
official development assistance（ODA）

释义：

发达国家官方机构（包括中央、地方政府及其执行机构）为促进发展中国家的经济发展水平和福利水平，向发展中国家或多边机构提供的赠款或赠予成分不低于25%的优惠贷款。

By convention, contributions or concessional financing with grant element of at least 25 percent, from donor government agencies, at all levels, to developing countries and to multilateral institutions, for the promotion of the economic development and welfare of developing countries.

相关知识：

援助（aid）是指一国政府、国际多边机构、非政府组织或个人自愿向另一国政府或团体提供的资金帮助。给予援助的原因，或出于人道主义，或出于外交政策需要等。由一国向另一国提供的援助被称为双边援助。按照国际通行做法，出口信用机构所从事的业务不属于双边援助。但由于在出口信用机构的个别混合信贷业务中掺有双边援助的成分，故而受到经合组织公约等国际规则的严格监控。

发展援助是指以促进发展中国家经济、环境、社会发展为目的的实物或资金援助。

官方支持出口信贷的安排/君子协定
Arrangement on Officially Supported Export Credits (the Arrangement)

释义:

经济合作与发展组织参加国之间的一般规则框架或"软法",是为官方参与的出口信贷市场有序运作所设立的制度框架。该协议产生于 1978 年,原称为"君子协定",随后还曾被称为"一致意见"及"指导原则",其最初目的为防止经合组织参加国之间发生出口信贷补贴战。该协议适用于全部经合组织参加国的出口信用机构所提供的两年期以上的信贷,并规定了出口信贷的最低费率、最长信用期限、还款条件等。

A framework of rules or " soft law " among the participants of the Organization for Economic Cooperation and Development that seeks to provide an institutional framework for an orderly export credit market involving official intervention. The arrangement came into being in 1978 and was originally called the Gentlemen's Agreement, then the Consensus, and later the Guidelines. It applies to all credits of over two years duration issued by an export credit agency of an OECD member and, with an original intention of preventing an export credit subsidy war between or among OECD member countries, sets minimum premium rates, maximum lengths of credit, and standard repayment terms, etc. on export credit facilities.

相关知识：

主要内容：规定了出口信贷的最低利率（被称为商业参考利率 CIRR），最低保险费率（MPR），最低预付款或现金支付比例，最长信用期限，以及标准还款条件。协议还对当地成分作了限制，并对混合信贷作出了规定（包括赠予成分及优惠程度）。该安排还包括一系列行业谅解（Sector Understanding），涉及船舶、核电、民用飞机、铁路、可再生能源和水利等行业。

商业参考利率（CIRR）：经济合作与发展组织每月发布的 CIRR 数据。列明每种主要货币贷款的最低利率，相关出口信用机构据此支持两年期以上的官方出口信贷。这些参考值一般根据相应货币的政府借款利率加上息差构成。

衍生词条：

经济合作与发展组织
Organization for Economic Cooperation and Development（OECD）

官方支持的出口信贷
officially supported export credit

释义：

指受官方出口信用机构支持的出口信贷，记入政府账户，而非公司账户。该信贷可以是卖方信贷或买方信贷。

An export credit supported by an export credit agency on government account, rather than on its own account. The credit may be a supplier credit or a buyer credit.

相关知识：

中国的官方出口信用机构。1988 年，为加大出口政策支持力度，鼓励高附加值的机电产品出口，改善出口产品结构，增加国家外汇收入，我国政府决定依照国际惯例，创办信用保险制度。中国人民银行批准中国人民保险公司设立出口信用保险部，先后开展了短期出口信用保险和中长期出口信用保险业务。1994 年，中国进出口银行成立，政府批准其开展出口信用保险业务。2001 年 12 月 18 日，在中国加入 WTO 的大背景下，国务院批准成立专门的国家信用保险机构——中国出口信用保险公司，由中国人民保险公司和中国进出口银行信用保险业务合并组建而成。

衍生词条：

卖方信贷
supplier's credit
买方信贷
buyer's credit

关联交易
connected transaction

释义:

被保险人与关联公司之间的交易。

关联公司是指与被保险人在股权、经营或人员等方面，存在直接或间接拥有或控制关系的公司，或与被保险人共同为第三者直接或间接拥有或控制的公司。

Transaction between the policyholder and its affiliated companies which, by way of capital, operation and/or personnel etc. , are directly or indirectly owned or controlled by the policyholder, or jointly owned or controlled by the same party as the policyholder.

相关知识:

由于关联公司之间存在利益一致性，其交易属内部交易性质，风险难以控制，因此，一般情况下，被保险人向其关联公司出口过程中，由商业风险引起的损失被出口信用机构确定为除外责任。

衍生词条:

商业风险
commercial risk
出口信用机构
Export Credit
Agency (ECA)

国际收支
balance of payments（BOP）

释义：

特定期限内，一个国家与其他国家或地区所有经济关系的系统记录。

A statement that summarizes an economy's transactions with the rest of the world for a specified time period.

相关知识：

国际收支的主要项目。

1. 经常项目，包括贸易、劳务以及转移收支。2. 资本与金融项目，包括所有对外资产和对外负债增减的交易。3. 官方储备项目，是一国的货币当局对该国国际收支出现的顺、逆差进行平衡的项目。4. 错误与遗漏，是经常项目与资本项目所发生的净差额与官方储备的净增减数之差。

衍生词条：

国家风险
country risk

国际信用与保证保险协会
International Credit Insurance and Surety Association （ICISA）

释义：

由全球领先的私营信用保险和/或保证保险公司组成的非官方组织，成立于1928年，是世界上第一家贸易信用保险协会。目前，该协会成员业务占全球私营信用保险业务的95%。

An unofficial organization that brings together the world's leading private companies providing trade credit insurance and/or surety bonds. Founded in 1928 as the first trade credit insurance association, current members account for over 95% of the world's private credit insurance business.

相关知识：

国际信用与保证保险协会成立之初名为国际信用保险协会（International Credit Insurance Association，ICIA）。2001年更名为国际信用与保证保险协会（ICISA）。1999年以前，协会秘书处位于瑞士，1999年迁至英国伦敦，2003年迁至荷兰阿姆斯特丹。

该协会的目标是研究信用保险与保证保险的相关问题，为协会成员的员工提供信用保险与保证保险承保理论与实践的机会，代表协会成员利益，促进协会成员统一行动，协调成员间的关系以及协会及其成员与各国经济乃至全球经济的关系，以保护被保险人以及协会成员的利益。

该协会的宗旨是保持信用保险商、再保险商及担保公司的优秀技术能力，推广行业创新，提高产品研发能力，为会员提供公开的交流机会等。

ICISA 成员表（2014 年）

序号	机构名称	国家或地区
1	ACE USA Surety Division	美国
2	Afianzadora Latinoamericana Compañía de Seguros S. A.	阿根廷
3	Allianz SE Reinsurance	德国
4	Argo Surety	美国
5	PT. Askrindo（Persero）	印度尼西亚
6	Aspen Re Europe	瑞士
7	Atradius N. V.	荷兰
8	AXA Assurcredit	法国
9	AXA Winterthur	瑞士
10	AXIS Re Ltd.	瑞士
11	Catlin Re Switzerland Ltd.	瑞士
12	CESCE	西班牙
13	China National Investment & Guaranty Co. , Ltd.	中国
14	CLAL Credit Insurance Ltd.	以色列
15	Coface	法国
16	COSEC	葡萄牙
17	Credit Guarantee	南非
18	Ducroire l Delcredere S. A. N. V.	比利时
19	ECICS Limited	新加坡
20	Endurance	瑞士
21	Euler Hermes	法国
22	Fianzas Atlas	墨西哥
23	Fianzas Monterrey	墨西哥
24	Garant	奥地利
25	The Guarantee Company of North America（GCNA）	加拿大
26	Groupama Assurance-Crédit	法国
27	Hannover Re	德国
28	HCC International	英国
29	ICIC	以色列
30	Lombard Insurance Group	南非

续表

序号	机构名称	国家或地区
31	Mitsui Sumitomo Insurance Co. , Ltd.	日本
32	Munich Re	德国
33	Nationale Borg	荷兰
34	Novae Group plc	英国
35	Partner Re Ltd.	瑞士
36	PICC Property and Casualty Company Limited	中国
37	Prisma	奥地利
38	QBE	澳大利亚
39	R + V Re	德国
40	SACE BT	意大利
41	SCOR Global P&C SE	法国
42	Seoul Guarantee Insurance Company (SGI)	韩国
43	SID-First Credit Insurance Company Inc.	斯洛文尼亚
44	Solunion Seguros de Crédito	西班牙
45	Sompo Japan	日本
46	Swiss Re	瑞士
47	Tokio Marine & Nichido Fire	日本
48	Tryg Garantiforsikring A/S	丹麦
49	Zurich Insurance plc, Niederlassung für Deutschland	德国
50	Zurich Global Corporate, Surety	英国
51	Zurich Surety, Credit and Political Risk	美国

国家承保条件
country cover conditions

释义：

保险人为了承保一个特定国家或该国境内买方而要求的条款。

Terms of coverage imposed by the insurer for their acceptance of cover in (or buyers in) a particular country.

相关知识：

以中国出口信用保险公司为代表的行业通行做法，主要是从支付方式、业务特点、信用期限以及赔偿比例等方面，对是否接受在一个特定国家下的买方风险提出要求，限制相关风险。

例如：

××共和国下××险的业务承保，基于个案处理原则，具体条件为：

（1）仅承保×××× Bank 开具的信用证业务，同时对银行总限额加以控制；不接受 OA 及其他银行开具的信用证业务；

（2）信用期限：不超过 360 天；

（3）赔偿比例：政治风险 80%，商业风险 80%；

（4）对于第三国保兑信用证业务以及联合国驻××共和国常设机构的采购业务可正常承保。

衍生词条：

信用证
letter of credit
(L/C)
信用期限
credit period
赔偿比例
insured percentage

国家风险
country risk

释义：

迄今为止，还没有统一的国家风险概念。主要原因是，国家风险是一个涉及政治、经济、社会、文化、国际关系乃至自然环境及突发事件等十分复杂的范畴。较为官方的国家风险概念，是由经济合作与发展组织（OECD）在关于国际贸易和信贷的“君子协定”中提出的。认为国家风险包含以下五个基本要素：由债务人的政府或政府机构发出的停止付款的命令、政治经济事件引起的贷款被制止转移或延迟转移、法律导致的资金不能兑换成为国际通用货币或兑换后不足以达到还款日应有的金额、任何其他来自外国政府的阻止还款措施、不可抗力（包括战争和内战、没收、革命、骚乱、民变、飓风、洪水、地震）。

So far, there is no universal concept of country risk. The main reason is that country risk is a complex concept involving politics, economics, society, culture, international relationship, natural environment and emergent events. A more official concept is given by OECD, which consists of the following basic elements: Debtor's government or government agency issues command to prevent the transfer of payments, prevention or delaying of the transfer of loan caused by political and economic events, a law preventing an entity from converting local currency into international major currency or the amount is not enough for repayment after converting, any measures preventing from repayment by a foreign government or force majeure (including war or civil war, expropriation, revolution, civil disturbance, unrest, hurricane, flood, earthquake).

衍生词条：

国家风险类别
country risk categories

相关信息：

信用保险业内普遍承保的政治风险涉及大量国家风险内容，信用保险机构对于国家风险的理解和定义基本与 OECD“君子协定”保持一致。

国家风险类别/国家类别
country risk categories, country categories

释义:

绝大多数出口信用机构将买方国家划分为不同的类别，显示国家风险的不同水平。在具体国家风险分类上，信用机构的做法各不相同。

Most export credit agencies classify buying countries into different categories, which shows different levels of country risk. The classification of categories varies among export credit agencies.

相关知识:

为适应理论研究与实际应用的需要，按照国家风险的内在特征和变化规律，避免分类“过细”或“过粗”，各国信用保险机构一般将国家风险水平划分为若干类别，风险水平由低到高。

衍生词条:

国家风险
country risk

国家或者政府干预行为
act of state, government intervention

释义:

政府作出的一系列监管行为，旨在影响或者介入某些个人、团体或者组织有关社会和经济方面的决策。

Regulatory actions taken by a government in order to affect or interfere with decisions made by individuals, groups, or organizations regarding social and economic matters.

相关知识:

政府干预主要表现为国家利用经济政策、经济法规、计划指导和必要的行政管理，对市场经济的有效运作发挥调控作用。

政府干预的主要目的是纠正市场失灵、平均收入分配和改善经济表现。

政府干预的主要特征。1. 干预的主体是国家。2. 经济政策是干预的主要方式，是宏观经济调控政策的法律制度化表现，是一种“政策性法律”。3. 干预的效力多为引导和鼓励。4. 干预以社会整体经济发展为出发点和归宿，体现出综合性。

政府干预的主要领域。1. 有关国家整体经济布局及国计民生的重大领域。2. 容易产生“市场失灵”的经济领域。3. 私人的力量不愿意进入的领域。

国家限额
country limit

释义：

出口信用保险公司对在某个特定国家开展业务设置的最高风险敞口。

The maximum exposure approved by the export credit agency in respect of a particular country.

相关知识：

国家限额与国家风险类别的关系。国家风险类别是体现国家风险基本特征，反映风险认定主体风险偏好，科学管理、差异应对国家风险的重要标准性和系统性工作。国家限额是出口信用保险机构对风险水平相对较高的目标国家或地区承担风险责任而拟定的累积最高信用额度，是出口信用保险机构控制业务风险水平与结构的重要手段，也是引导出口信用保险资源合理分配的重要手段。信用等级高、风险低的国家所配置的限额资源通常大于信用等级低、风险高的国家，低风险国家可以不受国家限额约束。在实际操作中，国家限额政策与国家风险类别政策组合使用。

衍生词条：

国家风险
country risk
国家风险类别
country risk categories

国家债务重组
country debt rescheduling

释义：

国家债务人正式推迟偿债支付，推迟支付的债务适用新的延长后的期限，是向债务国提供债务减免的方式之一。

The formal deferment of debt service payments of country debtor and the application of new and extended maturities to the deferred amount. It is one means of providing a debtor country with debt relief.

相关知识：

国家债务重组泛指债务国与其债权人之间就该国现存债务支付所作的重新安排，具体形式包括债务再安排、债务再融资、债务豁免、债务转换和提前偿还债务等。国家债务重组的目的是为无力偿还债务的国家暂时解除或减少偿债负担，为其经济复兴和发展赢得时间，最终恢复支付能力，重新回到资本市场，保证该国乃至整个国际金融体系的稳定。

当一国债务达到不可持续的程度时，进行债务重组，对于债务国、私人债权人、主要债权国以及国际货币基金组织（IMF）等官方金融机构都具有重要意义。首先，通过债务重组，可以缓解债务国资金压力，甚至获得债务的减免，有助于迅速具备支付能力，恢复经济发展活力，重获国际资本市场准入条件。其次，参与债务重组，承担债务减免责任，是公私债权人承担投资风险的表现，有助于减少道德风险，增强市场约束，而且重组后债务的偿还更有保障。最后，债务国与债权人自主谈判减免债务，可以减少对国际救助资金的需要，并使国际救助资金得到更有效的利用。对一国债务重组的谈判通常会通过国际货币基金组织、巴黎俱乐部等机制进行。

衍生词条：

巴黎俱乐部
Paris Club
重组期
consolidation period

国家账户/官方账户/政府账户 state account, official account, government account

释义:

政府拥有的出口信用机构经营的业务，或指出口信用机构代表政府承保的业务，保费（扣除行政费用）以某种方式上交政府账户，政府为赔款提供资金。

Business conducted by an export credit agency that is owned by a government, or business that the agency underwrites on behalf of its government, that is, where the premium (less any administrative charges) is forwarded to the government and where the government funds claim payments.

相关知识:

政府账户的操作。出口信用保险机构既从事政策性出口信用保险业务，也经营商业性出口信用保险业务。政策性业务设立专门账户，与商业性业务分账核算，以便独立核算经营成果和确定赔偿责任。对属于政府账户的业务，出口信用保险机构只将代理政府政策性保险的手续费记入公司账户。

许多出口信用机构与各自所在国政府息息相关，或者是政府的一个机构，或者是政府全资或大部分控股的公司，或者是私营企业代本国政府承保业务。目前，不少私营出口信用公司依托自有资本承保公司账户业务，并在私营市场进行分保。而大多数伯尔尼协会成员承保的全部中长期出口信用保险业务、投资保险业务仍属于政府账户业务。

政府账户业务的管理模式。1. 政府将能够市场化运营的信用险业务全部留给商业市场，政府指定的机构只经营政策性的业务。例如英国出口融资局。2. 政府将政策性的业务委托给商业性保险机构去做，例如裕利安怡德国子公司、法国科法斯和荷兰安卓均是受政府委托经营政策性保险业务的商业公司。3. 政府设立国有出口信用保险公司，既从事政策性业务，也经营商业性业务。例如中国出口信用保险公司。

出口信用保险经营模式的演化。出口信用保险在历史上经历了纯商业性、纯政策性、政策性与商业性并存的发展过程。出口信用保险最初是由商业保险公司发起的，但因其高风险的特征和复杂的经济属性而未得到大规模发展。第一次世界大战后，战争加剧了出口的风险程度，商业性保险公司纷纷退出。同时，欧洲各主要国家的政府认识到出口信用保险是扩张贸易、复苏经济、提高就业的有力工具，开始由官方经营出口信用保险，并发挥了重要作用。此后，其他发达国家及一些发展中国家陆续效仿。20世纪90年代以前，出口信用保险在各个国家一直作为政策性业务由国家专营。随着国际政治趋于稳定、经济快速发展和欧洲一体化的进展，一部分出口信用保险业务被认为有利可图，从而逐步剥离出来，交由欧洲几家规模较大的公司作为商业性保险经营，在欧盟国家逐渐形成了官方支持的出口信用保险与商业性保险共存的局面。

衍生词条：

出口信用机构
Export Credit Agency（ECA）
伯尔尼协会
Berne Union（BU）
公司账户
corporate account

国内贸易信用保险
domestic trade credit insurance

释义:

承保国内贸易中卖方因买方的信用风险而遭受的损失，是出口信用机构提供的保险产品之一。

A type of credit insurance offered by an export credit agency, which covers the supplier's loss due to its domestic buyer's credit risk.

相关知识:

国内贸易信用保险由中国出口信用保险公司在2006年正式推出。

国内贸易信用保险可以弥补企业遭遇买方破产或拖欠等信用风险造成的损失，保障企业稳健经营和可持续发展；可以使企业提前确认收入、改善财务报表结构；还具有融资便利和市场拓展等派生功能。

衍生词条:

出口信用保险
export credit insurance

过桥贷款/搭桥贷款
bridge loan

释义：

在安排较为复杂的长期融资以前，为借款人正常运转提供资金的短期融资，是过渡性贷款之一。后续贷款往往用来偿还过桥贷款及满足其他资本需求。

An interim financing for the borrower until permanent financing or subsequent financing is obtained. Money from the new financing is generally used to "take out" (i. e. to pay back) the bridge loan, as well as other capitalization needs.

相关知识：

作为一种过渡性融资，过桥贷款通常期限较短，利率较高，办理方式比较便捷。

海外投资股权保险
overseas equity investment insurance

释义:

承保投资者海外股权投资因政治风险引起的损失,是出口信用机构保险产品之一。股权投资的形式包括货币以及具有货币价值的有形资产或无形资产。

A type of export credit insurance offered by an export credit agency, which covers overseas equity investments and compensates shareholders' equity losses resulted from political risks in the host country. Equity investments include investments in form of cash, goods, technology or intellectual property, etc. .

衍生词条:

出口信用机构
Export Credit Agency (ECA)
政治风险
political risk
海外投资债权保险
overseas debt investment insurance

海外投资债权保险
overseas debt investment insurance

衍生词条：

出口信用机构
Export Credit Agency (ECA)
政治风险
political risk
海外投资股权保险
overseas equity investment insurance

释义：

承保投资者海外债权投资因政治风险引起的损失，是出口信用机构保险产品之一。债权投资的形式包括股东债权和金融机构债权等。

A type of export credit insurance offered by an export credit agency, which covers overseas debt investments and compensates investors' debt losses resulted from political risks in the host country. Debt investments include investments in form of shareholder's credits and credits of financial institutions etc. .

海外租赁保险
overseas leasing insurance

释义:

承保出租人或为其提供融资的金融机构因政治风险和商业风险引起的租金损失，是出口信用机构的保险产品之一。

A type of export credit insurance offered by an export credit agency, which compensates the lessors or financing institutions losses in lease payment resulted from political and commercial risks.

衍生词条:

出口信用机构
Export Credit Agency (ECA)
政治风险
political risk
商业风险
commercial risk
租赁
lease

行业谅解
sector understanding

释义：

特指出口信用机构之间就特定行业达成的协议，规定在该行业的贸易中，官方支持的出口信贷可以提供的条件上限，目的是避免出口信贷补贴战，鼓励本行业出口商的正当竞争。

An agreement among export credit agencies that sets out the most favorable terms and conditions on which officially supported export credits may be provided in transactions of a particular sector. The purpose is to prevent an export credit subsidy war and to encourage fair competition among exporters.

相关知识：

截至2014年底，在经济合作与发展组织《官方支持出口信贷的安排》中，目前共有五个行业谅解文件：

1. 《关于船舶出口信贷的行业谅解》（*Sector Understanding on Export Credits for Ships*），2005年签署，参加国为澳大利亚、欧盟、日本、韩国、新西兰和挪威。

2. 《关于核电站出口信贷的行业谅解》（*Sector Understanding on Export Credits for Nuclear Power Plants*），2009年签署，参加国为澳大利亚、加拿大、欧盟、日本、韩国、新西兰、挪威、瑞士和美国。

3. 《关于民用飞机出口信贷的行业谅解》（*Sector Understanding on Export Credits for Civil Aircraft*），2011年签署，参加国为澳大利亚、巴西、加拿大、欧盟、日本、韩国、新西兰、挪威、瑞士和美国。

4.《关于可再生能源、减少气候变化及水利项目出口信贷的行业谅解》（*Sector Understanding on Export Credits for Renewable Energy, Climate Change Mitigation and Water Projects*），2014年签署，参加国为澳大利亚、加拿大、欧盟、日本、韩国、新西兰、挪威、瑞士和美国。

5.《关于铁路基础设施出口信贷的行业谅解》（*Sector Understanding on Export Credits for Rail Infrastructure*），2014年签署，参加国为澳大利亚、加拿大、欧盟、日本、韩国、新西兰、挪威、瑞士和美国。

衍生词条：

出口信用机构
Export Credit Agency（ECA）

经济合作与发展组织
Organization for Economic Cooperation and Development（OECD）

《官方支持出口信贷的安排》
Arrangement on Officially Supported Export Credits（the Arrangement）

合同限额
contract limit

释义:

出口信用机构确定的在特定国家能够承保的最高合同金额，以控制承保责任在个别国家的过度累积，是中长期业务采取的风险控制措施。

A cap-all restriction applied by some export credit agencies to control the total exposure on individual countries, commonly seen in medium and long-term business. Agencies set maximum amounts on individual contracts insured to make cover available for as many contracts as possible instead of on one large contract. This arrangement ensures continuous underwriting capacity with reasonable risk spread and more satisfying services.

相关知识:

中长期信用保险主要特征：1. 保障信用期一般在 1 ~ 15 年的出口收汇风险。2. 服务于国家外交、外经贸和产业政策，鼓励出口企业积极参与国际竞争。3. 国家信用支持，政府财政为后盾。4. 重点支持高科技、高附加值的机电产品和成套设备等资本性货物出口以及对外承包工程项目。

衍生词条:

出口信用机构
Export Credit Agency（ECA）

合约再保险
treaty reinsurance

释义:

原保险公司与再保险公司订立一定期限的合同,约定分保业务范围、条件、额度、费用等。在合同期内,对于约定的业务,原保险公司必须按约定的条件分出,再保险公司也必须按约定的条件接受,双方无须逐笔洽谈,也不能对分保业务进行选择,合同约定的分保业务在原保险公司与再保险公司之间自动分出与分入。

A standing agreement between reinsured and reinsurer 1) for the cession and assumption of certain risks as defined in the pro rata treaty, or 2) for indemnity by the reinsurer only for the reinsured's losses above the reinsured's loss retention. Most pro rata treaty reinsurance provides for automatic cession and assumption.

相关知识:

合约再保险适用于各种形式的比例和非比例再保险方式。

合约再保险主要特点:1. 在分保范围内对再保险公司和原保险公司均有约束力。2. 再保险公司不评审分保范围内的单个风险。3. 因是长期合作关系,效益评估需要经过相当长的时间。4. 购买平均成本低于针对单个风险单位的临时再保险。5. 一般可承保多类风险。6. 原保险公司收取分保手续费,以补偿其展业费用、营业税及业务管理成本。

合约再保险核心条款包括合同双方、约定业务时间范围及险种、除外条款、分保比例、自动接受限额、特殊接受、分保手续费、税收、损失通知及现金摊赔、结算条款、仲裁条款、中介条

衍生词条：

比例再保险
proportional reinsurance
非比例再保险
non-proportional reinsurance
临时再保险
facultative reinsurance
分保比例
cession
特殊接受
special acceptance
分保手续费
ceding commission

款、误差和疏忽条款等。

合约再保险意义及价值主要体现在资本、收益和市场三个方面。1. 从资本角度，合约再保险可以保护资本、释放资本和降低其他融资方式（发行股本、举债）的成本。2. 从收益角度，合约再保险可以降低波动性并稳定收益，通过增强收益“信号”在资本市场获得更高的市值。3. 从市场角度，合约再保险可以提高承保能力，增强竞争力，保护保险公司大灾后市场地位及市场声誉。

互惠再保险
reciprocity reinsurance

释义：

有再保险关系的保险公司之间互相交换业务，一方保险公司向另一方保险公司分保，又从另一方保险公司获取分保业务。

The practice of requiring incoming reinsurance in exchange for reinsurance ceded or vice versa.

相关知识：

通过互惠再保险，每个再保险公司接受其他再保险公司的分出业务，以稳定经营或减少成本。原保险公司也可与其他国家的原保险公司签订将本国业务与他国业务交换的协议。

互惠再保险可以交换全部或部分业务。

衍生词条：

再保险

reinsurance

坏账
bad debt

释义：

已经确定无法收回并已注销的赊销账户余额或者应收贷款余额。

Uncollectible account balance or balance already written off.

相关知识：

按照我国有关规定，企业应收账款符合下列条件之一的，应确认为坏账：1. 因债务人死亡，以其遗产清偿后仍然无法收回。2. 因债务人破产，以其破产财产清偿后仍然无法收回。3. 债务人较长时期内（如超过3年）未履行偿债义务，并有足够的证据表明无法收回或收回的可能性极小。

由于发生坏账而产生的损失，称为坏账损失。企业和金融机构都会为没有收现的账户维持一定的准备金，并利用准备金来冲销实际发生的坏账。此外，每年再从收入中提取一定的免税金额来补充准备金。企业和大银行制作会计报告时坏账准备金会反映在资产负债表上，但是纳税时必须采用直接注销的方法；而小银行和储蓄机构在纳税时可以使用准备金方法。坏账注销和应收账款账户恢复的关系可以反映出一家机构信贷和注销政策的自由与保守程度。

衍生词条：

赊销
open account

环境相容性
environmental compatibility

释义：

项目产生的污染、噪声及其他后果对公众和环境造成的影响应在法律规定的范围之内。

Impact on the environment and the public caused by the project's pollution, noise and other results shall be tolerated by applicable laws.

相关知识：

环境相容性和社会影响是出口信用机构和金融机构在对项目提供融资支持时考虑的重要因素。目前常见的环境和社会影响评估规则有：1. 赤道原则（the Equator Principles，EPs）。2003 年由世界主要金融机构根据国际金融公司和世界银行的政策和指南建立，旨在判断、评估和管理项目融资中的环境与社会风险，广泛运用于国际融资实践，并发展成为行业惯例。2. OECD 关于环境问题的共同准则（Common Approaches）。2003 年出台，2007 年进行了修订，旨在为各成员国在出口信贷领域的环境评估确立统一标准，促进可持续发展，为官方支持的出口信贷营造公平竞争的环境。

（剩余）还款期
tenor

释义：

金融工具需载明的（债务人）履行对债权人偿还本金义务的剩余期限，是证明债务关系的合法凭证。有时也可用来表示偿还本金的原始期限，即任何特定金融工具到期之前的时间。还款期通常用月、季、年来表示，例如一笔5年期银行贷款，3年后其剩余还款期为2年。还款期（Tenor）有时与期限（Maturity）换用，但还款期通常不会用来形容固定收益证券的期限，例如政府债券和公司债券等。相反，还款期通常用在非标准合同里，例如保单和贷款协议等。

The remaining time until the principal is due and payable to the holder listed in a financial instrument as an evidence of a legally binding debt contract. In some cases, the term could also refer to the original time span for principal repayment or any financial instrument. Tenor is usually expressed in months, quarters, or years. For example, if a bank loan is initially offered with a five year tenor, after three years, the tenor will be reduced to two years. Tenor is sometimes used interchangeably with "maturity" . The term is not often used to describe the terms of fixed income instruments such as government bonds and corporate bonds, while is commonly seen in non-standard contracts such as insurance policies and facility agreements.

衍生词条：

宽限期
grace period
还款条件
repayment terms

还款条件
repayment terms

释义：

出口信用机构承保的合同或贷款协议中约定的还款计划。

Repayment schedule agreed in the contract or loan agreement insured by an export credit agency.

相关知识：

贷款协议约定的还款方式有以下几种（前两种较为常见）：

1. 等额本息还款（均衡还款）。分期按相等的金额偿还贷款本息，其中贷款利息按剩余贷款本金计算并在每期结清。

2. 等额本金还款。每期偿还相等金额的贷款本金，以及相应利息。

3. 前置式还款。早期还款金额远大于后期。

4. 延宕式还款。平时逐期偿还小额本金和利息，期末偿还余下的大额部分。

衍生词条：

前置式还款
front end-loaded repayment
延宕式还款
back end-loaded repayment

汇兑保险
transfer cover

释义：

保障买方无法将当地货币兑换成外汇支付给国外出口商的风险。根据这类保险提出的索赔申请称为汇兑索赔。

Insurance offered to cover transfer risks that a buyer may encounter when unable to convert the local currency into foreign exchange or transfer such foreign exchange to the exporter. A claim presented under such cover is called a transfer claim.

衍生词条：

可自由兑换货币
convertible currency
出口信用机构
Export Credit Agency（ECA）
政治风险
political risk
东道国
host country

相关信息：

汇兑损益亦称汇兑差额，即汇率浮动产生的结果。企业在发生外币交易、兑换业务和期末账户调整及外币报表换算时，由于采用不同货币，或同一货币不同比价的汇率核算时产生的、按记账本位币折算的差额。简言之，汇兑损益是在各种外币业务的会计处理过程中，因采用不同的汇率而产生的会计记账本位币金额的差异。

汇兑限制
inconvertibility and transfer restriction

释义:

东道国、进口国政府，或代表其从事外汇交易管理的机构所采取的行为，以禁止或限制买方、投资人或项目企业将当地货币兑换成外汇或将外汇汇出；或对其实行歧视性汇率。

Actions taken by the host or importing government, or the foreign exchange management agency acting on its behalf, which forbids or restricts the conversion of local currency into foreign exchange, or the remission of foreign exchange out of the host country, or only allows the conversion and transfer at a discriminatory exchange rate.

相关知识:

汇兑风险是出口信用保险和海外投资保险承保的主要政治风险。

汇兑限制的主要形式:

1. 进口国或东道国政府通过法令法规延期偿付对外债务。

2. 进口国或东道国通过行政手段保护其外汇储备，导致延期支付。

3. 当买方申请将外汇转至出口商账户时，所在国没有足够的外汇可供兑换。

衍生词条:

政治风险
political risk
东道国
host country

汇票
bill of exchange

释义:

一方向另一方签发的、要求其即期或远期向指定的人或持票人无条件支付一定金额的书面支付命令。汇票包括三方基本当事人，即出票人、付款人及受款人。

An unconditional written order signed by one party (the drawer) for another party (the drawee or payor) to pay a certain amount of money on demand or at a definite time to a third party (the payee) or the bearer.

相关知识:

汇票的分类：1. 按出票人不同，分为银行汇票和商业汇票。2. 按是否附有包括运输单据在内的商业单据，分为光票和跟单汇票。3. 按付款日期不同，分为即期汇票和远期汇票。4. 按承兑人不同，分为商业承兑汇票和银行承兑汇票。

汇票的转让是通过背书方式进行的。所谓背书是指持票人（又称背书人）在票据的背面或者粘单上记载有关事项，完成签章，并将其交付相对人，从而将票据权利转让给他人或者将一定的票据权利授予他人行使的票据行为。

衍生词条:

即期汇票
sight draft
远期汇票
usance bill
本票
promissory note

混合信贷
mixed credit

释义：

将双边援助与出口信用机构支持的融资结合在一起，提供比正常的中长期信贷更为优惠的信贷条件，如较低的利率或较长的信用期限，是出口信贷类型之一。

An export credit form, in which bilateral aid is provided alongside financing supported by an export credit agency so as to provide softer (i. e. , more concessional) credit terms (e. g. , lower rate of interest or a longer credit period) than normal medium and long-term credits.

相关知识：

混合信贷的三种提供方式：1. 无政府间贷款协议方式。出口国政府利用两国银行已签订的买方信贷协议及贷款额度参与贷款，使借款国在利率和期限等方面获得优惠。2. 贷款总协议或专项贷款协议方式。出口国政府授权本国银行与进口方政府授权的该国银行签订混合贷款的总协议或专项协议，以“混合利率”提供贷款，利差由政府从其预算中拨款补贴。3. 政府贷款协议与银行贷款协议并存方式。出口国政府和银行分别按一定比例向进口方提供政府贷款和商业贷款，并分别签订各自的贷款协议。

衍生词条：

出口信贷
export credit

或有负债
contingent liabilities

释义：

指过去的交易或事件形成的潜在义务，其存在须通过未来不确定事项的发生或不发生予以证实，其性质和程度通常在财务报表注释中描述，而不记录在资产负债表的科目中。

Liabilities by an entity from past deals or events, which may be assumed depending on the outcome of an uncertain future event (such as a court case). These liabilities are not recorded in a company's accounts or shown in the balance sheet, but maybe described in the footnote.

相关知识：

或有负债在信用保险机构进行的风险评估中十分重要。承保人经常需要将买方的公开资产负债表进行重新处理，以真实反映该公司的真实负债水平，进行准确的风险评估。

衍生词条：

或有事项
contingency

或有事项
contingency

释义：

在将来有可能发生但目前尚难预测的事项。

Events that may happen in the future.

相关知识：

有可能使企业在未来发生损失者，称为或有损失（contingent loss）；反之，有可能使企业在未来获得收益者，称为或有收益（contingent gain）。有可能使企业获得资产者，称为或有资产（contingent asset）；反之，有可能使企业增加负债者，称为或有负债（contingent liability）。

衍生词条：

或有负债
contingent liability

货运代理
shipping agent

释义：

根据客户指示、为了客户利益、在客户授权的范围内从事货物运输的人或机构，还可代表客户从事与运送合同有关的活动，如储货、报关、验收、收款等日常业务。

The designated person or agency acting on the principal's authority, responsible for handling cargo shipping business in the interest of its customers. Shipping agents also take care of all the regular routine tasks such as storage, customs clearance, acceptance, collections and so on.

基点
basis point（BP）

释义：

常用作度量利率、股指和固定收益债券收益率变化的单位。1 个基点为 0.01%。

A unit that is equal to 1/100th of 1%, and is used to denote the return of a financial instrument, and commonly used for calculating changes in interest rates, equity indexes and the yield of a fixed income security.

基于资产的融资
asset-backed finance

释义：

以应收账款、存货、机械设备或不动产为担保的融资方式，为企业提供结构化的营运资本和定期贷款，一般用于创业公司、有持续再融资贷款的企业和公司管理层收购和并购项目。

Asset-backed finance, or asset-based finance is a structured financing method to provide working capital and term loans that are secured by accounts receivable, inventory, machinery, equipment and/or real estate. This type of funding is commonly used in startup companies, and in refinancing existing loans and management buy-outs (MBO) and buy-ins (MBI).

衍生词条：

再融资
refinance

即期汇票
sight draft

释义:

出票人签发的、要求付款人将一定金额无条件支付给收款人或持票人的书面支付命令，通常标识“见票时立即付款”或类似字样，未注明到期日的汇票也可视为即期汇票。

A written payment order issued by the drawer, which pays the payee or bearer a certain amount of money on demand or upon presentation without acceptance. Sight draft is usually printed with "sight payment" or similar words and draft which does not indicate the maturity can also be treated as a sight draft.

相关知识:

即期汇票使用流程。所有单证审核无误—银行按卖方开立的即期汇票付款—通知客户（买方）单证已按章议付—买方按开证申请书向银行付款—银行交付单证给买方—买方凭提单向航运公司提取货物。

衍生词条:

汇票
bill of exchange

寄售
consignment

释义:

寄售人先将准备销售的货物运往国外寄售地，委托当地代销人按照寄售协议规定的条件代为销售后，再由代销人向寄售人结算货款，是委托代售贸易方式之一。

An arrangement whereby goods are shipped to the receiver (consignee) abroad to sell with payment to be made after the goods have been sold.

相关知识:

针对寄售国的当地销售或者再出口给第三国可能造成卖方应收账款的损失，出口信用机构可提供常规的保险保障。

寄售保险/存货寄售保险
consignment cover, consignment stocks cover

释义:

为出口商出运后寄存在国外但仍保留对货物的所有权的寄售贸易所提供的信用风险保障。短期出口信用保险可以为国外寄售货物所面临的某些风险（如征收或者无法再出口）提供保障。另外，针对寄售国的当地销售或者再出口给第三国的买方，出口信用机构也可以提供常规的保险保障。

Cover for consignment trade whereby the exporter delivers goods to a receiver abroad while maintaining ownership title untill the goods are sold. Short-term export credit insurance can provide cover against certain risks in consignment trade (eg., expropriation or inability to re-export). In addition, export credit agencies can also provide standard cover for local sales made by the consignee, or re-export to buyers in other countries.

相关知识:

货物、装备、原材料等被运至商品交易会或展销会等进行试销时，政府或其他主权机构侵占被保险人的货物，或政治原因导致的无法销售、无法出口或无法转口，信用保险或政治风险保险人可对此提供保障，这是另一种常见的寄售保险。

衍生词条:

寄售
consignment

短期出口信用保险
short-term export credit insurance

建设期

construction period

释义：

项目完工前或者货物生产到交货前的这段时间，也称为出运前阶段。出口信用机构也可为出口商在此阶段面临的风险提供保险保障。

Also referred to as the pre-shipment period, the term refers to the period before construction completion or prior to final delivery. Export credit agencies may provide cover to exporters for risks arising during this period.

衍生词条：

出运前风险
pre-shipment risk
出口信用机构
Export Credit Agency (ECA)

相关知识：

建设期一般起始于商务合同生效日或投保日，终止日期有三种情况：1. 对于成套设备出口项目，出口商将货物转移至进口商占有并开具发票的日期。2. 对于工程承包项目，出口商完成工程的日期。3. 对于其他类型的项目，根据商务合同具体情况约定。

见索即付保函
demand guarantee

释义：

承诺仅根据担保受益人提交的相符索赔进行赔付的保函。

A type of guarantee, however named or described, that promises to be payable upon beneficiary's written first demand.

相关知识：

见索即付保函主要遵循国际商会见索即付保函统一规则（URDG758）进行订立。

见索即付保函是一种独立的付款保证。尽管该保证旨在保障担保受益人在基础合同项下不受损失，但它独立于担保申请人和受益人之间的基础合同，并构成担保人和受益人之间的第一性承诺，该承诺自保函开出后即产生约束力。

根据用途的不同，见索即付保函分为投标保函、预付款保函、履约保函、质保保函、付款保函、融资保函等。

尽管见索即付保函的形式和内容各有不同，变化很大，但所有正确开立的保函都必须包含保函签发日期、当事人名称、基础合同引述、保函金额或最大金额及增减条款、保函币种、有效期或其他有效期规定、展期条款以及索赔文件和条件等关键要素。

见索即付保函的核心是其单据特征，保函所确立的权利和责任取决于保函条款及保函规定提交的单据，而不需查明客观事实。

衍生词条：

保函
letter of guarantee

建造—经营—移交
Build, Operate and Transfer (BOT)

释义:

是私人资本参与基础设施建设、向社会提供公共服务的一种特殊投资方式，包括建设、经营、移交三个过程。一般情况下，由东道国政府或所属机构与项目发起人就项目的建设和经营签订特许权协议，项目发起人以此为基础安排融资、承担风险、开发建设项目，并在有限的时间内经营项目获取利润，最后根据协议将项目的所有权和经营权无偿转让给相应的政府机构。

A special investment model with private capital participation in infrastructure construction to provide public services to society, normally with three phases: construction, management and transfer. In its most common form, a host government or related authority awards a concession to the private sponsor (the concessionaire) to build, finance and operate a project to gain profit within the concession period. The project will then be transferred to the public administration at the end of the concession period, without any remuneration.

相关知识:

BOT 的具体方式和变种。1. BOOT (build-own-operate-transfer)，即建设—拥有—运营—移交。项目公司在特许期内既有经营权又有所有权。2. BOO (build-own-operate)，即建设—拥有—运营。开发商按照政府授予的特许权，建设并经营某项基础设施，但并不将此基础设施移交给政府或公共部门。3. BOOST (build-own-operate-subsidy-transfer)，建设—拥有—运营—补贴—移交。

4. BLT（build-lease-transfer），建设—租赁—移交。政府出让项目建设权，在项目运营期内，政府有义务成为项目的租赁人，在租赁期结束后，所有资产再转移给政府公共部门。5. BT（build-transfer），建设—移交。项目建成后立即移交，可按合同价格分期付款。此外，还有 BTO、IOT、ROO、BRT、DBOT、DBOM、ROMT、SLT、MOT 等，虽然提法不同，具体操作上也存在一些差异，但它们的结构与 BOT 并无实质差别，所以习惯上将上述所有方式统称为 BOT。

交叉违约
cross default

释义：

如果合同债务人对本合同以外的其他任何合同债务违约，则也构成对本合同债务的违约，是有力保障合同相对方权益的合同条款。同样，如借款人违反任何一个贷款协议项下的还款义务，则被视为违反所有其他贷款协议项下的还款义务。

Any default on other contractual obligations will be treated as a default under the original contract. Cross default clause is a strong safeguard clause to the other contractual party. In the same sense, any default on any loan payment obligations will be treated as a default under all collective payment obligations.

交单付款
cash against documents (CAD)

释义:

买方以按合同规定的条件付款为前提取得货物单据，是贸易合同付款方式之一。

One of the payment terms in international trade, whereby the documents giving title to the goods are released by the bank to the buyer either against cash or according to the payment terms of the relevant invoice.

相关知识:

交单付款（CAD）与付款交单（D/P）的区别是交单付款不涉及汇票或期票。

衍生词条:

付款条件
payment terms

付款交单
documents against payment (D/P)

交付
delivery

释义：

卖方根据贸易合同的约定将自己占有的货物或所有权凭证转移至买方或买方指定的第三方占有，并取得买方或买方指定的第三方的收货凭证。

The seller's transfer of goods or ownership title to the buyer or any person acting on the buyer's behalf at the place and on the terms specified in the sales contract.

相关知识：

交付地点指交易双方约定的货物交接地点，可以是第一承运人所在地、卖方营业地或双方约定的特定地点。

交货付款
cash on delivery（COD）

释义：

在货物交付时付出货款，是贸易合同付款条件之一。如果买方没有在货物交付时付出货款，货物将退回给卖方。

One of the payment terms in international trade, whereby the payment is made upon delivery. If the buyer does not make payment when the goods are delivered, the goods shall be returned to the seller.

衍生词条：

付款条件
payment terms

截止日期
cutoff date

释义：

在巴黎俱乐部的相关规定中，用来确定应重组债务的截止日期，只有在截止日期之前签订的贷款或合同才符合巴黎俱乐部债务重组的条件，在截止日期以后生效的新贷款或合同不在巴黎俱乐部讨论的范围之内。一国开始诉诸于巴黎俱乐部之时，就设立了截止日期。截止日期一经确定，通常就不再更改。

In the context of the Paris Club, the date that sets the threshold for eligibility of debts to be considered for rescheduling. A cutoff date is established when a country first goes to the Paris Club. Typically only loans or contracts signed before the cutoff date are eligible for rescheduling. Thus, new loans or contracts finalized after the cutoff date will not be included in Paris Club discussions. Cutoff dates have almost never been changed once they have been established for a country.

衍生词条：

巴黎俱乐部
Paris Club

进口禁令
import ban

释义：

一国政府为达到一定目的，通过法令禁止从国外或某个国家或地区进口某些商品。如禁止进口的商品运抵国境，即由海关扣留或没收。为了实行禁止进口，一些国家通常事先公布禁止进口货单。

A governmental order forbidding the importation of certain products from particular countries or regions. Customs authority will detain or confiscate banned goods on borderline, entitled by the list of prohibited goods published in advance.

相关知识：

美国 FDA 对中国两家制药企业发布进口禁令。2014 年 3 月 18 日，美国 FDA 没有公开发布警告信就对中国两家原料药厂发布了进口禁令，原因是其违背 GMP（药品生产质量管理规范）。GMP 是一套适用于制药、食品等行业的强制性标准，要求企业从原料、人员、设施设备、生产过程、包装运输、质量控制等方面按国家有关法规达到卫生质量要求。该案例中的进口禁令属于非关税壁垒中的技术性贸易壁垒。技术性贸易壁垒是指商品进口国通过颁布法律、法规、技术标准、认证制度、检验制度等方式，在技术指标、卫生检疫、商品包装和标签等方面制定苛刻的规定，最终达到限制进口的目的或效果。

印度外贸局停止进口中国玩具禁令。印度商工部外贸总局 2009 年 1 月 23 日发布公告，宣布禁止进口海关税号 9501、9502 和 9503 项下的中国玩具，禁期为 6 个月，原因为印度方面指控中国产玩具含有有毒物质。印度的玩具制造业并不发达，中国玩具因为价廉物美一直十分畅销。由于中国玩具对印度出口数量激增使印度玩具业受到冲击，印度政府此次禁止进口中国玩具明显带有贸易保护主义倾向。一个多月后，印度进口商和批发商的玩具库存大量减少，玩具价格上涨30%到100%不等。2009年3月2日印度政府放宽了对中国玩具的进口禁令，发布声明表示可以从中国进口玩具，但条件是进口产品需经过国际消费安全机构的认证。该案例中的进口禁令可被看作非关税壁垒类的贸易障碍，目的是保护本国玩具制造业，提高就业，但从结果来看此举不仅对出口国的企业造成冲击，也损害了本国消费者的利益。

衍生词条：

进口许可
import license

进口许可证
import license

释义:

根据国家进出口管制法令的规定，由有关部门签发的准许商品进口的证件，是对进口贸易实行直接限制的措施之一。在进口许可证制度下，进口商品必须取得进口许可证，无许可证的，一律不准进口。进口商品必须事先向有关机关申请、取得许可证后，才能办理报关手续。进口许可证的主要内容包括证号、进口商品国别、货物名称、数量、金额、有效日期等，逾期作废。

A document issued by government bodies in accordance with relevant import and export control regulations, to authorize the importation of certain goods into its territory. It helps the country to manage foreign trade and apply direct restrictions on import activities. In the import licensing system, licenses shall be obtained before actual importation. The importer must apply for and obtain import licenses prior to customs declaration. Each license specifies such items as the permit number, country of origin, name of imported goods, volume of imports allowed, price, expiration date and so on.

相关知识:

进口许可证的种类。1. 按许可证有无限制，分为公开一般许可证（open general license）和特种进口许可证（specific license）。公开一般许可证对进口国别或地区没有限制，凡列明属于公开一般许可证的商品，进口商只要填写此证，即可获准进口。特种进口许可证的进口商必须向政府有关当局提出申请，经政府有关当局逐笔审查批准后才能进口。2. 根据进口许可证和进口配额的关系，分为有定额的进口许可证和无定额的进口许可证。先规定有关商品的配额，然后在配额的限度内根据商人申请发放许可证，此为有定额的进口许可证。无定额的进口许可证主要根据临时的政治或经济的需要发放。

进口许可证制度起源及发展历史。进出口商品许可证制度最初的思想起源就是“惩入奖出”的重商主义。第一次世界大战后，许多西方国家开始利用发放许可证等手段，限制和禁止进口国内能够生产的商品。20 世纪 30 年代世界经济危机时期，西欧工业发达国家采用配额和许可证办法限制农产品、食品和工业品进口。第二次世界大战期间，许可证制度的作用大大加强，不仅适用于进口，而且也适用于战略物资和紧缺商品的出口。战后，大多数西方国家仍保留了进出口许可证制度。进入 20 世纪 80 年代以来，西方工业国贸易保护主义重新抬头，进出口许可证制度作为灵活、有效的行政手段，备受世界各国政府的重视，并被广泛采用。

进口许可证注销
cancellation of an import license

释义：

发证机关依法取消或收回对实行数量限制或其他限制的进口货物签发的进口许可证。

The action taken by the issuing authorities in accordance with relevant laws and regulations to cancel or withdraw previously granted import licenses.

相关知识：

进口许可证是各国监督和管理进口贸易的行政手段，具有简便易行、收效快、比关税保护手段更有力等特点。发展中国家为保护本国工业、促进贸易发展以及财政需要，比较多地采用这种制度，而发达国家经常采用进口许可证保护农产品和纺织品等在国际竞争处于劣势的领域。进口许可证还可用于阻止稀有动植物的交易。

企业在出口货物前，应了解当地的进口许可证制度，对于需要进口许可证的商品，提前核实进口商是否已获得官方进口许可证，以保证货物顺利报关。

衍生词条：

进口许可证
import license
出口许可证注销
cancellation of an export license

尽职调查
due diligence

释义：

对潜在投资目标或债务人的经营和管理进行调查，以核实重要事项，为决策提供依据。

The investigation process into the operation and management of a potential investment target or debtor, which contributes evidence and insight to informed decision making.

经常账户余额
current account balance

释义:

经常账户余额是出口商品和服务与进口商品和服务之差。如果把经常账户记为 CA，可用符号定义为 CA = EX - IM。当一国进口大于出口时，该国经常账户赤字；当一国出口大于进口时，该国经常账户盈余。除净出口的商品和服务以外，经常账户余额还包括净单边转移支付。

The difference between exports of goods and services and imports of goods and services is known as the balance on current account. If we denote the current account by CA, we can express this definition in symbols as

$$CA = EX - IM$$

When a country's imports exceed its exports, the country is said to have a "current account deficit". A country has a "current account surplus" when its exports exceed its imports. In addition to net exports of goods and services, the current account balance includes net unilateral transfers of income.

相关知识:

经常账户余额是一国国际收支的重要组成部分，其他部分包括资本与金融账户余额、官方储备账户余额以及错误与遗漏。

衍生词条:

国际收支
balance of payments (BOP)

经济合作与发展组织/经合组织
Organization for Economic Cooperation and Development (OECD)

释义:

由 34 个市场经济国家组成的政府间国际经济组织，通过各成员国讨论、协调和完善经济及社会政策，共同应对经济、社会和政府治理等方面的挑战，把握全球化带来的机遇。该组织成立于 1961 年，总部在巴黎。

An inter-governmental international economic organization made up of 34 market economies, through discussing, coordinating and perfecting their economic and social policies, to cope with the challenges in terms of economy, society and government governance, and to grasp the opportunities brought by the globalization. It was formed in 1961, with its headquarters in Paris.

相关知识:

经合组织成员国。目前经合组织共有成员国 34 个，包括澳大利亚、奥地利、比利时、加拿大、捷克、丹麦、芬兰、法国、德国、希腊、匈牙利、冰岛、爱尔兰、意大利、日本、韩国、卢森堡、墨西哥、荷兰、新西兰、挪威、波兰、葡萄牙、斯洛伐克、西班牙、瑞典、瑞士、土耳其、英国、美国、智利、爱沙尼亚、以色列、斯洛文尼亚等。

经合组织的宗旨。促进成员国经济和社会的发展，推动世界经济增长；帮助成员国政府制定和协调有关政策，以提高各成员国的生活水准，保持财政的相对稳定；鼓励和协调成员国为援助发展中国家作出努力，帮助发展中国家改善经济状况，促进非成员国的经济发展。

经合组织的起源及发展历史。经合组织的前身为 1948 年 4 月 16 日西欧十多个国家成立的欧洲经济合作组织（Organization for European Economic Cooperation，OEEC）。1960 年 12 月 14 日，加拿大、美国及欧洲经济合作组织的成员国等共 20 个国家签署《经济合作与发展组织公约》，决定成立经济合作与发展组织。在公约获得规定数目的成员国议会批准后，《经济合作与发展组织公约》于 1961 年 9 月 30 日在巴黎生效，经济合作与发展组织正式成立。经合组织的历史可以追溯到第二次世界大战后重建欧洲经济的马歇尔计划，其最初的宗旨一直延续至今。

衍生词条：

《官方支持出口信贷的安排》
Arrangement on Officially Supported Export Credits（the Arrangement）

经纪人
broker

释义：

基于投保人的利益，为投保人与保险人订立保险合同提供中介服务，并依法收取佣金的机构。

The party via whom an application for insurance is presented from prospective insured to the insurer.

相关知识：

经纪人的作用。与其他市场相同，保险市场也存在买方和卖方以及中间人。保险经纪人就是保险市场中间人的一种存在形态。保险经纪人作为专业机构，以买方即被保险人的利益为出发点，向其提供保险方案、办理投保手续、代投保人索赔并提供防灾、防损或风险评估、风险管理等咨询服务，使被保险人充分认识到自身存在的风险，进行合理的保险安排，从而将风险进行有效的控制和转移。从另一方面来看，保险经纪人的业务最终还是要到保险公司进行投保，因此保险经纪人的存在大大降低了保险公司的展业费用，而且保险经纪人的专业性也使投保、理赔的程序进展得更为顺利，提高了保险公司的经营效率；在再保险市场上，保险经纪人的存在使原保险公司的业务能够更为有效、顺利地进行分保，大大降低了保险公司的经营风险。因此，保险经纪人是保险市场的润滑剂，有效地联系着被保险人和保险公司，它的产生是保险市场不断完善的结果。

经纪人的分类。根据委托方的不同，保险经纪人分为狭义的保险经纪人（专指原保险市场的经纪人）和再保险经纪人。狭义的保险经纪人是指直接介于投保人和原保险人之间的中间人，直接接受投保客户的委托。再保险经纪人是促成再保险公司与原保险公司建立再保险关系的中介人，把原保险公司视为自己的客户，在为原保险公司争取较优惠的条件的前提下选择再保险公司并收取由后者支付的佣金。

保险经纪人和保险代理人均为保险市场的中介人，两者区别体现在以下几个方面：1. 代表的利益不同。保险经纪人代表的是投保人的利益，而保险代理人代表的是保险公司的利益。2. 提供的服务不同。保险经纪人为客户提供风险管理、保险安排、协助索赔与追偿等全过程服务，而保险代理人一般只代理保险公司销售保险产品，代为收取保险费。3. 法律上承担的责任不同。投保人与保险经纪人是委托与被委托的关系，如果因为保险经纪人的过错造成投保人的损失，保险经纪人对投保人应承担相应的经济赔偿责任。保险代理人与保险公司是代理与被代理的关系，被代理的保险公司仅对保险代理人在授权范围内的行为后果负责。

衍生词条：

保险人
insurer
被保险人
insured
再保险公司
reinsurance company
原保险公司
ceding company

经销商
distributor

释义：

在某一区域和领域直接销售生产厂商商品的单位或个人，具有独立的经营机构，拥有商品的所有权（买断制造商的产品/服务），通过将商品销售给零售商或终端消费者获得经营利润，通常通过与商品生产厂商签署独家经销协议而获得在某一区域市场的排他性经销权。

A firm or individual that purchases products from manufacturers maintains an inventory on hand and sells to retailers or end users, usually under an exclusive agreement for a specified territory.

相关知识：

一般经销商通常自身实力有限，付款能力较为依赖下游买家的销售回款情况。

衍生词条：

供应方
supplier

经营租赁
operating lease

释义：

出租方与承租方签署的，允许承租方在一定期限内使用出租方资产并分期等额支付租赁费的一种租赁合同。一般情况下，租赁期限短于资产（设备）使用寿命，租赁期间不转让资产所有权。

Operating lease, or operational lease involves a management and service lease contract wherein the owner, called the Lessor, permits the user, called the Lessee, to use an asset for a particular period which is usually shorter than the economic life of the asset without transfer of ownership rights in return for regular payments during the lease period.

相关知识：

与融资租赁相对，经营租赁的特点主要有：1. 租赁物由出租人采购。2. 租赁物一般为通用设备或技术含量很高、更新速度较快的设备。3. 租期较短。4. 出租人不但提供融资便利，还提供维修、保养等技术性服务。5. 出租人始终拥有租赁物的所有权，并承担有关的一切利益和风险。6. 租赁物的使用有一定限制条件。7. 经营租赁合同是可撤销的，中途可以解除。

衍生词条：

租赁
lease
融资租赁
financial lease

净赔付率
net loss ratio, net indemnity ratio

释义:

单一日历年度内已决赔款减去追偿收入后与承保保费的比率。

计算公式为:净赔付率 = (已决赔款 - 追偿收入)/承保保费 × 100%

The term refers to the ratio that the amount of settled claim less the recovery income, divided by the total premium collected for the calender year, commonly expressed as:

Net Indemnity Ratio = (Settled Claim Amount-Recovery Income) /Premium × 100%

衍生词条:

已决赔款
settled claim amount
追偿收入
recovery income

相关知识:

净赔付率指标反映业务的现金流特征,统计时以业务数据为基础,不考虑准备金和再保险因素,用于衡量日历年度的承保保费和追偿收入是否足以支撑该年度内的已决赔款。

净损失
net loss

释义：

信用保险业务中，净损失是已支付赔款或准备支付的赔款，扣除已经追回或可望追回款项后的净额。

Net loss is the claims paid or expected to be paid, less recoveries made or anticipated to be made over a given period.

相关知识：

在出口信用保险方面，赔款不等同于损失，因为经过一定时间的努力可以收回为商业风险和政治风险付出的大部分赔款。

衍生词条：

净赔付率
net loss ratio
已决赔款
settled claim amount
追偿收入
recovery income

拒赔

denial of indemnity

衍生词条:

赔付
indemnity
一次性赔付
indemnity in one lump sum
分期赔付
installment indemnity
足额赔付
non-deducted indemnity
扣减赔付
deducted indemnity

释义:

保险人对被保险人提出的索赔申请拒绝承担赔偿责任的行为。

The act of denying the claims application and refusing to compensate by the insurer.

相关知识:

拒赔的范围。拒赔适用于索赔案件项下贸易背景虚假、承保条件未能满足或被保险人损失属于保单约定的除外责任等情形。

拒赔的形式。因拒赔涉及保险人对保险责任的否认,因此拒赔决定需要保险人以书面形式出具,且需要列明拒赔的理由。

拒收
repudiation, non-acceptance of goods

释义:

买方（进口商）违反销售合同的约定，拒绝接受已出口的货物或包括提单、仓单在内的货物权利凭证。

The buyer (importer) refuses to accept the exported goods or the documents of title, such as bill of lading, warehouse receipt against the sales contracts.

相关知识:

拒收风险。买方因发生拒收行为对出口商造成的风险为拒收风险。因为拒收风险在责任认定上的复杂性，部分传统信用保险机构未将拒收风险作为承保的保险责任范围，但近些年一些机构已在短期出口信用保险产品的保单中明确将拒收风险作为商业风险之一，予以正常承保。

拒收行为发生的原因。根据《联合国国际货物销售合同公约》规定，“收取货物”是买方（进口商）的一项基本义务。但在贸易实践中，买方拒收的情况时有发生。主要原因：1. 买方（进口商）因资金周转出现问题，比如中间商（贸易买方）的最终客户临时变更支付方式，导致贸易买方短期内资金周转不灵，无法按约定及时付款提货。这类买方（进口商）一般仍希望继续要货，收货意愿较强，对货物本身的需求仍旧存在。2. 因货物滞销或进口地市场价格下跌或错过销售季，买方（进口商）出于转嫁商业风险的考虑，拒绝提取已到港货物；但又以质量缺陷、迟出运、正本提单寄丢等为由，将拒收原因归于出口商，以免除自身合同责任，或以此要挟出口商大幅度降价，这类现象常出现在价格频繁变化的商品贸易中。

衍生词条:

商业风险
commercial risk

开证行
issuing bank

释义：

接受开证申请人委托开立信用证，并按信用证条款和条件独立承担付款责任的银行。

A bank that issues the letter of credit （L/C） at a buyer's request in favor of a seller, and promises to assume payment liability in accordance with the terms specified in L/C.

衍生词条：

信用证
letter of credit
（L/C）
通知银行
advising bank

相关知识：

信用证通常规定受益人在请求银行履行付款、承兑或议付义务时，必须向银行提交信用证规定的单据；银行在付款、承兑或议付之前，要审核受益人所提交的单据是否符合信用证规定的条件。

可能损失/可损
potential loss

释义：

因保险合同约定的风险事件发生，导致被保险人可能发生的损失。

The possible loss of the insured due to the occurrence of covered risks in accordance with the terms and conditions of the policy.

相关知识：

保险合同约定的风险事件主要有商业风险和政治风险。商业风险主要包括债务人拒收、拖欠、破产、无力偿付、拒绝承兑、拒绝付款、拒绝履约等行为。政治风险主要包括被保险人在对外投资和贸易过程中，因保单约定的、债务人所在国（地区）或货款须经过的第三国或投资目的地国的政府行为和订约双方不能控制的事件，使债权人或权益人可能遭受损失的风险，包括禁止或限制汇兑、进口管制、没收、征用、国有化、撤销进口许可证、颁布延期付款令、战争、暴乱或革命等。

被保险人的损失主要指应收账款无法收回的损失，有时也包括实际投入成本损失。

当根据贸易合同约定的应收账款发生逾期并发生保单约定的风险时，出口信用机构虽尚未实际支付赔款，也应立即将该风险直接引发的逾期账款无法收回归为可能损失。

可能损失通知义务。在保单约定的风险事件已发生或当得知任何不利于买方或进口国家的信息时，要按照保单约定按时通知信用保险人。同时，被保险人应当尽力采取必要的措施，防止或者减少损失。

衍生词条：

可损通知
potential loss notification
可损金额
amount of potential loss
可损余额
balance of potential loss

可市场化风险
marketable risk

释义：

根据欧盟规定，在出口信用保险中，可市场化风险指主要由业已存在的市场（私营保险公司）承保的风险。欧盟国家官方支持的出口信用机构不承保可市场化风险。

As defined by EU in the context of export credit insurance, marketable risks are risks for which in principle a market exists, i. e. , there is a private insurance capacity available to cover these risks. EU officially supported export credit agencies (ECAs) are discouraged from insuring marketable risks.

相关知识：

可市场化风险定义的演变。欧盟委员会 1997 年发布《依照〈欧共体条约〉第 93 条第 1 款致成员国关于将〈条约〉第 92 条、第 93 条运用于短期出口信用保险之委员会通报》（以下简称《通报》）表示，官方支持的短期出口信用保险违背《欧共体条约》对官方支持（state aids）的规定，扭曲了市场竞争，并首次明确提出并定义了“可市场化风险”，即欧盟国家和部分经合组织成员国（澳大利亚、加拿大、冰岛、日本、新西兰、挪威、瑞士和美国）非公共债务人的商业风险（不包括巨灾风险），风险期限（制造期与伯尔尼协会及一般信用条款规定的信用期限之和）不超过两年。《通报》要求欧盟国家调整其官方出口信用保险体系，不再承保可市场化风险。当时，政治风险、公共买方的商业风险、规定以外国家买方的所有风险都被划为“不可市场化风险”，仍可由官方出口信用机构承保。《通报》还规定，当私营市场承保能力不足时，官方出口信用机构可临时介入可市场化风险的保险，但费率水平应参照商业机构费率。2008 年国际金融危机爆发后，一些欧盟国家的官方出口信用机构根据该条款，临时性介入了短期出口信用保险。2001 年，欧盟委员会对 1997 年《通报》作出第一次修订，其中将可市场化风险的定义扩展为相关国家（未做调整）所有公共及非公共债务人的商业和政治风险（不含巨灾风险）。2005 年，鉴于欧盟的扩大，欧盟委员会对 1997 年《通报》再次作出修订，其中对可市场化风险定义作出补充，如某个欧盟成员国内尚未形成私营出口信用保险市场，其境内符合欧盟标准且年出口额不超过 200 万欧元的中小企业所遭遇的“可市场化风险”可暂时被视为不可市场化风险，并由其官方出口信用机构承保。2012 年，欧盟委员会修订了“可市场化风险”国别，希腊不再包括在内，其所有风险均被视为不可市场化。

衍生词条：

出口信用机构
Export Credit
Agency（ECA）

可损金额
amount of potential loss

释义：

报告期末可损案件对应的可能损失金额，通常指卖方履行贸易合同约定的义务后，买方未支付或未全额支付合同项下对应发票的应收账款金额或余额。

The amount of possible loss at the end of the reporting period for billed but uncollected balance of accounts receivable after the seller's completion of contract obligations.

相关知识：

可损案件。报告期末仍然是可损状态的案件数（时点指标）。

报损案件。报告期内发生可能损失报告的案件数（时期指标）。

报损金额。报告期内报损案件对应的可能损失金额（时期指标）。

衍生词条：

可损余额
balance of potential loss
可能损失
potential loss

可损通知
potential loss notification

释义:

被保险人向保险人提交的可能损失的书面报告。

The written notification of possible loss submitted to the insurer by the insured.

相关知识:

信用保险合同通常规定:被保险人在特定情况下具有向保险人报告其潜在损失的义务。如在拖欠已发生或买方陷入财务困难时,被保险人应就事态的进展经常与保险人沟通;当得知任何不利于买方或进口国家的信息或买方要求延长付款期限时,被保险人也应及时通知保险人等。

《中华人民共和国保险法》第二十一条规定:投保人、被保险人或者受益人知道保险事故发生后,应当及时通知保险人。故意或者因重大过失未及时通知,致使保险事故的性质、原因、损失程度等难以确定的,保险人对无法确定的部分,不承担赔偿或者给付保险金的责任,但保险人通过其他途径已经及时知道或者应当及时知道保险事故发生的除外。

迟报可损可能造成保险人实际或潜在承保风险或实际损失扩大,也可能影响保险人核实损失原因和赔后代位追偿权益,例如:1. 债务人财务状况恶化、转移资产、逃避追讨、丧失偿付能力或破产,导致保险人难以实现赔后代位追偿权益。2. 债务人已失踪、逃匿,保险人无法核实损失原因或债务金额。3. 待处理货物滞港费及仓储费增加,转卖难度加大或转卖差价损失增加,被海关扣留或拍卖等。4. 迟报可损期间,保险人继续承保其他被保险人在同一出险买方(银行)项下的出运或交付业务,造成承保风险或损失扩大。

衍生词条:

可损金额
amount of potential loss

可能损失
potential loss

可损余额
balance of potential loss

释义：

报告期末可损金额中，扣除赔前追回款后的余额。

The remaining portion of the total possible loss less recovery at the end of reporting term.

相关知识：

可损余额的调整，对于保险人对已报损案件的损失评估及准备金提取具有重要的参考作用。

追回款是指在追偿过程中，保险人或被保险人收到的债务人或相关第三方偿还债务的款项。追回款还可以包括根据巴黎俱乐部的安排，由债务国政府偿付的款项。

赔前追回款是指在保险人支付赔款之前取得的追回款。

责任余额 = 未到期责任 + 逾期未报损金额 + 可损余额 + 未决赔款

衍生词条：

可损金额
amount of potential loss
责任余额
outstanding commitment

可行性研究
feasibility study

释义：

对拟执行项目所做的研究，旨在考察项目是否实际可行。可行性研究认为实际可行的项目并不一定确保最终完成。

Feasibility study is an in-depth investigation into a potential project to provide technical evidence for completion and implementation of the project. A "feasible" project, however, is not necessarily guaranteed with final completion.

相关知识：

可行性研究的相关各方。可行性研究是出口信用保险机构判断拟承保项目技术上是否可行的依据之一。通常由出口信用保险机构提出对投保项目进行可行性研究的要求，由投保企业聘请专业的第三方机构完成。

可行性研究方法本要包括战略分析、调查研究、预测技术、系统分析、模型方法和智囊技术等。

可行性研究的程序包括接受委托书、组建研究小组、事前调查、编制研究计划、签订合同或协议、正式调查、分析研究、优化和选择方案、编制可行性研究报告。

可行性研究报告内容包括总论，需求预测和拟建规模，资源、原材料、燃料及公用设施，建厂条件和厂址方案，设计方案，环境保护，企业组织、劳动定员和人员培训，实施进度建议，投资估算和资金筹措，社会及经济效果评价共 10 个方面。对时间较长的项目，通常应提交一个中期报告或阶段报告，以便与委托单位及时交换意见。在正式的最终报告提交之前，应先提出草稿，听取委托单位和有关方面意见，并进行必要的补充和修改，然后提出最终可行性研究报告。经验收合格后，可行性研究即告完成。

可行性研究的过程，是一个逐步深入的过程，一般要经过机会研究、初步可行性研究和可行性研究三个步骤。机会研究的任务，主要是为建设项目投资提出建议，寻找最有利的投资机会。有许多工程项目在机会研究之后，还不能决定取舍，需要进行比较详细的可行性研究。然而这是一项既费时又费钱的工作，所以在决定要不要开展正式可行性研究之前，往往需要进行初步可行性研究。初步可行性研究可能出现四种结果，即肯定，项目可以执行；转入正式可行性研究，进行更深入更详细的分析研究；展开专题研究，如市场考察、实验室试验、中间工厂试验等；否定，项目应该终止。

可行性研究的起源及发展历史。美国是最早开始采用可行性研究方法的国家。20 世纪 30 年代，美国开始开发田纳西流域。田纳西流域开发能否成功，对当时美国经济发展关系重大。为保证田纳西流域的合理开发和综合利用，开创了可行性研究的方法，并获得成功。第二次世界大战以后，西方工业发达国家普遍采用这一方法，广泛应用到科学技术和经济建设领域，已逐步形成一整套行之有效的科学研究方法。可行性研究的内容很广泛，一般包括市场研究、工程建设条件研究、采用工艺技术研究、管理和施工研究、资金和成本研究、经济效益研究等。

可循环使用限额
revolving credit

释义：

保险人对某一买方/银行的信用限额一经批准，该信用限额将在保单有效期限内持续有效并可循环使用，直至保险人书面变更此限额时为止。可循环使用限额是一个“余额”，之前申报出运安全收汇的金额将不再占用信用限额，相应额度被释放出来，被保险人可继续使用。

Revolving credit refers to the credit limit that can be recycled during the lifetime of the insurance policy upon approval from the insurer till further application. Once payment for pervious shipment is collected, corresponding credit for shipment will be released and can be utilized again.

相关知识：

在不可循环使用限额项下，一旦被保险人申报金额达到其在特定买方/银行项下被授予的限额金额，则该限额自动失效。

衍生词条：

信用限额
credit limit
可循环信用保障
revolving cover

可循环信用保障
revolving cover

释义:

信用保险机构提供给保险人的可循环使用的所有保障的总称，可循环保障范围可计量或者具体指定，除了短期出口信用保险中的可循环信用限额外，还包括保证、担保、保单、特别条款等。

Revolving cover is a general term that refers to all the recycled covers provided by credit insurers. The range of revolving cover can be measured or specified. In addition to revolving credit limit, revolving cover also includes warranty, guarantee, policy, special terms etc. .

衍生词条:

可循环使用限额
revolving credit
短期出口信用保险
short-term export credit insurance

相关知识:

循环概念的提出基于以下考虑：特定的持续保障需求下，可以提高承保效率，简化承保流程。可循环信用限额是动态余额的概念，对于被保险人和单一买方的稳定交易，保险人通常结合信用期限内买卖双方的交易量和买方信用风险状况，批复单一循环限额。

可自由兑换货币
convertible currency

释义：

符合《国际货币基金组织协定》（以下简称《协定》）关于货币自由兑换规定的所有币种。根据协定的规定，自由兑换是指对国际经常往来的付款和资金转移不得施加限制，也就是说，这种货币在国际经常往来中，可以无条件地作为支付手段使用，对方也无条件接受并承认其法定价值，不得施行歧视性货币政策措施或多种货币汇率。

Currencies that are in conformity with the free currency convertibility regulations in the Agreement of the International Monetary Fund (“Agreement”). According to the Agreement, free convertibility is defined as buying or selling a currency without regulating authority restriction in international exchange payment or capital transfer, which means, a convertible currency is a liquid instrument which could be bought at admitted value under any circumstances with no discriminative monetary policy or discriminative exchange rates.

相关知识：

成为可自由兑换货币的条件。根据《国际货币基金组织协定》第8条“会员国的一般义务”规定，一国货币成为可自由兑换货币，必须具备以下三个条件：1. 对国际经常往来的付款和资金转移不得施加限制。也就是说，这种货币在国际经常往来中，随时可以无条件地作为支付手段使用，对方也应无条件接受并承认其法定价值。2. 不施行歧视性货币措施或者多种货币汇率。3.

在另一成员国要求下，随时有义务购回对方经常项目往来中所结存的本国货币。参与该协定的成员国具有无条件承兑本币的义务。

可自由兑换货币的货币政策可以提高本国货币的国际地位，不仅有利于形成多边国际结算，促进国际贸易的发展、维护贸易往来和资本交易的公平性，同时有利于利用国际资本发展经济。在海外投资业务中，一国货币能否自由兑换，特别是外国投资者的利息、利润能否自由汇出，会对外国投资产生重要影响。

衍生词条：

政治风险
political risk
不可兑换货币
non-convertible currency

可自由兑换货币的使用背景。汇兑保险所保障的汇兑风险一直是出口信用机构承保的重要政治风险，这类风险是所在国政府通过法律或法规施行的汇兑限制所致，即东道国政府或代表东道国政府从事外汇交易管理的机构禁止、限制被保险人、债务人或项目企业将用于偿还应还款的当地货币兑换成保单货币及任何可自由兑换的货币，或将上述保单货币或可自由兑换货币汇出东道国。

空置限额
idle limit，air limit

释义：

保险人批复信用限额后的约定期间内，被保险人未向保险人申报的有效限额。

Available credit limit not utilized for agreed time-span specified in the policy due to non declaration by the insured.

相关知识：

由于信用保险人的有效限额是稀缺资源，应得到最有效地利用，因此空置限额如果在限额闲置期后仍无申报，空置限额将被自动吊销。

衍生词条：

信用限额
credit limit
限额闲置期
idle period of limit

控股股东
controlling shareholder

释义：

持有大多数股份，或未持有大多数股份但因剩余股份比较分散而足以对公司活动产生重大影响的股东。

A shareholder commanding major influence on the corporation's activities with absolute or relative majority shareholding.

相关知识：

控股股东的分类。1. 绝对控股股东。控股股东拥有 50% 以上的有表决权的股份，能绝对保证对控股子公司高管的任命和经营。2. 相对控股股东。拥有的股份不足 50%，但仍能决定子公司的高管和经营，一般情况为不足 50% 股份的第一大股东，或受其他股东委托，合计具有最多投票权。

扣减额/抵扣额
deduction

释义：

从总额中扣除部分金额，泛指经卖方同意的对发票金额的扣减，在工程承包合同中还涉及预付款抵扣、保留金抵扣和质保金抵扣。

The amount that has been deducted from total invoice amount, due to adjustments allowed by a seller for discrepancy, shortage, or charitable contributions. In EPC contract context, the term also includes advanced payment deduction, retention deduction and warranty deduction.

相关知识：

预付款抵扣：工程项目实施前期支付的预付款，在项目实施过程中以抵充工程价款的方式陆续扣还。

质保金/保留金抵扣：在工程价款支付时的扣款，用于承包商未能履行合同义务，由业主（或工程师）指定他人完成应由承包商承担的工作时发生的费用，通常在工程移交后和缺陷责任期满后返还。

衍生词条：

工程承包合同
EPC contract

扣减赔付
deducted indemnity

释义：

保险人赔付部分损失金额，但对其余损失不再继续赔付的情况。对被保险人未能完全履行商务合同、投资协议、贷款协议或保单义务的索赔案件，保险人一般会进行扣减赔付。

Deductions made by an insurer to compensate partial loss value, without paying the rest of the claims. It is commonly applied when the insured fails to performed its obligations in full under the commercial contract, investment agreement, loan agreement or insurance policy.

相关知识：

扣减赔付的范围。相对足额赔付，扣减赔付适用于索赔案件项下贸易背景真实、承保条件满足、损失原因、保险责任及损失金额确定，但被保险人履行贸易合同或保险合同义务存在一定瑕疵的情形。1. 被保险人没有及时、足额地缴纳保险费。2. 超过信用限额金额向买方出运（或者交付）货物。3. 在知道或者应当知道保单约定的风险事件已经发生的情况下，仍然向买方出运（或者交付）货物。4. 存在错误申报、遗漏申报和风险发生以后申报投保的问题。5. 没能及时向保险人通报可能损失。6. 没能积极履行减损义务。7. 没能配合保险人进行案件调查和追讨。8. 没能履行如实告知义务，或者履行如实告知义务存在瑕疵等。

扣减赔付的形式。扣减赔付既可以是对被保险人部分损失金额的扣减，也可以是对保单约定赔偿比例的扣减。扣减赔付既可以是一次性扣减赔付，也可以是分期扣减赔付。

衍生词条：

一次性赔付
indemnity in one lump sum
分期赔付
installment indemnity
足额赔付
non-deducted indemnity
拒赔
denial of indemnity

宽限期
grace period

释义:

借款人不需偿还贷款本金的时间。泛指项目信用期限以前的阶段，即项目完成以前的阶段，不需偿还本金或利息。在实际操作中，通常是在买方信贷条件下提取贷款款项之时起就应付息，但本金的归还是在收到货物或者项目投入使用后6个月才开始。如果还本开始前还未支付利息，该利息就被称为“资本化”。有时将合同签字之日起到偿还第一笔本金之间的这段时间称为“宽限期”，在这段时间里也可能发生利息支付。所有这些规定均受经合组织公约的制约。

Grace period means the time during which no principal repayments are made on the outstanding loan balance. More loosely, it refers to the pre-credit period absent of principal or interest repayments before completion. In practice, interest is payable from the first drawdown under a buyer's credit, but principal repayments do not begin until six months after goods have been accepted or a project has been commissioned. If interest payments are not made before the repayment of principal, the interest is said to be ‘capitalized’. Sometimes the period between signing of the contract and the first repayment of principal is referred to as the grace period, when interest payments may be made during this period. All these provisions are guided by the OECD Arrangement.

相关知识：

宽限期分类。根据贷款协议的具体规定，宽限期内可不还本金、不付利息或只付利息。

设置宽限期的原因。货物交付或项目建成投产前，项目自身并不能产生现金流，带来经济效益，为项目偿还贷款提供支撑，因此，为缓解项目进口方/业主的资金压力，在贷款期限中设置宽限期。

信贷期限有广义和狭义两种。广义的信贷期限是指银行承诺向借款人提供以货币计量的信贷产品的整个期间，即从签订合同到合同结束的整个期间。狭义的信贷期限是指从具体信贷产品发放到约定的最后还款或清偿的期限。

广义信贷期限的分类。1. 提款期。从借款合同生效之日起，至合同规定贷款金额全部提款完毕之日止，或最后一次提款日止，期间借款人可按照合同约定分次提款。2. 宽限期。从贷款提款完毕日起，或最后一次提款日起，至第一个还本付息日止，介于提款期和还款期之间。有时也包括提款期，即从借款合同生效日起至合同规定的第一笔还款日止的期间。在宽限期内银行只收取利息，借款人不用还本，或本息都不用偿还，但是银行仍应按规定计算利息，直至还款期才向借款企业收取。3. 还款期。从借款合同规定的第一次还款日起至全部本息清偿日止的期间。

框架协议
framework agreement

释义：

在一定时期内，为一系列类似的合同签署的原则性协议。

An umbrella agreement signed for a series of similar agreements over certain time period.

亏损担保协议
shortfall undertaking agreement

释义：

在买方国家出现货币贬值现象时，用当地货币存入的债款会出现短少，根据协议，买方承诺将补足亏损，通常适用于买方兑换并汇出外币有困难的国家，保障出口商和出口信用机构在可以用当地货币兑换成外汇并且汇出的国家，由于当地货币金额不足，无法购买所需要的外汇的风险。有些出口信用机构赔付前要求买方已存入符合要求的足额当地货币。

An agreement whereby a buyer promises in the event of a devaluation in the buyer's country, to make up any resulting shortfall in the local currency deposit required by the export credit agency for debt service. Such agreements are used in countries where buyers have difficulty in converting and transferring foreign exchange. In other words, these undertakings protect exporters and export credit agencies against the risk that, where local currency can be converted and transferred, there is insufficient local currency to purchase the required amount of foreign currency. Some export credit agencies will not pay transfer claims unless the buyer has made sufficient local currency deposit.

相关信息：

货币贬值（又称通货贬值）是货币升值的对称，指单位货币所含有的价值或所代表的价值的下降，即单位货币价格下降。货币贬值可以从不同角度来理解。从国内角度看，货币贬值在金属货币制度下是指减少本国货币的法定含金属量，降低其对金属的比价，以降低本国货币价值的措施；货币贬值在现代纸币制度下是指流通中的纸币数量超过所需要的货币需求量（即货币膨胀）时，纸币价值下降。从国际角度看，货币价值表示与外国货币的兑换能力，它具体反映在汇率的变动上，这时货币贬值是指一单位本国货币兑换外国货币能力的降低，而本国货币对外汇价的下降。例如，如果100美元去年兑换300元人民币，今年兑换400元人民币，则人民币贬值了。货币贬值会在国内引起物价上涨现象，但由于货币贬值在一定条件下能刺激生产，并且降低本国商品在国外的价格，有利于扩大出口和减少进口，因此第二次世界大战后，许多国家把它作为反经济危机、刺激经济发展的一种手段。

离岸账户
offshore account

释义：

存款人在其居住国家以外开设的银行账户，可以从中自由调拨资金，而不受本国的外汇管制。

An account opened in foreign banks located outside the mother country, under which the depositor can allocate its funds free of domestic foreign exchange control.

里程碑式付款
milestone payment

释义:

国际工程项目中常用的一种基于总价合同的付款方式。里程碑是业主在合同总工期内，按合同规定的工作范围和承包商的责任分解确定的项目活动。承包商只有完成了所有与规定的单项里程碑活动相关的内容，并按照要求准备齐全所有相关的支持文件，才能视为完成了某项活动的里程碑，才可以通过项目合同规定的付款程序获得此项里程碑所对应的合同款项。

Milestone payment is a method of payment that is commonly applied in international fixed price project contracts. The term "milestone" means an event during construction, in accordance with the scope of work and responsibilities of contractors as they are defined in contract. The term "milestone payment" means an amount payable that is contingent on the achievement of a milestone. Only when the contractor completes "milestone" activities and submits all related documents, can the project owner make milestone payments to the contractor as stipulated in the contract.

相关知识:

里程碑的确定。里程碑划分科目通常在业主招标文件中就已经规定，基本不可更改或者不可大幅度更改；如果承包商需要更改，要在投标文件中对此进行专题说明，以供业主评审。

里程碑式付款程序。承包商组织完成里程碑、提交已经完成里程碑的相关证书、业主审批、准备发票、发票翻译注册、发票提交、付款。其关键在于如何抓紧完成每项里程碑所包含的全部内容，经业主确认及时回款。

里程碑式付款的完成。在实际操作中，业主对里程碑的审批非常严格，不完成里程碑规定的全部工作，业主就不会批准承包商提交的里程碑证书，不提交发票回款。因此，在里程碑式付款方式下，承包商需要具有更高水平的项目管理、宏观调控和统筹协调的能力，才能做好里程碑式付款方式下项目资金调控工作，确保项目的正常运行。

项目的主要付款里程碑。一般包括预付款、初步设计完成、详细设计完成、主要设备下订单、主要设备到现场、全部设备和材料到现场、主要设备基础完成、机械完工、临时验收或移交。

里程碑式付款的利弊。有利方面：1. 可促使承包商认真地组织每项已经确认的里程碑活动，保质保量地按进度完成项目活动；2. 可督促承包商抓紧完成每项已经确认的里程碑活动，特别是一些长期的、大额里程碑的完成，以及时回款。不利方面：1. 与国际通用的合同进度款付款方式比较，里程碑式付款方式不能够按照活动的实际完成进度比例逐步回收款项；且在大多数情况下，里程碑活动内容和完成时间的灵活性会导致一些活动内容多、持续时间长的里程碑活动很难在短时间内得到业主确认，合同款无法及时回收，从而导致项目合同款支付与项目实际综合进度之间存在很大的差异。这要求承包商根据里程碑权重分配表和项目整体计划提前做好资金使用计划，才能保证项目的正常运转。2. 在里程碑活动执行的过程中，某个环节一旦出现问题，业主就可能拒绝批复整个里程碑完成申请。

衍生词条：

付款证书
payment certificate

理赔费用
expense of claim ascertainment

释义：

报告期内，保险人受理可损或索赔案件，在定损核赔过程中对保险标的损失进行鉴定估算和赔付后代位追偿过程中发生的费用，包括直接理赔费用和间接理赔费用。

Expense of claim ascertainment is the expenditure incurred when the insurer adjusts the claim, assesses the damage, minimizes the loss and collects the recovery after indemnification. It can be divided into direct and indirect expenses of claim ascertainment.

相关知识：

理赔费用的分类。按照是否能直接核算到索赔案件项下，理赔费用分为直接理赔费用和间接理赔费用。

理赔费用的范围。通常包括支付给追偿渠道的调查费和佣金、差旅费、外事费、诉讼费、仲裁费、律师费、公证费、认证费、评估费、检验费、鉴定费、翻译费和咨询费等费用，专职理赔追偿人员工资薪酬及其他费用。

相关信息：

信用保险人受理被保险人的报损或索赔案件后，在查明损失原因、确定保险责任、核定损失金额、确定赔偿责任等过程中，需要开展多项工作并产生相应的理赔费用。例如，在出运前风险案件中，保险人通常需要聘请公估机构对未出运货物的实际成本

衍生词条：

已决赔款
settled claim amount

投入损失进行评估，即会产生评估费、鉴定费、检验费等理赔费用；在买方有偿付能力但偿付意愿较差的案件中，保险人通常会选择聘用律师采取诉讼或仲裁等方式向买方施压，即会产生律师费、诉讼费、仲裁费等理赔费用。

理赔费用准备金
loss adjustment expense reserve

释义:

保险公司为尚未结案的赔案可能发生的费用而提取的准备金。

Reserves provisioned by insurance companies for potential expenses of the unpaid claims.

相关知识:

保险公司为直接发生于具体赔案的专家费、律师费、损失检验费等而提取的是直接理赔费用准备金；为非直接发生于具体赔案的费用而提取的是间接理赔费用准备金。

对直接理赔费用准备金，应当采取逐案预估法提取；对间接理赔费用准备金，采用比较合理的比率分摊法提取。

衍生词条:

理赔费用
expense of claim ascertainment

已发生已报案未决赔款准备金
reported claims reserve

已发生未报案未决赔款准备金
incurred but not reported claims reserve

理赔勘查报告
investigation report

释义：

对索赔案件勘查进展进行总结的专案报告，作为定损核赔的参考依据。

The report of investigation findings on cases before indemnification, providing referential support to loss ascertainment.

相关知识：

理赔勘查报告内容。一般包括案件基本信息、交易真实性、货物收取情况、债务人认债金额、债务人未付款原因、债务人经营状况以及其他与定损核赔相关的信息。

理赔勘查报告出具时点。理赔勘查报告一般在定损核赔时应理赔人员需求出具，协助理赔人员判定保险人在案件项下的保险责任。

理赔勘查报告的出具人一般是保险人负责勘查的业务人员，但也有部分保险人要求第三方机构（如商账追收机构、外聘调查机构等）按照一定规范出具理赔勘查报告。

衍生词条：

定损核赔
loss ascertainment

理赔绿色通道
express claim ascertainment procedure

释义：

保险人对符合相应条件被保险人的索赔案件，实施特殊优待理赔政策，简化理赔流程，在受理立案后的较短期限内，给予快速定损赔付的理赔服务措施。理赔绿色通道服务包括见索即赔程序和简易赔付程序。

Express claim ascertainment procedure is a claim procedure with simplified investigation process and favorable settlement policies. It takes less time to compensate the insured, and is only available to the insureds meeting certain requirements. Express claim ascertainment procedure contains two categories—compensation without investigation and compensation with essential investigation.

相关知识：

理赔绿色通道的分类。根据适用案件情况及定损核赔过程的不同，分为见索即赔程序和简易赔付程序。1. 见索即赔程序指被保险人索赔后，保险人仅依据单证审核结果即先行定损核赔，赔付后再进行海外调查和追讨。2. 简易赔付程序指被保险人索赔后，保险人进行初步调查，根据买方（开证行）反馈，在可判定贸易真实性的基础上，暂时忽略其他非主要因素，即结合被保险人义务履行情况先行定损核赔，赔付后再进行海外调查和追讨。

理赔绿色通道的适用对象。因理赔绿色通道定损核赔流程简化、期限缩短，是保险人对被保险人实施的特殊优待理赔政策，因此只适用于小部分优质被保险人，且案件金额、案件情况须符合一定条件。

衍生词条：

赔付
indemnity

保险机构为提升理赔响应速度，向部分优质被保险人提供更加优质、高效的理赔服务，提高被保险人索赔体验，维护与优质被保险人的关系，或在某些紧急突发事件发生后，应国家政府指示，通常会启动理赔绿色通道。

理赔权限
claim settlement authority

释义：

保险人各级管理机构（人员）处理单一可能损失案件及审批相应索赔案件的权限，一般按报损金额和买方/银行有效信用限额二者孰低原则予以确定。

The authority of management department (or person) on each level of the insurer to handle a single case of potential loss and to approve the indemnity of a claim in accordance with the internal authorization by the insurer. The claim settlement authority is to be determined as either the amount of possible loss or the credit limit (for the buyer/bank), whichever is lower.

相关知识：

理赔是保险人根据保险合同约定，履行保险合同义务，承担保险责任的具体体现。保险人通过授予内部各级机构（含分支机构）及相关人员不同的权限来处理被保险人提交的可能损失案件及审批索赔案件，以控制经营风险、规范理赔管理、提升服务客户水平。

一般情况下，信用保险机构总部集中处理数量占比较少的大金额案件，以实现对经营风险的集中控制；而将数量占比较多的中小金额案件授权营业机构处理，以提高市场响应速度；并根据业务发展的现状和趋势，对理赔权限进行动态管理。

衍生词条：

可损金额
amount of potential loss

利率补贴
interest rate subsidy

释义：

借款实付利率和贷款开价利率之差，通常出现在中长期业务中。出口信用机构与贷款银行之间作出某种安排，出口信用机构对于银行收取的利率给予实际的、或有的金融支持。换言之，若银行是以经合组织公约规定的商业参考利率（CIRR）向海外借款人提供贷款，假如在贷款还清之前发生市场利率上升（超过商业参考利率），出口信用机构在一定程度上会弥补市场利率和商业参考利率之间的差额。需要关注的是，各出口信用机构对利率进行补贴，可能会导致信用机构之间的补贴战，虽然目前形势已经好于20世纪60年代和70年代。而正是当时大量的利率补贴促成了经合组织公约的产生。有些国家的政府利用出口信用机构的利率补贴，作为提供流动资金的手段。

The difference between the real interest rate actually paid by a borrower and the nominal rate quoted by the lender. This normally arises in the context of medium and long-term transactions, where export credit agencies arrange with lending banks to provide concrete or contingent financial support on the interest rates they charge. In other words, if a bank lends to an overseas borrower at the commercial interest reference rate (CIRR) set out in the OECD Arrangement, should the market interest rates rise above the CIRR before the loan is fully repaid, the export credit agency may, under certain circumstances, cover the cost of the difference between the market rate (however defined) and the CIRR.

It should be noted that such interest rate subsidy provided by different export credit agencies may lead to antagonism among themselves, although less hostile compared to that in the 1960s and 1970s, where large interest rate subsidies led to the birth of OECD Arrangement. In some countries, export credit agencies are still the vehicle chosen by government to provide interest rate subsidies for working capital.

相关知识：

促进和鼓励出口的主要措施。1. 出口信贷。一个国家为鼓励出口、增强商品的竞争能力，通过本国银行对本国出口商（卖方）、国外进口商或进口方银行（买方）提供的贷款。出口信贷按贷款对象分为卖方信贷和买方信贷。卖方信贷是出口国银行向本国出口商提供的用于支持出口的贷款。买方信贷是出口国银行向国外进口商或进口方银行提供的，用于支持本国商品出口的贷款。为了减少可能出现的风险，一般最高贷款额不超过贸易合同金额的85%，并视情况需要由本国出口信用保险机构承保。2. 出口信贷保险/担保。为了扩大出口，对于本国出口厂商或商业银行提供的信贷，由国家设立的出口信用保险机构出面担保/保险，担保/承保风险一般分为政治风险和经济风险，当国外债务人拒绝付款时，该机构按赔付比例在保险金额内承担赔偿责任。3. 出口补贴。又称出口津贴，一国政府为了降低出口商品的价格，加强其在国外市场的竞争力，在出口某种商品时给予出口厂商的现金补贴或财政上的优惠待遇。需要指出的是，有些补贴会造成市场扭曲，属于不公平贸易行为，应根据有关承诺禁止使用。出口退税是指在商品出口时，国家将其在国内生产流转过程中被征收的增值税款部分/全部退还给出口商，使商品能够以较低成本出口的措施，可以降低出口商品的成本和价格，是国际贸易中常用的鼓励出口的措施，不属于不公平贸易行为。

量化限额
quantitative limits

释义：

出口信用机构在某些情况下可以承保的或直接放贷的最高限额，是监控和减少风险的手段之一。出口信用机构广泛地运用限额的概念，可以用于对个别买方（信用限额），或是对买方国家承担的风险总量（国家限额），以及合同的最大规模（合同限额）。许多出口信用机构还对单一保单设定最高赔偿限额。因而，“限额”的含义需结合具体使用情境进行判别。

A ceiling on the amount of insurance or credit that an export credit agency will provide. Limits are widely applied by export credit agencies to individual buyers (credit limit), target countries (country limit) or to target contracts (contract limit), as a monitoring tool for exposure control. Many export credit agencies also set exposure limits on single policies. Thus, it is very important to check the context in which the term "limit" is being used by, or by reference to, export credit agencies.

衍生词条：

信用限额
credit limit
国家限额
country limit
合同限额
contract limit
最高赔偿限额
policy limit

临时贸易
temporary trade

释义:

临时进口，与临时出口对应，均为临时贸易行为。临时贸易是指海关允许暂时出口（或进口）的货物在规定期限内重新进口（或出口）。属于临时贸易的物品都是一些特殊的物品，如展览品，出国演出的服装道具、旅客用品，到国外参赛的动物，从事国与国之间载运客货的车辆，以及可退回的包装容器等。依据海关法规定，临时进出口物品免征关税，但一般须缴纳一定保证金，以保证按期运回。临时贸易并非实质上的交换活动，因此不包括在各国的进出口金额之内。

Temporary import and export are collectively referred to as temporary trade. Goods temporarily exported such as exhibiting items, performance outfits, travel kits, are allowed to be imported within approved time limit, without payment of customs duties but usually secured by cash deposit. Temporary trade is not calculated into host country's international trade volume.

临时再保险
facultative reinsurance (FAC)

释义：

以单一风险单位为基础，原保险公司逐笔与再保险公司洽谈，确定分保条件。在临时再保险中，原保险公司和再保险公司都有自由选择的权利。

Reinsurance of individual risks by offer and acceptance for each cession; both ceding company and reinsurer have the faculty, or option, to engage in negotiations over individual submissions.

相关知识：

临时再保险的特点。英文"Facultative"原意为"任意的"或"可选择的"，临时再保险是意译。其最大特点是原保险公司自主安排，再保险公司自由接受，分保内容和条件在事前并无对双方义务的约束，这是其与合约再保险的根本区别。

临时再保险的优势。1. 原保险公司可以扩大业务品种和增加业务量，以保证经营稳定性。2. 再保险公司根据自身条件可以自由的选择业务。3. 使用方法较为灵活，可满足合约再保险之外的分保需求。4. 账单编制、发送较及时。

临时再保险的不利因素。1. 原保险公司必须向再保险公司告知业务详情，不利于市场竞争。2. 临分业务须逐笔办理，增加费用支出。3. 业务需逐笔洽谈，再保险公司会对分保的风险有更多了解，但这也造成手续繁琐、费用较高。4. 分保手续费一般较低，通常不扣除纯益手续费。

临时再保险的类型：在比例临分中，再保险公司接受一定份额的保险费，并承担同比例的损失责任；在非比例临分中，再保险公司仅负责超过自留额的损失，而分保费率则根据损失可能性确定。

衍生词条：

合约再保险
treaty reinsurance
分保手续费
ceding commission

留存风险/自留风险
retained risk

释义：

保险标的的损失中被保险人自己承担的部分。

The percentage of each insured loss that is not indemnified by the insurer and that the insured has to bear for its own account.

相关知识：

自留风险的内涵与外延。从狭义上来说，自留风险是保险人不予补偿，投保人被迫自担的部分，一般包括免赔额以下的风险损失、超出约定的赔偿比例的风险损失，或由于各种原因未在保险合同里约定的风险损失等。从广义上说，自留风险是企业的一种安排，既可能是无计划的，也可能是有计划的。其中无计划的风险自留产生的原因：1. 风险部位没有被发现。2. 不足额投保或者保险公司不予承保的。3. 保险公司或者第三方未能按照合同的约定补偿损失，比如由于偿付能力不足等原因。4. 原本想以非保险的方式将风险转移至第三方，但发生的损失却不包括在合同的条款中。5. 由于某种危险发生的概率极小而被忽视。在这些情况下，一旦损失发生，企业必须以其内部的资源（自有资金或者借入资金）加以补偿。如果该组织无法筹集到足够的资金，则只能停业。因此，准确地说，非计划的风险自留不能称为一种风险管理的措施。此外，有计划的风险自留也称为自保，是一种风险管理的手段，是企业的风险管理者察觉到风险的存在，估计到该风险造成的损失，决定以其内部的资源（自有资金或借入资金），来对损失加以弥补的措施。在有计划的风险自留中，对损失的处理有许多方法，有的会立即将其从现金流量中扣除，有的则将损失在较长的一段时间内进行分摊，以减轻对单个财务年度的冲击。

自留风险的种类：企业选择风险自留作为风险筹资的措施通常包括：1. 该风险是不可保的。比如说一些巨灾损失，如地震，洪水等。在这种情况下，企业采取风险自留的管理措施往往是出于无奈。2. 与保险公司共同承担损失。比如保险人规定一定的免赔额，以第一损失赔偿方式进行赔偿，采用共同保险的方式或者以追溯法厘定费率等。作为一定的补偿，保险人会让渡一部分保费，也就是收取比较低的保险费。3. 企业自愿选择自留的方式承担风险。对于某种风险，企业认为自留风险较之投保更为有利，通常考虑的因素比较复杂。

衍生词条：

免赔额
deductible
自保
self-insurance
未保比例
self-insured percentage

流动性
liquidity

释义:

资产能够以合理的价格顺利变现的能力，反映投资的时间尺度（卖出它所需时间）和价格尺度（与公平市场价格相比的折扣）之间的关系。例如，货币市场基金可提供立即变现的能力，因为持股人可以所持基金开立支票。其他流动性账户包括支票账户、银行货币市场存款账户、银行存折账户和国库券。

Liquidity refers to the ability of an asset to be converted into cash at a reasonable price, and it reflects the relationship between the time value for selling the asset and the discount compared with open market price. For example, money market mutual fund provides instant liquidity since shareholders can write checks on the fund. Other examples of liquid accounts include checking accounts, bank deposit accounts, passbook accounts, and treasury bills.

相关知识:

流动性风险是指经济主体因金融资产流动性的不确定性变动而遭受经济损失的可能性。流动性风险有以下三种表现形式：1. 流动性极度不足。流动性的极度不足会导致银行破产，因此流动性风险是一种致命性风险。2. 短期资产价值不足以应付短期负债的支付或未预料到的资金外流。3. 筹资困难。从这一角度看，流动性指的是以合理的代价筹集资金的能力。流动性的代价会因市场上短暂的流动性短缺而上升，而市场流动性对所有市场参与者的资金成本均产生影响。市场流动性指标包括交易量、利率水平及波动性、寻找交易对手的难易程度等。筹集资金的难易程度还取决于银行的内部特征，即在一定时期内的资金需求及其稳定性、债务发行的安排、自身财务状况、偿付能力、市场对该银行看法、信用评级等。在这些内部因素中，有的与银行信用等级有关，有的则与其筹资政策有关。若市场对其信用情况的看法恶化，筹资活动将会更为昂贵。若银行的筹资力度突然加大，或次数突然增多，或出现意想不到的变化，那么市场看法就可能转变为负面。因此，银行筹资的能力实际上是市场流动性和银行流动性两方面因素共同作用的结果。

流通票据融资
notes financing

释义：

通过商业票据进行融通资金。票据持有人以未到期票据向银行申请贴现获取资金，实现融资目的。

Financing through trading or selling negotiable instruments prior to the maturity date at a value less than the par value of the instruments. The amount of the discount will depend on the time left before the bill matures, and on the perceived risk attached to the instruments.

相关知识：

信用保险项下的流通票据融资是将信用保险与银行融资有机结合，通过发挥信用保险的风险保障功能而帮助企业获得银行融资的一项业务，可使企业在一定程度上摆脱因抵押、担保能力不足而无法获得银行融资的尴尬局面，为其盘活资金、扩大出口和销售、提高竞争力提供保障。主要作用包括：1. 帮助出口企业降低授信准入标准，扩大授信贷款额度；获得 D/A、OA 项下的贸易融资；享受银行低成本的融资支持；缓解资金周转压力；优化财务报表。2. 帮助融资银行增加融资手段，丰富融资产品；控制贷款风险，带动业务增长；掌握风险信息，健全授信体系。

留置
lien

释义：

在保管合同、运输合同或加工承揽合同中，债权人按照合同约定占有债务人的动产，确保债务人偿还债务的一种担保方式。如债务人不按照合同约定的期限履行债务，债权人有权留置该动产，并以该动产折价或以拍卖、变卖价款优先受偿。

A lien is a form of security interest granted over an item of property to secure the payment of a debt or performance of other obligations. The owner of the property, who grants the lien, is referred to as the lienee, and the person who has the benefit of the lien is referred to as the lienor.

相关知识：

留置成立的条件。1. 债权人必须按照合同约定占有对方的动产。2. 债务人的债务必须是债权人取得占有的同一合同约定的应付款项。3. 债务人的债务已到履行期限。

衍生词条：

抵押
mortgage
质押
pledge

伦敦俱乐部
London Club

释义：

由国际私营信贷机构（通常是商业银行）组成的、与主权借款人就债务重组进行谈判的非正式团体。因1976年为应对扎伊尔债务问题首次在伦敦召开会议而得名。伦敦俱乐部没有固定的成员和组织，也没有常设秘书机构或固定活动场所。每次会议的成员组成视不同的债务国而定。当某债务国提出要求时，伦敦俱乐部会议就可由相关债权机构组成召开，当重组安排达成时会议即告解散。

An informal group of private creditors, usually commercial banks, who meet to negotiate the restructuring of debts of sovereign borrowers. The name came from the first meeting in London in 1976 in response to Zaire's debt payment problems. There is no permanent London Club membership, organizational framework, permanent secretariat or even location. The membership varies for each debtor country. At a debtor nation's request, a London Club meeting of its creditors may be formed, and is subsequently dissolved after restructuring is in place.

相关知识：

伦敦俱乐部由来。20世纪70年代中期以来，官方主权债务和私人主权债务出现大规模并存现象，单凭债权国政府不可能完全提供债务减免和新资金来源，国际银行债权人逐渐寻求建立一套用于进行债务重组谈判的稳定机制，商业银行逐步参与其中。

1976 年在伦敦召开的针对扎伊尔的债务问题的银行代表会议，被认为是伦敦俱乐部的第一次会议，伦敦俱乐部由此形成。

经过发展演变，逐步形成了重组官方信贷的巴黎俱乐部和重组商业银行贷款的伦敦俱乐部并行的局面。相比巴黎俱乐部而言，伦敦俱乐部更具非正式性。伦敦俱乐部在谈判程序上与巴黎俱乐部基本相同。

伦敦俱乐部债务重组主要原则。1. 债务国必须签署和实施 IMF 要求的稳定经济计划和协议。2. 债务国必须如期支付所有的到期利息，商业银行才向其提供新贷款。3. 债务重组坚持个别解决原则，逐个谈判、签署协定并重新安排债期，而不实行一揽子解决方案。4. 债务重组不应损害债务国对资本市场的未来利用原则。

衍生词条：

巴黎俱乐部
Paris Club

伦敦银行同业拆借利率
London Interbank Offered Rate（LIBOR）

释义：

伦敦银行业市场主要银行愿意向同业拆借的短期(隔夜至一年)、大额贷款的利率，是伦敦银行业市场对欧洲美元进行交易时的利率，代表国际货币市场的拆借利率，是最常用的短期利率基准之一，可作为贷款或浮动利率票据的利率基准。

A daily compilation by the British Bankers Association of the interest rates that major international banks charge each other for large-volume, short-term lendings of Eurodollars, with maturity rates calculated out to one year. It is one of the most important money market rates at which banks lend funds to each other, also used as base rate for loan or bond pricing.

履约保函
performance guarantee

释义：

担保人应被担保人或担保申请人请求向工程承包项目中的业主或商品买卖中的买方出具的，保证被担保人严格履行承包合同或供货合同的书面文件。

Performance guarantee or performance bond is a type of surety bond issued by an insurance company or a bank to guarantee the satisfactory completion of a project or delivery of goods by a principal.

相关知识：

履约保函一般用于工程承包或贸易项下，保障被担保人在与受益人签订合同后不履行合同约定义务的风险，金额为合同总额的一定比例。

涉外保函一般分为两类，performance guarantee 和 performance bond。前者注重对担保受益人经济赔偿，主要由银行出具，通常适用 URDG（国际商会见索即付保函统一规则）758，具有独立性质，即一旦保函受益人向担保人提出申请声明被担保人违约，担保人须无条件按索赔申请支付相应款项。后者注重担保被担保人的完工义务，需要具有当地牌照的保险公司或担保公司出具，受当地法律管辖，往往具有从属性质，即担保受益人在证明被担保人无法正常履约的情况下，担保人须采用各种方式促成项目完工或与担保受益人协商解决。

衍生词条：

保函
letter of guarantee

买方
buyer

释义：

买卖合同中接受标的物并支付价款的一方当事人，享有依照合同约定取得标的物所有权的权利，同时有义务按约定支付价款。买方可能是企业，可能是政府组织，也可能是普通消费者。在国际贸易中，买方即货物的进口商，卖方即货物的出口商。

Buyers are the parties which enjoy the rights of ownership of the subject matter, and assume the obligations of paying the price according to business contracts. Buyers can be enterprises, government organizations, or consumers, etc.. In international trade, buyers are the importers. On the contrary, the exporters are sellers.

相关知识：

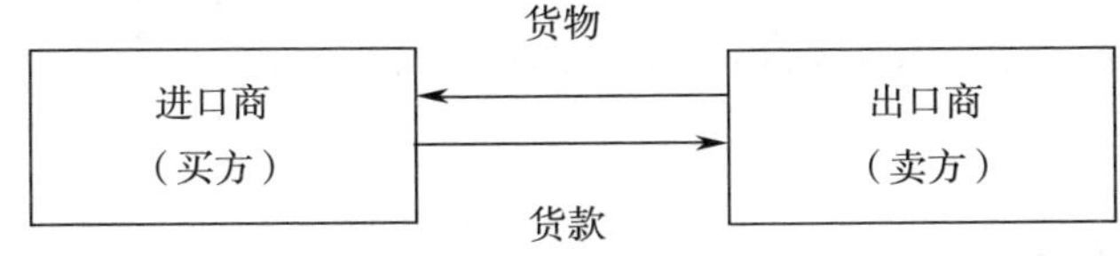

国际贸易图释

买方信用风险是信用保险机构主要承保的风险之一。因而买方承保是信用险承保工作的核心，是指保险人针对每个买方（也称海外进口商）为被保险人确定承保条件，通过批复信用限额确定保险关系的过程，是保险人风险管理的重要环节之一。承保人对买方的付款能力和付款意愿进行风险评估，审批买方总限额，在不同的被保险人之间合理分配信用限额，并进行买方风险跟踪。

衍生词条：

被保险人
insured

买方承保/银行承保
buyer underwriting, bank underwriting

释义:

买方承保/银行承保是信用保险承保工作的关键环节，也是信用保险人风险控制的重要环节。保险人通过审查被保险人每一特定风险主体（如买方、银行）的风险，然后批复信用限额的方式确定承担的保险责任。信用限额审批应建立在风险评估的基础上，通过了解特定风险主体的经营历史、经营规模、付款习惯、财务状况、信用记录及其所在国国别风险、行业风险等，批复合理的信用限额。

Buyer underwriting/bank underwriting plays an important role in the risk management of credit insurers. After assessing the credit risk of a buyer or a bank, the insurer makes underwriting decision by approving a credit limit. Credit limit approval is generally based on the annalysis of a buyer's or a bank's operation history, business scale, payment behavior, financial statements, credit record, the risk of relative industries and country risk, etc. .

相关知识:

限额承保的主要信息来源渠道包括资信调查、承保记录和信用记录、再保险人反馈的信息、同业交换的信息、各类企业与行业数据库、买方网站、其他公开信息、被保险人反馈的信息和买方直接提供的信息、实地考察等。

衍生词条:

信用限额
credit limit
信用期限
credit period

买方单方面终止合同
buyer's unilateral termination of the commercial contract

释义:

买方违反法定的或者合同约定的解除合同条件，单方面提前终止合同。

It refers to the case in which the buyer does not abide by the terms required by law or contract, and terminates the contract without the seller's consent.

相关知识:

出口买方违约保险是出口信用机构提供的一种保险产品，承保出口企业在商务合同项下、因政治风险或商业风险导致买方违约而遭受成本损失的风险，适用于船舶建造、成套设备出口、对外工程承包等，买方单方面终止合同是其承保的风险之一。

衍生词条:

买方恶意变更合同
buyer's malicious alternation of the commercial contract

买方恶意变更合同
buyer's malicious alternation of the commercial contract

释义：

在商务合同生效后，买方故意提出被保险人无法接受的合同变更条件，阻碍合同继续履行。

It refers to the case in which after the contract is effective, the buyer proposes unacceptable requirements to alter the contract, which makes it impossible to fulfill the contract.

衍生词条：

买方单方面终止合同
buyer's unilateral termination of the commercial contract

相关知识：

买方恶意变更合同是出口买方违约保险承保的风险之一。

买方信贷
buyer's credit

释义:

出口方银行直接向买方（进口商、进口国政府机构或银行）提供贷款，使买方得以即期支付本国出口商货款的一种融资方式。

Buyer's credit or buyer credit is a loan credit directly extended to buyers, including importers, importing government or banks to ensure exporters be reimbursed on spot.

衍生词条:

卖方信贷
supplier's credit
买方信贷保险
buyer's credit insurance
卖方信贷保险
supplier's credit insurance

买方信贷保险
buyer's credit insurance

释义:

出口信用机构向买方信贷项下的贷款银行提供的政策性产品，用于保障贷款银行在买方信贷项下的收汇安全，对贷款银行因政治风险或商业风险引起的损失承担赔偿责任。买方信贷保险在支持贷款银行提供中长期信贷的同时，也帮助出口企业减少风险，实现出口合同项下的即期收汇。

A policy-oriented insurance policy offered by export credit agencies to lenders under buyer credit arrangement for full repayment of the loan, in which political risks or commercial risks are covered. Under this arrangement, the exporter benefits by receiving immediate payment through loan disbursement when work or service is delivered and accepted.

相关知识:

在我国保险市场上，买方信贷保险是指在买方信贷融资方式下，中国信保向贷款银行提供还款风险保障的政策性保险产品。在本保险中，贷款银行是被保险人，投保人可以是出口商、贷款银行或借款人，但一般要求贷款银行直接投保。

买方信贷保险的作用。1. 降低出口商财务杠杆，节约财务成本。2. 减少出口企业负债。3. 扩大贸易机会。4. 提升借款人信用，便利银行提供中长期大额贷款。5. 转移收汇风险，避免巨额损失。6. 拓宽信用调查和风险鉴别渠道，增强风险控制能力。

买方信贷保险承保的风险。1. 借款人违约，拖欠贷款协议项下应付的本金和利息。2 借款人破产、倒闭、解散和被清算。3.

借款人所在国家政府或地区颁布法律、法令、命令、条例或采取行政措施，禁止或限制借款人以贷款协议规定的货币向被保险人偿还债务。4. 借款人所在国家或地区政府颁布延期付款令，致使借款人无法履行其在贷款协议项下的还款义务。5. 借款人所在国发生战争、革命、暴乱或保险人认定的其他政治事件。

买方信贷保险费率确定的基本因素。1. 国别。2. 信用期限及结构。3. 信用主体状况。4. 现金支付比例。5. 其他因素。

衍生词条：

买方信贷
buyer's credit
卖方信贷
supplier's credit

卖方信贷
supplier’s credit

释义：

出口商（供货商）在出口合同中向海外买方提供的信贷。在信用期限较长的交易项下，进口商（买方）会先支付一笔现金预付款（通常为合同金额的15%），在收到最后一批货之前，就余额部分开出本票或承兑等额汇票。出口信用机构可以向出口商提供卖方信贷保险。

Supplier’s credit or supplier credit is a credit extended by an exporter (supplier) to an overseas buyer as part of the export contract. In long credit term transaction, the importer (buyer) normally advances cash down payment (usually up to 15 percent) and then accepts bills of exchange or issues promissory notes for the balance before final delivery or acceptance of the goods. Export credit agency will provide cover for supplier credit transactions.

相关知识：

卖方信贷在银行业务中的定义与出口信用保险机构不同。在银行业务中是指在大型机械装备或成套设备贸易中，为便于出口商以延期付款方式出卖设备，出口商所在地的银行对出口商提供的信贷。在出口信用机构业务中，卖方信贷中的债务人为进口商，而在银行业务中，卖方信贷中的债务人为出口商。

在出口信用保险中，卖方信贷与买方信贷的相同点：1. 借款人/风险主体都为进口商。2. 都对进口商的现金支付比例有一定的要求。卖方信贷与买方信贷的区别：1. 被保险人不同。买方信贷保险项下为贷款银行，卖方信贷保险项下为出口商。2. 保险标的不同。买方信贷保险项下为贷款协议，卖方信贷保险项下为商务合同。3. 最高赔偿比例不同。买方信贷保险项下一般为95%，卖方信贷保险项下一般为90%。4. 保费计算基础不同。买方信贷保险项下为贷款本息之和，卖方信贷保险项下为延付金额与延付利息。5. 商务合同付款形式不同。买方信贷项下为即期付款，卖方信贷保险项下为延期付款。

对于出口商来说，采用卖方信贷模式，企业需要增加一笔长期的应收账款，增加出口商的资金压力，同时由于延期收款，出口商也面临后期收汇汇率波动的风险。因此，多数出口商更加倾向于使用买方信贷模式运作项目。

衍生词条：

卖方信贷保险
supplier's credit insurance
买方信贷
buyer's credit
买方信贷保险
buyer's credit insurance

卖方信贷保险
supplier’s credit insurance

释义：

出口信用保险机构向出口商提供的一种保险，用于保障出口方在延期收款的出口合同项下的收汇安全，对出口方因政治风险或商业风险引起的损失承担赔偿责任。该保险支持出口方以卖方信贷资金或自有资金向进口方提供延期付款，以增加成交机会，增强盈利能力。

An insurance policy offered by export credit agencies to the exporter against commercial and political risks to ensure full repayment under commercial contracts. The policy supports exporters in extending deferred payment in the benefit of importers while increasing success rate of transaction and improving revenue for exporters.

相关知识：

卖方信贷保险的作用。1. 为业主提供更加灵活的付款条件。2. 提高项目的利润率。3. 增加企业获得项目的概率。4. 转移收汇风险。

保险条款中卖方信贷保险承保的风险。1. 进口方及其担保人破产、倒闭、解散。2. 进口方违反商务合同项下对被保险人的付款义务，且进口方的担保人（如有）也未履行担保合同项下的担保义务。3. 进口方违反商务合同规定，致使商务合同提前终止或无法履行。4. 进口方所在国政府颁布法律、法令、命令或采取行政措施，禁止或限制进口方以商务合同约定的货币或其他可自由兑换的货币履行商务合同项下对被保险人的付款义务。5. 进口方所在国、项目所在国或进口方付款须经过的第三国颁布延期付款令。6. 进口方所在国或项目所在国颁布法律、法令、命令或采取行政措施（包括撤销或不予展延进口许可证），致使商务合同部分或全部无法履行。7. 进口方所在国或项目所在国发生战争、敌对行动、内战、叛乱、革命或暴动，致使商务合同部分或全部无法履行。

衍生词条：

买方信贷保险
buyer's credit insurance
卖方信贷
supplier's credit

满期赔付率
loss ratio on expiry

释义：

以业务数据为基础，考虑准备金因素，反映各时期承保业务的最终损失情况，是评估承保业务质量的关键赔付率指标。

Loss ratio on expiry is a key index calculated based on business data and reserve portfolio to indicate total loss payout for any given period and to reflect underwriting performance.

相关知识：

报告期末，满期赔付率 =（业务年度已决赔款 + 业务年度已发生已报案未决赔款准备金 - 业务年度净追偿收入）/业务年度满期保费 ×100%

满期赔付率考虑了尚未结案的案件在未来转化为最终赔款的可能性，反映业务年度承保业务的质量。中国精算师协会已将满期赔付率作为关键分析指标，在业内推广。

贸易保护/贸易壁垒
trade protection, trade barrier

释义:

在对外贸易中实行限制进口以保护本国商品在国内市场免受外国商品竞争，并向本国商品提供各种优惠以增强其国际竞争力的政策和措施。

Trade protection is a deliberate attempt to limit imports or provide favorable treatment to local producers, in order to protect domestic production from foreign competition.

相关知识:

在限制进口方面，贸易保护主要采取的两种措施分别为关税壁垒和非关税壁垒。前者主要是通过征收高额进口关税阻止外国商品的大量进口；后者则包括采取进口许可证制、进口配额制等一系列非关税措施限制外国商品自由进口。

关税壁垒（Tariff Barriers）是指采取征收高额进口税和各种进口附加税的办法，限制和阻止外国商品进口的一种手段，可以提高进口商品的成本从而削弱其竞争能力，起到保护国内生产和国内市场的作用。

关税壁垒中的进口附加税又称为特别关税，通常是一种为特殊目的而设置的临时性措施，是限制商品进口的重要手段，具体形式包括反倾销税、反补贴税等。

反倾销（Anti-Dumping）是指进口国主管当局根据受到损害的国内工业的申诉，按照一定的法律程序对以低于正常价值的价格在进口国进行销售的并对进口国生产相似产品的产业造成法定损害的外国产品进行立案、调查和处理的过程和措施，具体表现为临时措施、价格承诺和征收反倾销税。反倾销是WTO所承认的抵制不公平国际贸易行为的一种措施，最终补救措施是对倾销产品征收除一般关税外的反倾销税，使其不能廉价出售，是目前国际贸易中应用最为广泛的贸易救济措施之一。

反补贴（Anti-Subsidies），WTO《补贴与反补贴措施协定》将补贴定义为由一成员方境内的政府或任何公共机构提供财政资助或针对收入或价格的其他任何形式的支持措施。

WTO 反补贴协议将补贴分为三种基本类型：禁止性补贴、可诉补贴和不可诉补贴。针对前两种补贴，成员国可以向 WTO 申诉，通过 WTO 的争端机制采取经授权的反补贴措施，也可以根据国内反补贴法令，通过调查来征收反补贴税。

衍生词条：

进口许可证
import license

特保措施（Transitional Product-specific Safeguard Mechanism），全称特定产品过渡性保障措施，即在 WTO 体制下，在特定的过渡期内，进口国政府为防止来源于特定成员国的进口产品对相关产业造成损害而采取的限制性保障措施。

贸易融资
trade finance

释义：

从金融机构筹措的资金，用于进出口贸易。分为：出口前融资，如进口商预付货款、金融机构出口贷款等；出口后融资，如出口押汇、承购应收账款、票据贴现等；进口前融资，如预付货款融资等；进口后融资，如付款交单等。被保险人在信用保险保单项下的融资也是贸易融资的一种。

Finance provided by financial institutions to promote import and export trade. It can be categorized as: pre-shipment finance, e. g. advance payment by importer with export loan from financial institutions; post-shipment finance, e. g. factoring discount on notes or accounts receivable; pre-import finance, e. g. cash advance finance. and post-import finance, e. g. documentary against payment. The insured's financing under the credit insurance policy is also one type of trade finance.

相关知识：

1. 出口前融资还有一种称为“红条款信用证”（red clause credit）；

2. 出口后融资的常见业务包括保理（承购应收账款，factoring）、无追索权的出口票据贴现（forfeiting）、打包放款（packing loan）、分期付款的外销贷款等。

每用户平均收入
Average Revenue Per User (ARPU)

释义:

网络运营商或服务提供商从每个用户得到的平均收入，不仅包括用户每月电话网络等账单收入，还包括其他关口局收入等。每用户平均收入最初用在通讯行业，现在已被广泛运用到互联网服务业等领域。

This term was originally used by telephone carriers to calculate revenues generated by each unit of household phone usage. It is now widely used in other industries such as consumer Internet services, including not only monthly billed usage, but also other gateway income.

相关知识:

关口局（GateWay MSC），一般简称 GMSC，主要起汇接功能。比如网内用户拨打其他运营商用户电话，会由端局（MSC）将呼叫路由至关口局（GMSC），再由关口局将呼叫路由至相应运营商的关口局。有其他运营商拨打本网用户的话，呼叫由该运营商关口局建立至本网关口局，再由本网关口局至相应 HLR 做 HLRENQ，获得漫游号，关口局根据漫游号将呼叫路由至相应端局（中间或许经过许多环节，比如用户漫游外地等）。有些地方的关口局没有寻址功能，那就将外网进来的呼叫路由至本地端局，由本地端局寻址。总之，关口局是负责与其他网络或者运营商的互联互通，有时候话务量小的地区可以端局兼做关口局。

免赔额
deductible

释义：

保险合同双方约定在发生保险责任范围内的损失时，保险人在一定范围免除赔款责任的额度。免赔额在短期险业务中运用较多。

A certain amount of loss under cover, which is borne by the insured and deducted from the insurer's liability, as mutually agreed in the insurance contract. It is widely used in short term credit insurance business.

相关知识：

在保险标的的损失金额达到最低限额后，根据保险人是否对最低限额内的损失承担责任，免赔额分为绝对免赔额和相对免赔额。

绝对免赔额是保险合同约定由被保险人自行承担的保险标的损失金额，即保险标的发生损失时，保险人仅赔偿超过最低限额以上的损失，该限额之内的损失由被保险人自行承担。

相对免赔额是保险合同约定保险人对全部保险标的损失承担赔偿责任的最低限额，即保险标的发生损失时，如损失金额达到保险合同约定的最低限额，则保险人对（含最低限额的）全部损失承担赔偿责任，反之，保险人对全部损失均不承担责任。

相对免赔额与绝对免赔额的最大不同在于，当保险标的损失达到最低限额后，保险人对最低限额内的损失也承担赔偿责任，免赔是相对的。

在有的保险产品中，免赔额也可称为自负额条款、扣减条款、

衍生词条：

赔付
indemnity
足额赔付
non-deducted indemnity

免责条款等。

保险的主要功能是为被保险人提供风险保障，免赔额制度作为损失分担工具，可促使被保险人在选择交易对象、签署和执行合同时更为谨慎，也可促使被保险人积极追讨到期货款或保险项下赔款。

没收、征用和国有化风险/征收风险 Confiscation, Expropriation and Nationalization Risk (CEN)

释义:

海外投资保险人承保的主要风险，为海外投资人因东道国政府直接或间接剥夺其投资权益而承受的损失提供保障。大部分的投资保险人对于“隐性征收”导致的被保险人损失也予以承保。

A major category of risks covered by investment insurers. This coverage protects investors from losses incurred by government actions that effectively deprive investors of the investment return. Most insurers also cover “creeping expropriation”.

相关知识:

一般情况下，东道国的下列行为不视为征收：1. 东道国政府通常为规范经济活动、确保公共安全、增加收入或者保护环境而采取的善意、非歧视性的普遍措施，并就上述行为给予了及时、有效的补偿；2. 东道国政府作为商业主体，违反其对项目企业的合同义务而导致的损失；3. 东道国政府向被保险人或项目企业收取的非歧视性的税费、罚款、罚金或有关费用；4. 东道国政府根据该国有关破产法律的规定，依法执行对项目企业的破产清算及其他处置行为。征收风险分为直接征收和间接征收。直接征收指东道国政府直接剥夺项目企业的相关权利。间接征收指东道国政府并不对外公开宣布征收，从法律上项目企业仍然享有相关权益，但东道国政府采取阻碍项目企业行使相关权益的措施，致使项目企业的相关权益实际上无法实现，产生相当于直接征收的效果。间接征收主要表现为过度增加税负、违法安排人员进入项目企业管理层、干扰项目企业经营最终导致项目企业无法正常经营、限制项目企业产品出口而该产品在东道国内没有市场等。

衍生词条:

隐性征收
creeping expropriation
政治风险
political risk

年度到期责任限额
annual maturities limit（AML）

释义：

出口信用机构量化风险控制的一种技术，是针对特定买方所在国准备承担的最高年度到期责任限额（通常是中长期业务）。出口信用机构可以在任何一年内持续承保新业务，直到保险合同项下的年度应还款总额达到年度到期责任限额时为止。此时，出口信用机构要对该国年度到期责任限额重新评估，或者不再承保新业务。

A technique used by some export credit agencies as a quantitative control on the amount of exposure they are willing to accept on a particular buying country (normally for medium and long-term business). An agency will continue to underwrite new business until total repayments from the buying country under insured contracts reach AML in any one year. The insurer will then reassess the country risk before accepting new applications.

衍生词条：

新业务限额
new business limit
中长期出口信用保险
medium and long-term export credit insurance

赔付
indemnity

释义:

出口信用机构根据保单条款规定，支付给被保险人的赔款金额。

Compensation paid by the export credit agency to the insured under the terms of the insurance policy.

相关知识:

根据赔付的时间及赔款金额的大小，分为预赔付、一次性赔付、分期赔付、足额赔付、扣减赔付和拒赔。

赔付的对象通常是被保险人或共同被保险人，涉及银行融资（赔款转让）的情况下可能为融资银行，在一些特殊承保模式中也可能是被保险人境外关联公司。

赔付是保险人履行保险合同义务、兑现保险人承诺、发挥出口信用保险损失补偿功能的重要环节。信用保险产品不同，赔付期限的规定也有所不同，保险人一般应按保险合同约定的时间要求履行定损核赔义务。对符合一定条件被保险人的索赔案件，保险人可实施特殊优待赔付政策，简化赔付流程，在受理被保险人索赔申请后的较短期限内，给予快速赔付。保险人赔付时，通常要审核贸易真实性、承保条件、单证资料、保险合同义务履行情况等，经过核定损失原因、确定保险人责任、核定损失金额、确定赔偿比例、计算赔款金额等过程，作出预赔付、一次性赔付、分期赔付、足额赔付、扣减赔付和拒赔等理赔处理决定。

衍生词条:

定损核赔

loss ascertainment

赔付成本
cost for indemnity

释义：

已决赔款与理赔费用之和扣除追偿收入后的净值。

The net balance of the settled claim amount plus expenses of claim ascertainment less recovery income.

相关知识：

作为原保险合同成本的重要组成部分，赔付成本为已决赔款及理赔费用（含直接理赔费用及间接理赔费用）之和，如在报告期内实现代位追偿收入的，则应扣除相应的追偿收入后调整当期赔付成本。

衍生词条：

已决赔款
settled claim amount
理赔费用
expense of claim ascertainment
追偿收入
recovery income

赔付率
loss ratio

释义：

保险公司一段期间内赔款支出与保费收入的百分比，是反映保险业务经营质量的重要指标，公式为：赔付率＝（赔款支出/保费收入）×100%。

Loss ratio is the ratio of losses against premium, and is an important measure of the business quality, commonly expressed as:

loss ratio =（compensation/premium）×100%

相关知识：

赔付率定义较为简单，但实际应用中，根据保险数据统计口径的不同，常用的赔付率指标主要包括综合赔付率、满期赔付率和净赔付率等。

衍生词条：

综合赔付率
comprehensive loss ratio
满期赔付率
loss ratio on expiry
净赔付率
net loss ratio
综合费用率
comprehensive expense ratio
综合成本率
combined ratio

赔付率超赔再保险

excess of loss ratio reinsurance

释义：

以某一业务在特定时期内的赔付率为基础，确定原保险公司自负责任额和再保险公司分保责任额的超赔再保险方式。

A form of excess of loss reinsurance which indemnifies the reinsured against the amount by which the reinsured's losses incurred (net after specific reinsurance recoveries) during a specific period (usually twelve months) exceed an agreed loss ratio.

相关知识：

赔付率超赔再保险合同中，原保险公司的自留责任和再保险公司的再保险责任，都是由双方协议的赔付率标准限制的，即赔付率超过一定标准时，由再保险人就超过部分负责至某一赔付率或金额。

赔付率超赔再保险可以将原保险公司某一年度的赔付率控制在一定的标准之内，所以，对于原保公司而言，又有停止损失再保险或损失中止再保险（Stop Loss Reinsurance）之称。

例：有一赔付率超赔再保险合同规定，赔付率在70%以下由原保险公司负责，超过70%～120%部分，即超过70%的50%部分由再保险公司负责，并规定赔付金额60万元的责任限制，两者以较小者为准。假设净保费收入为100万元，已发生赔款为80万元，则赔付率为80%，原保险公司负责70%，计70万元；再保险公司负责70%以后的部分，即10%，计10万元。

衍生词条：

超赔再保险
excess of loss
reinsurance

赔款等待期/索赔等待期
waiting period

释义：

从应付款日或进口国政府干预行为发生日至被保险人提出索赔/保险人核损的最短期限，有时也指保险单中明确规定的索赔立案后可能得到赔偿的最早日期。在信用保险领域，等待期的概念被广泛应用。通常按照致损原因不同，赔款等待期也不同。

The term is widely used in credit insurance policies. The period, usually starts from the due date of payment or intervention order, after the expiry of which a claim may be submitted and the loss is assessed. It can also mean the earliest day after filing on which a claim may be paid. Claims waiting periods vary under different causes of loss.

相关知识：

在保险合同（包括但不限于保单条款、批单、批注、限额审批单等书面文件）中明确约定，损失发生后（起算点一般为应付款日之后）至保险人需要调查损失原因、核定损失金额并最终支付赔款的一段期间为赔款等待期，通常 3 个月至 6 个月，如承保国别不同、致损原因不同，则赔款等待期也不尽相同。

保险人在保险合同中约定赔款等待期，主要是基于如下考虑：1. 督促被保险人在此期间内向债务人（买方）积极追讨到期货款，有利于降低被保险人的潜在损失。2. 保险人需要一定的期间调查、核实损失原因并准备支付赔款。3. 由于债务人所在的国家（地区）等存在外汇管制、汇兑限制等管制措施，债务人从开始履行付款义务到实际完成付款，需要经历较长的周期。

衍生词条：

定损核赔期
period of loss ascertainment

赔付
indemnity

批单
endorsement

释义：

对保险合同进行修改或补充的书面文件。一般情况下，批单的效力优于保单，后出具的批单效力优于先前出具的批单。

An endorsement is a written document attached to an insurance policy that modifies the policy terms. In general, the endorsement shall prevail over the policy and the endorsement issued later shall prevail over previously issued endorsement.

相关信息：

根据《保险法》（2009 年修订）第二十条规定，投保人和保险人可以协商变更合同内容。变更保险合同的，应当由保险人在保险单或者其他保险凭证上批注或者附贴批单，或者由投保人和保险人订立变更的书面协议。

衍生词条：

保险单
insurance policy

票据贴现
discounting of a bill

释义：

持票人在需要资金时，将其收到的未到期承兑汇票经过背书转让给银行，银行以票面余额扣除贴现利息后的票款付给收款人；汇票到期时，银行凭票向承兑人收取现款。

It is a process that the holder of a bill of exchange endorses the bill to a bank in exchange for cash advance less discount interests. The bank will collect from the acceptor for reimbursement upon maturity of the note.

相关知识：

本票是一项书面的、无条件的支付承诺，经制票人签名承诺，即期、定期或在可以确定的将来时间，支付一定数目的金钱给一个特定的人或其指定人。

破产重整/破产重组
bankruptcy, reorganization

释义:

针对可能或已经具备破产原因但又有维持价值和再生希望的企业，经由利害关系人申请，在法院的主持下进行业务上的重组和债务调整，以帮助债务人摆脱财务困境、恢复营业能力的司法程序。

A legal proceeding pertaining to the reorganization of business and adjustment of debts, with the application of interested parties, for enabling the debtor to overcome financial difficulties and recover operating capacity. This proceeding applies to enterprises that have met the conditions of bankruptcy but still have the possibility to revive.

相关知识:

破产重整适用情形（以中国破产法为例）：1. 债务人具备破产原因，即不能清偿到期债务，并且资产不足以清偿全部债务或明显缺乏清偿能力的；2. 债务人将要出现破产原因，即有明显丧失清偿能力可能的。

破产重整程序（以中国破产法为例）：1. 企业出现破产重整事由；2. 债权人或债务人向法院提出重整申请，启动重整程序；3. 法院进行审查，认为符合法律规定的，裁定破产重整并予以公告；4. 法院指定管理人；5. 法院通知并公告债权人，确定债权申报期限、第一次债权人会议召开的时间地点；6. 债权人向管理人申报债权，管理人对债权进行审查，召开第一次债权人会议；7. 进入重整期后，经债务人申请法院批准，债务人可以在管理人的监督下自行管理财产和经营；8. 债务人或管理人在裁定重整之日起6个月内向法院和债权人会议提交重整计划，若未按期提交，则法院应当裁定终止重整程序，宣告债务人破产；9. 法院在收到重整计划之日起 30 日内召开债权人会议；10. 债务人会议对重整计划表决；11. 重整计划通过后，法院裁定终止重整程序并公告；12. 未通过的应裁定债务人破产；13. 重整计划通过后，进入执行程序，由债务人负责执行。执行期满，债务人恢复良好状态的，重整程序结束，企业恢复正常运行。若债务人不能执行的，法院经管理人或利害关系人请求，应当裁定终止重整计划的执行，并宣告债务人破产。

破产重整的优势：破产重整是法庭内的重组，因此具有强制性。也就是说，一旦法院受理了破产重整，所有其他诉讼程序的执行都将中止，如拖欠债权人的债务可以暂时不偿还，甚至担保债权人对担保物的执行也将不被执行。重整措施具有多样化特点，债务人可以灵活运用重整程序允许的多种措施达到恢复经营能力、清偿债务、重组再生的目的，如不仅可采取延期偿还或减免债务的方式，还可采取无偿转让股份，核减或增加公司注册资本，将债权转化为股份，向特定对象定向发行新股或公司债券，转让营业、资产等方法。相对于破产清算，进入破产重整程序的企业偿债能力相对较好，一旦重整方案得以成功执行，债权人能够以较大比例获得偿付，甚至获得全额偿付。

衍生词条：

破产清算
liquidation

破产清算
liquidation

释义：

在债务人（企业法人）不能清偿到期债务，并且资产不足以清偿全部债务或者明显缺乏清偿能力的情况下，依法就债务人的全部财产对债权人进行公平清偿的司法程序。

A legal proceeding where all the assets of the debtor will be distributed fairly to the creditors when the debtor (an enterprise considered a legal person) becomes insolvent and its assets are insufficient to discharge all of its debts or it clearly lacks the capacity to discharge such debts.

相关知识：

以中国破产法为例，在债务人不能清偿到期债务，并且资产不足以清偿全部债务或者明显缺乏清偿能力的情况下，债务人或债权人均可向法院提出破产清算申请。

破产清算的程序（以中国破产法为例）。1. 企业出现破产事由。2. 债权人或债务人向法院提出破产申请，启动破产程序。3. 法院进行审查，认为符合法律规定的，裁定破产并予以公告。4. 成立清算组。5. 清算组接管破产企业。6. 破产财产分配。7. 清算终结。8. 注销登记。

衍生词条：

破产重整
bankruptcy reorganization
债权登记
registration of claims

期末整付/子弹型付款
bullet payment

释义：

在贷款到期时一次性清偿贷款，贷款合同中通常会作出明确规定，往往与气球式还款相结合。

A lump sum payment for the entire loan amount paid at maturity as agreed in the facility agreement. A bullet repayment is often combined with balloon loans or similar arrangements.

相关知识：

长期贷款方式之一，与分期支付贷款相对。

衍生词条：

还款条件
repayment terms
延宕式还款
back end loaded repayment

前置式还款
front end-loaded repayment

释义：

早期还款金额大于或者还款间隔短于后期，是一种独特的还款安排。与之相反的还款安排被称为延宕式还款。

A debt repayment profile in a medium-and long-term credit transaction in which the earlier repayments are much larger or more frequent than later ones, as opposite to back end loaded repayments.

相关知识：

前置式还款的特点：

1. 前期的还款金额较高。在还款的前期，每期还款金额较大或还款间隔较短，造成前期还款压力大。而贷款投向的项目前期通常未能达产，产生的利润较小甚至为负，为此借款人应做好相关资金安排，避免由于前期还款压力大而导致违约的情况发生。

2. 支付的利息较普通还款要少。因为前期偿还了大量本金，因而用作计息的剩余本金较少，贷款期限内累积的利息也会很少。

衍生词条：

还款条件
repayment terms
延宕式还款
back end-loaded repayment

全部审批
all vetting

释义:

出口信用保险机构使用的一种专业技术。在某个买方国家或进口国出现付款风险（无论是政治风险还是商业风险，或者两类同时发生）时，保险人要求被保险人为其所有买方单独申请信用限额，被保险人不得使用常规的自行掌握限额。如果进口国形势非常严峻，出口信用机构可以采用限额单次有效（不可循环使用）的全部审批措施，被保险人需要为后续订单或合同重新申请限额。

A technique applied when an export credit agency is concerned about repayment risks (either political risk or commercial risk) in a buying or importing country and so requires that the insured applies for separate credit limits on all buyers. In this case, the insured cannot use the arrangements that apply in most short term export credit insurance policies for discretionary limits. If the situation in the importing country is very serious, the export credit agency may make the all vetting credit limits non revolving, so that the insured has to reapply for a new limit for the following up orders or contracts.

衍生词条:

自行掌握限额
discretionary limit
(DL)
信用限额
credit limit

权利放弃
waiver

释义：

通过明示或默示的方式自愿抛弃自身权利的行为。

Explicit or implicit manifestation of voluntary renunciation of one's legal rights.

全散件组装
complete knocked down（CKD）

释义：

将全部零件拆散并出口到销售地再进行组装的出口形式（通常用于整车、轨道交通、电子产品和家具等出口业务）。

CKD is used to describe a knocked-down product exported with all parts and then completed in one kit for sale to customers. CKD is a common practice within the automotive industry, the bus and heavy truck industry, the rail vehicle industry, as well as electronics, furniture, etc. .

相关信息：

由于物流、关税等因素，目前全散件组装、全拆散式销售，或被称为全组合式商品销售在家具、成套机电设备、汽车整车等行业越来越常见。

衍生词条：

半散件组装
semi-knocked down（SKD）

缺陷通知期/缺陷责任期
defect notification period, defect liability period

释义:

自工程竣工之日起，业主依照工程施工合同有权通知工程存在缺陷，要求施工方对施工缺陷予以维修或弥补的期限（包括按合同规定批准的任何延长期）。常见缺陷通知期为一年。

A set period of time after the project has been completed during which a contractor has the liability to remedy defects on site, usually set for 12 months.

相关知识:

FIDIC 工程施工合同约定缺陷责任期的目的是弥补普通法当中违约救济手段的不足。在普通法环境下，在合同一方当事人违约时，受害方救济措施是主张违约损失赔偿。也就是说，在工程承包方履约存在瑕疵时，如果不作特殊约定，业主只能对工程方要求违约损失赔偿，普通法官不能强制工程方继续履行合同。在工程承包领域，这种处理方式显然不合时宜，事实上让原施工方对瑕疵工程予以纠正往往是有利双方的最佳选择。因此，普通法系环境下的工程承包合同往往额外约定缺陷责任期限，规定施工方弥补工程缺陷的责任。

缺陷责任期的起算日期必须以工程的实际竣工日期为准，对于有一个以上交工日期的工程，缺陷责任期应分别从各自不同的交工日期起算。

衍生词条:

工程总承包合同
EPC contract
FIDIC 条款
FIDIC Conditions of Contract

确认债权
verification of debts

释义:

债权人或相关第三方确认与债务人债权债务关系的行为。在信用保险业务流程中，确立债权属于定损核赔的重要环节。

Actions taken by the creditor or a related third party following legal proceedings, to ascertain the creditor's right against the debtor. It is an important step of loss ascertainment in the credit insurance process.

相关知识:

确认债权的主要形式及方式：1. 债务人出具承认债务的声明；2. 在破产案件中，经过法院或其他破产法允许的程序将案件涉及的债权登记为破产债权；3. 法院或仲裁机构做出支持债权债务关系成立的生效判决或裁决；4. 公权力机关或其他有权第三方出具能够证明债务人承认债务或承诺无条件承担债务偿付责任的文件。

确立债权在信用保险操作中的意义：信用保险的承保对象是合同付款义务人违约可能造成损失的风险，即债权因合同相对方违约无法实现的风险。因此，确认债权（包括确认债权债务关系及债权金额）是保险人确定保险责任和作出赔付决定的重要程序之一。同时，信用保险机构向被保险人支付赔款并取得代位求偿权后，清晰明确的债权债务关系也是保险人向债务人主张债权的重要基础。

衍生词条:

定损核赔
loss ascertainment
债权登记
registration of claims

融资担保
financial guarantee

释义:

为债务人与债权人之间的融资性债务，担保人以书面形式向债权人出具的，保证当债务人不履行偿债义务时，由担保人代为履行偿债义务的承诺。

A type of guarantee specifically used to secure repayment of loan or other financial debts between a debtor and a creditor or several creditors, whereby the guarantor promises to pay the creditor up to the guarantee limit should the debtor default on its financial obligation.

相关知识:

融资性债务包括但不限于普通借款、发行债券、融资租赁、有约束力的授信额度等。

常见的融资担保分为国内担保和跨境担保。根据国家外汇管理局的相关文件，“内保外贷”、“外保内贷”是主要的跨境担保形式。内保外贷是指担保人注册地在境内、债务人和债权人注册地均在境外的跨境担保。外保内贷是指担保人注册地在境外、债务人和债权人注册地均在境内的跨境担保。

衍生词条:

保证
credit guarantee

融资关闭
financial close

释义:

融资项下相关协议的所有先决条件全部具备，信贷资金具备提款条件。通常情况下，指银行或者其他金融机构的有关事项均已办理完成，同时满足了融资协议项下首次提款的全部先决条件。

Financial close is defined as a stage where all the conditions of a financing agreement are fulfilled prior to the initial disbursement of funds. Financial close is achieved when all the procedures in banks or other financial institutions for drawn-down have been finished and all the conditions precedent to initial drawing of debt are satisfied.

衍生词条:

提款前提

conditions precedent for disbursement (CP)

融资租赁
financial lease

释义：

出租人根据承租人对租赁物件的特定要求和对供货人的选择，出资向供货人购买租赁物件，并租给承租人使用，承租人则分期向出租人支付租金，在租赁期内租赁物件的所有权属于出租人所有，承租人拥有租赁物件的使用权。租期届满，租金支付完毕并且承租人根据融资租赁合同的规定履行完全部义务后，对租赁物的归属没有约定的或者约定不明的，可以协议补充，不能达成补充协议的，按照合同有关条款或者交易习惯确定；仍然不能确定的，租赁物件所有权归出租人所有。

Financial lease or capital lease is a lease where the lessor purchases the lease asset in accordance with lessee's order from the supplier, and then leases the asset to the lessee for operation in exchange for installed rental repayments. The ownership tile remains with the lessor for the duration of the lease contract, and can be transferred to the lessee, unless otherwise agreed. In most cases, once the client has fulfilled the terms of the lease, including paying any applicable interest, the client usually has the option of purchasing the asset from the finance company at an extremely low price.

相关信息：

符合下列一项或数项标准的，应当认定为融资租赁：

1. 在租赁期届满时，租赁资产的所有权转移给承租人。

2. 承租人有购买租赁资产的选择权，所订立的购买价款预计将远低于行使选择权时租赁资产的公允价值，因而在租赁开始日就确定承租人将行使这种选择权。

3. 即使资产的所有权不转移，但租赁期占租赁资产使用寿命的大部分。

4. 承租人在租赁开始日的最低租赁付款额现值，几乎相当于租赁开始日租赁资产公允价值；出租人在租赁开始日的最低租赁收款额现值，几乎相当于租赁开始日租赁资产公允价值。

5. 租赁资产性质特殊，如果不作较大改造，只有承租人才能使用。

衍生词条：

租赁
lease
经营租赁
operating lease

商业贷款
commercial loans

释义：

在广泛意义上的出口信贷方面，指在共同融资项下除出口信用机构支持部分以外的其他融资部分。在巴黎俱乐部的范畴内，指出口信用机构支持的非援助性贷款。

In a broader sense, the term refers to commercial loans not covered by export credit agencies under joint lending arrangement. In the context of Paris Club, it refers to non-aid credit supported by export credit agencies.

相关知识：

商业贷款的特点：

1. 筹资方式灵活多样。借款人可根据用款需求，选择不同的筹融资方式，既可以委托金融机构直接筹措商业贷款，又可以通过发行外币债券筹集长期巨额资金，还可申请出口信贷，以及通过国际融资租赁业务进行项目融资等。

2. 资金投向限制性小。国际商业贷款的贷款人以盈利为目的，注重的是借款人的资信状况和还本付息能力，使用方向基本不受限制，不像国际金融组织贷款和外国政府贷款那样对贷款的投向有严格的规定，因而借款人用款自主权较大，使用灵活。

3. 手续简便，附加条件少。国际商业贷款一般不要求披露借款方国家的总体经济发展状况，不限定采购方式，附加条件较少。

4. 融资成本较高，风险较大。国际商业贷款的利率由国际金融市场资金供求状况等多种因素决定，一般高于国际金融组织和外国政府贷款的利率。此外，借款人若委托金融机构筹融资，还要负担相当比例的各种费用。国际商业贷款条款对宽限期、还本付息等要求更为严格，加上国际金融市场常有不可预知因素，使贷款风险较大。

5. 新的融资工具增强了资金的流动性，给筹资者提供了较大的回旋空间。有的还与股权有关，说明国际金融市场出现了间接融资与直接融资相互交叉的趋势。

商业贷款的主要分类：

1. 国际商业银行和银团贷款。

2. 出口信贷。

3. 发行国际债券。

4. 项目融资。

5. 新的举债筹资方式，如自动延期报销信贷、机动偿还贷款及分享股权贷款等。

衍生词条：

卖方信贷
supplier's credit
买方信贷
buyer's credit

商业风险
commercial risk

释义:

指因债务人财务状况恶化、信用下降等行业原因导致的拖欠、破产等风险。

The risk in the deterioration of the financial situation or credit worthiness of a private buyer, resulting in payment default by or the insolvency of the buyer.

相关知识:

信用保险中，以发生风险的主体不同，商业风险分为非信用证商业风险（买方风险）及信用证商业风险。非信用证商业风险包括买方破产或无力偿付、买方拖欠货款和买方拒绝接受货物等情形，信用证商业风险包括开证行破产、停业或被接管、开征拖欠和开证行拒绝承兑等情形。

商业风险包括拖欠、拒收、破产等。其中，拖欠风险较为常见，也是出口信用保险机构承保的主要商业风险。部分案件中，会出现买方拖欠、拒收、破产风险同时发生的情况，由于这几类商业风险赔偿比例有可能不同，如何界定案件的损失原因就变得很重要。信用保险实务中，保险人通常会以最先发生的风险类别来判定案件损因。如一海外买方先拖欠出口商货款，后又进入破产程序，因先发生拖欠风险，后发生破产风险，保险人会判定该案件损因为拖欠。

衍生词条:

政治风险
political risk
拖欠
protracted default
拒收
repudiation

商账追收机构
collection agency

释义：

提供商账追收服务的机构。在信用保险业务中，指受保险人或被保险人委托，对逾期账款进行调查和追讨的机构。

An agency that provides debt collection service. In credit insurance, it refers to an agency who provides investigation services and collects outstanding debt as per the instructions of the insurer or the insured.

相关知识：

商账追收机构主要包括专业追账公司和提供追账服务的律师事务所。

商账追收机构的追讨方式分为非诉追讨和诉讼追讨：非诉追讨方式指通过电话、函电、面谈等方式与债务人核实确认债务，与债务人商讨达成和解方案；诉讼追讨方式一般在非诉追讨无效后采用，指采取以债权人名义提起诉讼、仲裁等法律措施，向债务人施加压力以达成和解方案。

根据案件特点和合作情况，商账追收机构收费的方式可分为以下几种：1. 佣金，即“无效果，无报酬”模式，以追回款金额为基础按比例收取报酬，一般适用于非诉追讨；2. 固定费用，就某一服务收取固定费用，一般适用于特定事项的服务；3. 按小时计费，按照律师或办案人员的工作时长收取报酬，一般适用于特定事项的服务或诉讼追讨；4. 固定费用 + 佣金，前期收取一定固定费用，在收回追回款时按一定佣金比例收取报酬，一般适用于诉讼追讨。

衍生词条：

追偿费用
collection expenses

信用保险机构一般通过以下方式获取商账追收机构信息：1. 通过政府机构推荐；2. 通过伯尔尼协会和伯尔尼协会成员机构推荐；3. 通过国际或地区性专业协会、追账公司或律师事务所等相关机构推荐；4. 通过互联网或实地考察等。

赊销/赊账业务
open account (OA)

释义:

贸易合同中的一种付款条件，指买方在未付款或者未承兑汇票的情况下可以直接取得货物或货运单据。

One of the payment terms in international trade, open account refers to a trade arrangement in which goods are shipped to a foreign buyer without cash advance or bills of exchange.

相关知识:

OA 业务的通常做法是，货物出运，买家收货，而货款通常是凭发票用现金支付，而不用汇票或期票。被保险人收款的依据是买方开的收据或赊销合同条款。

衍生词条:

付款条件
payment terms

申报
declaration

释义：

被保险人（出口商）按照保单约定就某一特定时段内的出口业务向保险人进行的申报。许多出口信用保险机构依据申报来衡量其对特定买方或国别所承担的风险总额，并据此计算和收取保费。

A statement submitted by an exporter for total shipment turnover conducted within a specific country or with a specific buyer over a given period of time. Many export credit agencies use such declarations to measure short term credit insurance exposure for a specific country or buyers and to charge premiums.

相关知识：

申报又称为出运申报，是被保险人按照保单约定向保险人提交适保范围或约定保险范围内已发生的有关出运信息的行为。对于保险责任起始于货物出口的按照出运日期申报；对于保险责任起始于货物交付的按照交付日期申报。申报的主要内容包括买方信息、出运货物信息、金额、支付方式、信用期限等。

申报方式主要包括明细申报和总额申报。

明细申报是指被保险人以发票为单位逐笔将相关出运或交付货物的日期、金额和支付方式等明细情况向保险人进行申报。明细申报可使保险公司实现业务精细化管理，是目前国内市场上短期出口信用保险项下主流申报方式。

总额申报是指被保险人将申报维度内的出运或交付货物按发票总额汇总后向保险人进行申报。申报维度可分为买方总额、国别/地区总额、出口总额。

申报的作用：

1. 申报是保险人依据保险合同向被保险人承担保险责任的前提之一，及时、准确申报是保险合同项下被保险人应履行的重要义务。

2. 对于被保险人的申报，保险人按照保单约定的费率计收保险费，承担保险责任。如被保险人未按照保险合同约定充分、及时、准确申报，保险人有权降低赔偿比例或拒绝承担赔偿责任。

3. 申报是保险人风险管控的重要手段，可为买方风险分析收集和积累大量客观参考数据，同时也是被保险人获得应收账款管理服务的重要途径。

失去偿付能力条款
insolvency clause

释义：

再保险合同中的条款，规定尽管原保险公司终止营业，再保险公司依然对事先约定的风险负有保险责任，即对原保险公司分出的业务承担赔偿责任。

A clause holding a reinsurer liable for its share of loss assumed under a treaty, even though the primary insurer has become insolvent.

衍生词条：

再保险
reinsurance

实际资本
available capital

释义：

保险公司在持续经营或破产清算状况下可以吸收损失的经济资源。

The economic resources that can absorb losses in insurance undertakings on a going concern basis or upon liquidation.

相关知识：

实际资本等于认可资产减去认可负债后的余额。认可资产是指处置不受限制，并可用于履行对保单持有人赔付义务的资产。不符合上述条件的资产，为非认可资产。认可负债是指保险公司在持续经营和破产清算状况下都需要偿还的债务。不符合上述条件的负债，为非认可负债。根据资本吸收损失的能力，保险公司资本分为核心资本和附属资本。核心资本是指在持续经营状况下或破产清算状况下可以吸收损失的资本，核心资本包括核心一级资本和核心二级资本。附属资本是指在破产清算状况下可以吸收损失的资本，附属资本包括附属一级资本和附属二级资本。

衍生词条：

偿付能力充足率
solvency ratio
最低资本
minimum capital
偿付能力资本要求
solvency capital requirement
(SCR)

适保出口额
eligible turnover

释义：

适合在约定保单项下投保的出口额。根据不同保单约定，投保金额有所不同。

The export amount under the cover of the insurance contract. The insurance coverage varies from different insurance products. Eligible turnover is the basis for calculating policy performance rate.

相关知识：

投保人的出口业务分为两个部分，适合投保信用保险的业务，或不适合投保信用保险的业务。在投保人正式投保前，保险人应当协助投保人将当年的出口额进行梳理，以确定适合投保的出口业务范围。准确地梳理适保出口额，可以提高投保人后期投保的效率，规避不必要的风险。保险人需要事先向被保险人说明适保业务的范围，以避免后期理赔时因为保险责任不明确而造成的纠纷。

适保出口额是投保人最终确定投保金额的重要依据，也是确定保单最高赔偿限额、费率、年度保险费等其他承保条件的重要因素之一。

衍生词条：

最高赔偿限额
maximum liability

事故超赔再保险
per event excess of loss reinsurance

释义：

以一次损失事故为基础计算出赔款。

An excess of loss cover protects against losses triggered by one loss event but impacting 2 or more risks.

相关知识：

单纯承保政治风险的信用保险人仍然倾向于购买事故超赔。如果信用保险人希望锁定自留损失额，可能会购买事故超赔再保险。事故超赔能够保障“单一国家政治风险”发生造成的风险积累，而与受此风险影响的买方数量（即波及的风险单位总数）无关。随着越来越多信用保险人同时承保商业风险和政治风险，险位超赔比事故超赔更为再保险公司所欢迎。

超赔合同条款需对损失事件等进行明确定义，需要明确损失事件是基于单个风险单位（险位超赔）还是基于单个风险事故（事故超赔）。

在某些保险领域，如财产保险，事故超赔的设计是为大型累积损失提供特殊的保障，保险人的经营就不会因某一风险损失而受到影响，这些保障被认为是巨灾超额损失再保险或者简写为CatXL。在20世纪70年代和80年代，政治风险被广泛地认为属于巨灾风险，迫切需要此类再保险的保护。早期的私人再保险市场只限于为“单一国家单一事件”提供政治风险再保险，这种承保能力不能满足市场需求，因为它不适应信用保险人的业务结构，也不能反映原始保费的评估和筹集方式。幸运的是，私人出口信用保险人的成功鼓励了更多更加友好的再保险承保力量的出现。

衍生词条：

险位超赔再保险
per risk excess of loss reinsurance
超赔再保险
excess of loss reinsurance
（XL，XoL）

试运转/调试
commissioning

释义：

已安装完成或接近完成的设备、设施或器材通过调试以确认其功能符合设计要求的过程。

Process by which an equipment, facility or plant (which is installed, or is completed or near completion) is tested to verify whether its functions conform with its design objectives or specifications.

相关知识：

工程试车是指工程在竣工时期对设备、电路、管线等系统的试运行，观察是否运转正常，是否满足设计及规范要求。

工程试车范围：双方约定需要试车的，应当组织试车，试车内容应与承包商承包的安装范围相一致。

收汇跟踪
account monitoring

释义:

保险人对被保险人已申报的出口进行收汇状态确认，以准确掌握未了责任。

Account monitoring refers to the insurer's continuous observation on the declared exports of the insured, in order to measure the outstanding exposures under the insurance.

相关知识:

协助被保险人管理应收账款，提升信用管理水平是信用保险的作用之一。收汇跟踪是被保险人将已出运货物向保险人申报后，保险人对该部分业务的收汇状态进行跟踪，及时掌握收汇状态，如货物出运后，收汇不及时或已有信用风险或风险信号发生，保险人将对被保险人提示风险信号，及时采取有效措施防范已知风险进一步扩大。

衍生词条:

申报
declaration

收货人
consignee

释义：

托运人在货物运单上指定的在货物到达地提取货物的单位或个人。收货人在货物到达目的地后，凭到货通知单和货运单（或提单）在指定港、站办理相关手续，付清应付费用后，验收并提取货物。

A party (usually a buyer) named by the consignor (usually a seller) in transportation documents as the party to the consignor's order which a consignment will be delivered at the port of destination. The consignee is considered to be the owner of the consignment after filing the customs declaration, and is liable for paying duties and taxes. Formal ownership of the consignment, however, transfers to the consignee only upon payment of the seller's invoice in full.

相关知识：

在国际贸易中，由于涉及资金融通，提单上的收货人有时并非真正的受领货物的人。具体情况需要对照信用证的规定，实际操作中有指示（to order）、记名和不记名（to bearer）等多种形式。

衍生词条：

提单
bill of lading

首日费用/保单获取成本
acquisition cost

释义：

公司为获得保险合同而产生的费用及保险合同成立时发生的费用。

Acquisition cost is the incremental cost and expense incurred for issuance of an insurance contract.

相关知识：

根据保监会的规定，保单获取成本（首日费用）仅限于手续费支出、营业税金以及附加、保险保障基金、保险监管费、分保费用支出、支付给以销售代理方式管理的内部员工的手续费和佣金。保单获取成本率（首日费用率）等于保单获取成本（首日费用）除以签单保费。

对于手续费及佣金，我国《企业会计准则》明确，在取得原保险合同过程中发生的佣金、手续费应当在发生时计入当期损益，意味着手续费及佣金支出不能递延。

美国通用会计准则 FAS60 规定，承保费用应予以资本化，并且根据相关保费收入的确认比例予以摊销。

国际会计准则对此没有明确规定，但是在实际操作中通常对保险合同（长期及短期）的承保费用采用递延摊销的方法。

受票人/付款人
drawee

释义:

接受支付命令付款的人。在进出口业务中,通常是进口人或其指定银行。

A party who accepts a bill of exchange by signing on face of the bill, also referred to as acceptor. It generally refers to an importer or its designated bank in export and import business.

衍生词条:

汇票
bill of exchange

双边协议
bilateral agreement

释义：

广义上，双边协议一般指两方（两个国家、机构或个人等）签订的一系列特别协议和条款，双方将根据这些协议和条款在友好平等、互惠互利的基础上进行合作。具体到债务方面，双边协议是指为落实巴黎俱乐部达成的债务重组协议，单个债务国同单个债权国之间达成的协议。在某些债权国，此类协议具有国际条约的法律地位。

In general, a bilateral agreement is a series of agreements or clauses signed between two parties (countries, institutions, or individuals), and the two parties collaborate on the basis of friendly equality and mutual benefit. Specifically in a debt perspective, it is an agreement reached between a single debtor and a single creditor country putting into effect a debt rescheduling agreed within the Paris Club. In some creditor countries, these agreements enjoy the same legal status with international treaties.

相关知识：

双边协议（或协定）可以具体到不同方面，例如，两个国家之间的双边自由贸易协定、双边税收协定、双边投资协定，或两个机构之间的双边合作协议、双边业务专项协议。需要说明的是，协议即合同，用于一般民事主体之间，而协定一般用于国家之间。另外，协议（或协定）也可能会有多边的，即多方谈判达成的统一条款，例如世贸组织的前身关贸总协定（GATT）即是一种多边协定。同样，协议也会有单边协议，即不需要双方都做出承诺，而只有其中一方承诺，但另一方需要以某种行为作为条件，例如国家层面的单边停火协议。

谅解备忘录是国际协议中的一种形式，英文表达为 memorandum of understanding，有时也可写成 memo of understanding 或 MOU。意指“双方经过协商、谈判达成共识后，用文本的方式记录下来”。“谅解”旨在表明“协议双方要互相体谅，妥善处理彼此的分歧和争议”。

双边债务
bilateral debt

释义:

一般意义上的债务是指一方（债务人）亏欠另一方（债权人）。双边债务是指发生在两者之间的债务关系，通常指两国之间的官方债务。在巴黎俱乐部框架内，双边债务指单个债务人（通常指国有公司或政府）与主权债权人之间的债务。此类债务与出口信用机构业务有关，当债务人遇到还款困难时，就成为债务重组的对象，债权人就是政府或者出口信用机构，债务国政府将负责偿还重组过的债款。

A debt is an obligation owed by one party (debtor) to a second party (creditor). Bilateral debts are loans extended by a bilateral creditor to its debtor. It usually refers to the official bilateral debt between two countries. In the context of the Paris Club, it is a debt between an individual (normally public or sovereign) debtor and a sovereign creditor. The debt can be the result of export credit insurance. The debtor may be treated as a rescheduling target when it encounters payment difficulties. Creditors are governments or export credit agencies, and the governments of the debtor countries bear responsibility for repayment of the rescheduled debts.

相关知识:

为整体理解一国债务结构，下附 2000 年 6 月 30 日乌干达的债务结构。总债务 357 亿美元，具体分为三项：多边债务 293 亿美元、双边债务 59 亿美元、商业及其他债务 5 380 万美元。其中，多边债务是指债务国对于国际金融机构（如世界银行、国际货币基金组织）所欠的债务。另外需要说明的是，表中截止日期（cutoff date）是指在债务减免过程的初期，巴黎俱乐部的债权国会设立一个截止日期，该日期之后签订的贷款，将不被包括在巴黎俱乐部的债务减免范围内。

表1　　2000年6月30年乌干达债务结构

债务方	债务额（百万美元）
多边债务	2 927.9
双边债务	592.4
巴黎俱乐部（PC）债务	259.0
PC项下截至日期之前债务	110.1
PC项下截至日期之后债务	148.9
非OECD（或非PC）债务	333.5
商业及其他债务	53.8
总计	3 574.0

衍生词条：

巴黎俱乐部
Paris Club

损失发生再保险

loss occurring reinsurance

释义：

承保在再保协议期间发生的损失，即再保协议期间发生的损失触发再保险公司的责任，不管原保险公司的保险单起始日期是否在协议生效之前。

A reinsurance treaty under which all claims arising during the period of the contract, irrespective of when the underlying policies incepted. Any losses occurring after the contract expiration date are not covered.

相关知识：

与风险接受再保险不同，损失发生再保险保障在约定期间内发生的全部损失，通常应用于短尾业务。

示例：一份以损失发生为基础的超赔再保险中，2012 年度的损失（即 2012 年区间的部分）为再保险责任范围。

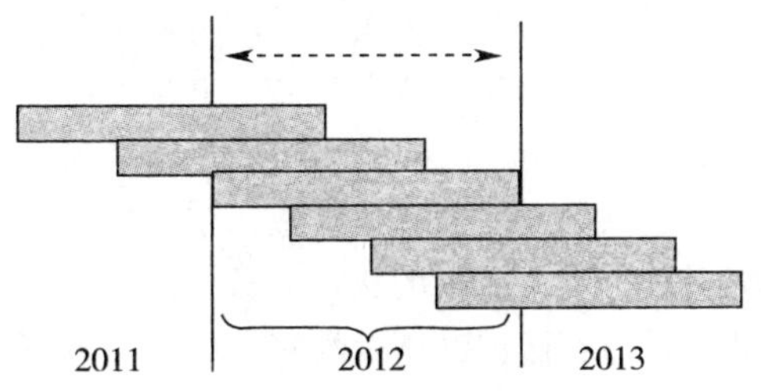

图 1 损失发生再保险的责任分布

衍生词条：

风险接受再保险
risks attaching reinsurance

损失原因
cause of loss

释义:

保险公司依据保险合同承保的风险，例如信用保险合同中的买方违约、禁止汇兑等。保险人理赔之前均须以事实为依据，确认相关损失确由保单承保的风险引发，方能支付赔款。

Risks covered by the insurer according to insurance contracts. Examples include default of the buyer or enactment of a law preventing the transfer of foreign currency in export credit insurance. Before claims settlement, the insurer should analyze the circumstances to determine whether the event giving rise to the claim is a cause of loss covered by the policy.

相关知识:

信用保险合同中承保的损失原因一般为商业风险和政治风险。商业风险情况下，一般分为买方破产、买方拖欠货款、买方拒绝接受货物、开证行破产、停业或被接管、开证行拖欠、开证行拒绝承兑。政治风险情况下，一般分为买方所在国家或地区颁布法律、法令、命令、条例或采取行政措施：禁止或限制买方以合同约定的货币或其他可自由兑换的货币向被保险人支付货款；禁止买方所购的货物进口；撤销已颁发给买方的进口许可证或不批准进口许可证有效期的展延；买方所在国家和地区，或货款须经过的第三国颁布延期付款令；买方所在国家或地区发生战争、内战、叛乱、革命或暴动，导致买方无法履行合同；开证行所在国家或地区颁布法律、法令、命令、条例或采取行政措施，禁止或限制开证行以信用证载明的货币或其他可自由兑换的货币向被保险人支付信用证款项；开证行所在国家或地区，或信用证付款须经过的第三国颁布延期付款令；开证行所在国家或地区发生战争、内战、叛乱、革命或暴动，导致开证行不能履行信用证项下的付款义务。

衍生词条：

商业风险
commercial risk
政治风险
political risk

索赔
file a claim

释义：

被保险人或受益人在保险标的遭受损失后，按照保单有关条款的规定，向保险人请求赔偿损失的行为。

An application by the insured for indemnification of a loss under the policy.

相关知识：

信用保险中被保险人的损失主要指应收账款无法收回。

保险事故发生后，被保险人或受益人必须在法律规定或保险合同约定的期间内向保险人请求赔偿。索赔时投保人、被保险人或者受益人应当向保险人提供其所能提供的与确认保险事故的性质、原因、损失程度等有关的证明和资料。保险事故发生时，被保险人对保险标的不具有保险利益的，不得向保险人请求赔偿保险金。

衍生词条：

索赔金额
amount of claim
索赔受理
admission of claim
索赔余额/未决余额
balance of claim
定损核赔
loss ascertainment

索赔金额
amount of claim

释义:

报告期内，索赔案件对应的索赔申请人申请索赔的金额。

The amount of claims during the reporting term.

相关知识:

索赔案件是指报告期内发生索赔的案件件数，以索赔生效日为确认标志。

衍生词条:

索赔余额/未决余额
balance of claim

索赔受理

admission of claim

释义:

被保险人（或其他索赔权人）向保险人行使索赔权时，保险人对基本索赔单证和索赔权证明文件等资料的完整性、清晰性进行初步审核，决定受理或暂不受理被保险人（或其他索赔权人）索赔申请的工作。

The procedure for admitting claims application submitted by the insured (or other parties with legitimate rights) based on the initial inspection of the completeness and clearness of basic claim and claim right documents.

相关知识:

基本索赔单证一般包括:

1. 贸易合同或信用证（包括但不限于货物买卖或服务合同、订单、形式发票，或其他能够证明买卖或服务关系存在的往来函电、银行电文、聊天记录等）；

2. 商业发票；

3. 海运提单、货物运输或交付凭证；

4. 出口报关单；

5. 拒收证明文件（仅拒收风险时提供）；

6. 政治风险证明文件（仅政治风险时提供）；

7. 破产证明文件（仅破产风险时提供）；

8. 信用证及开证行拒付文件（仅银行风险时提供）。

对涉及货物处理的案件，在货物处理完毕、损失金额确定前，保险人原则上暂不受理索赔申请。

《中华人民共和国保险法》第二十二条规定："保险事故发生后，按照保险合同请求保险人赔偿或者给付保险金时，投保人、被保险人或者受益人应当向保险人提供其所能提供的与确认保险事故的性质、原因、损失程度等有关的证明和资料。

保险人按照合同的约定，认为有关的证明和资料不完整的，应当及时一次性通知投保人、被保险人或者受益人补充提供。"

《中华人民共和国保险法》第四十八条规定："保险事故发生时，被保险人对保险标的不具有保险利益的，不得向保险人请求赔偿保险金。"

衍生词条：

索赔金额
amount of claim
索赔余额/未决余额
balance of claim
未决赔款
unsettled claim amount
定损核赔
loss ascertainment

索赔余额/未决余额
balance of claim

释义：

报告期末，索赔金额扣除追回款等减损额及已决部分赔款对应的索赔金额后的余额。

The balance of claim amount deducted by reduced losses including recovery and the corresponding claim amount of indemnity at the end of the reporting term.

相关知识：

索赔金额（amount of claim）指报告期内索赔案件对应的索赔申请人申请索赔的金额。

追回款（recovery，recoveries）指出口信用机构，或出口商，或追债人或追债公司向债务人追偿回来的金额。追回款还可以包括根据巴黎俱乐部的安排由债务国政府偿付的款项。赔前追回款是在保险人支付赔款之前取得的追回款。

未决余额 = 索赔余额 = 索赔金额 - 减损金额 - 已决部分赔款对应的索赔金额

与可损余额一样，索赔余额对于保险人案件损失评估和准备金提取有着重要的参考意义。故保险人在受理索赔后，若索赔案件项下产生减损或部分赔付，会及时对索赔余额进行调整，以便为损失评估和准备金计提工作提供参考。

衍生词条：

责任余额
outstanding commitment

所有权证书
title document

释义：

证明财产所有权归属的文件。

Legal evidence of a person’s ownership rights in property, or an instrument that constitutes such evidence.

特定买方保险/单一买方保险
single buyer cover, transactional cover, specific account cover

释义:

仅承保被保险人与某一特定买方在所有交易项下或单一合同项下信用风险的保险。

As opposed to whole turnover and key buyer cover, single buyer cover is the insurance product offered for credit risks arising from all sales to one debtor or for a single contract with one debtor.

相关知识:

由于特定买方保险不符合“统保法则”,因此实际业务中保险人对该类业务的审核较为严格。

特定买方保险与统保保险、主要买方保险的区别:统保保险要求被保险人将适保范围内的所有业务均向保险人进行投保;主要买方保险仅承保被保险人与符合一定条件(如交易规模、销售规模等)的交易对手之间交易的信用风险。在费率方面,由于统保保单要求被保险人投保所有适保业务,因此费率水平有所下浮,而主要买方保险和特定买方保险的费率水平可能有所上浮。

衍生词条:

统保保单
whole turnover insurance
主要买方保险
major debtors cover

特惠比例
concessionality

释义:

特惠比例通常用来衡量贷款中的赠予成分。例如,纯赠款的特惠比率为百分之百。在贷款方面,特惠比例的计算是指贷款的面值与借款人今后还款时的折现值之差,表现为所占面值的百分比。经合组织《君子协定》对出口信用机构承保业务的最高特惠比例,以及混合贷款的最低特惠比例都有要求。

A measurement of the grant element of a loan. For example, a pure grant would have 100 percent concessionality. The concessionality element of a loan is the difference between the face value of the loan and the present value of the discounted future repayments made by the borrower, expressed as a percentage of the face value. The OECD Arrangement sets out guidelines for maximum levels of concessionality in transactions where export credit agency facilities are involved, and minimum levels of concessionality for mixed credits.

相关知识:

特惠比例指经济合作与发展组织(OECD)(简称“经合组织”)各成员国以不同币种向发展中国家提供的优惠贷款和混合贷款的优惠度。该指标的设置最早是为了协调经合组织成员国在争夺国外市场的竞争而设计的,后来逐渐为国际货币基金组织(IMF)等机构所采纳,成为国际金融生活中调整发达国家和发展中国家金融乃至经济关系的杠杆之一。其出发点是避免流向发展中国家的贷款条件差异过大,平衡和协调发达国家利益。对借款人来说，当其外债中含有赠予成分，部分外债采用低于市场利率的优惠利率时，外债的面值就不再是衡量其债务负担的准确尺度，而计算债务净现值则可以更为准确地反映出债务负担大小，且体现出接受贷款的优惠程度。

最低特惠比例要求：经合组织在《官方支持出口信贷的安排》（即通常《君子协定》）中约定，加入国提供的约束性援助的特惠比例不应低于35%，当受益国为最不发达国家时特惠比例不应低于50%，但下列情况除外：（1）技术协助：约束性援助中的官方开发性援助成分只涉及技术合作，该技术合作的金额小于交易总金额的3%，或者不足100万元特别提款权（适用较低者）；（2）小型项目：完全由开发性援助捐款资助的小于100万元特别提款权的资本性项目。

赠予成分的计算方法：

国际通用的计算赠予成分百分比的公式为

$$GE = 100 \times \left(1 - \frac{R/A}{D}\right)$$

$$\left(1 - \frac{1/(1+D)AG - [1/(1+D)AM]}{D(AM - AG)}\right)$$

其中：

GE = 赠予成分；

A = 每年偿付次数；

M = 偿还期；

R = 年利率；

D = 每期贴现率，一般按综合年利率10%计算；

G = 宽限期，提款后不必偿还本金的期限。

衍生词条：

混合信贷
mixed credit
经合组织
OECD
君子协定
Arrangement on Officially Supported Export Credits (the Arrangement)

特殊接受
special acceptance

释义:

依据再保险协议，再保险公司同意接受一项非协议约定自动接受的风险。

An agreement by a reinsurer to include under a reinsurance contract coverage for a risk that was not automatically included under the terms of the contract.

相关知识:

常见于比例再保险，协议中需对特殊接受条件进行明确约定，所有超出自动接受限额（automatic acceptance limit）的单个风险都要获得再保险公司的同意后方能纳入分保范围。若特殊接受申请不被批准，则原保险公司需自留超过合同自动接受限额之上的那部分风险，或者也可以安排临时再保险另行分出。

由于特殊接受由再保险公司自行裁量，设置严格的特殊接受条件可能引起原保险公司自留额增长。

衍生词条:

再保险公司
reinsurance company
原保险公司
ceding company
比例再保险
proportional reinsurance

特许期限
concession period

衍生词条：

特许协议
concession
agreement

释义：

特许协议的有效期。

The duration of a concession agreement.

特许协议
concession agreement

释义：

项目融资时的一种协议，通常由项目所在国政府签署同意承建该项目的实体（项目公司或特许公司、项目赞助人或特许权受让人等）在规定的时期内有权经营该项目。一般情况下，经营期至少与信用期限相等。

In project financing, an agreement normally awarded or signed by the host government giving the entity building the project (the project or concession company, or the project sponsor or concessionaire) the right to operate the project for a specified period. This period will normally be at least the length of the credit period.

衍生词条：

信用期限
credit period

提单
bill of lading

释义：

出口贸易重要单据之一，主要有以下作用：1. 提单是承运人出具给托运人表示货物收讫的收据；2. 提单是承运人和托运人之间所订立的运输合同；3. 提单是物权凭证，由于提单具有可流通性，货物的所有权可以凭借提单进行转让。

An important document in export transactions serving as a formal receipt issued by the carrier verifying the acceptance of goods; the contract of carriage between carrier and shipper; and a document of title, based on which the ownership title of the goods can be transferred without the goods being physically present.

相关知识：

根据我国《海商法》，提单内容包括：

1. 关于货物的描述：货物的品名、标志、包数或者件数、重量或者体积，以及运输危险货物时对危险性质的说明；2. 关于当事人：托运人和收货人的名称、承运人的名称和主营业所；3. 关于运输事项：船舶名称和国籍、装货港和在装货港接受货物的日期、卸货港和运输路线、多式联运提单增列接受货物地点和交付货物地点；4. 关于提单的签发：提单的签发日期、地点和份数；承运人、船长或者其代理人的签字；5. 关于运费和其他应付给承运人的费用的记载。

关于海运提单的国际公约主要有海牙规则（统一提单若干法律规定的国际公约），维斯比规则及汉堡规则。

提款前提
conditions precedent for disbursement (CP)

释义:

买方信贷交易中规定的先决条件，即在完成某些行为之前或某些事件发生之前，出口商不得从贷款中提款（或贷款协议不得全面生效），如支付应付的保费，获取法律意见书，或者支付必要的预付款等。

The stipulation in a buyer credit transaction that the exporter may not draw on the loan (or that the loan agreement may not become fully effective) until certain actions have been completed or events have taken place. Such actions and events might include payment of relevant premium, the obtaining of legal opinions, or payment of appropriate down payment.

衍生词条:

贷款协议
loan agreement
法律意见书
legal opinion

提前还款条款/加速还款条款
acceleration clause

释义：

提前还款条款通常规定在某些特定情况下，债权人有权要求债务人提前偿还全部或部分贷款，通常会列明债权人要求提前还款的合理原因。

A contract provision that allows a lender to cause a borrower to repay all or part of an outstanding loan if certain requirements are not fulfilled. An acceleration clause outlines the reasons that the lender can demand accelerated loan repayment.

相关知识：

提前偿还/加速偿还（accelerated payment, accelerated repayment, early redemption, prepayment）是指债务人对贷款进行计划外的提前还款。提前还款的时点可以是预先设定的，也可以是随机的。提前还款可以在原定贷款到期日前一次清偿全部本金余额，也可以在原定还款日前偿还本金的一部分。提前还款会降低贷款本金余额，导致后续的还款中包含更高的本金和更低的利息，并可能促使贷款提前清偿完毕。

分期付款买卖合同或贷款协议中有时还规定，如有一期不能按期偿付，则全部债务视同到期，债权人要求债务人提前偿还全部债务。

停止承保
withdrawal of cover

释义：

当获知买方或其所在国的风险发生重大变化，保险人以撤销或修改特定买方或特定国家（地区）所有买方的信用限额的形式协助被保险人控制风险，避免损失扩大。对于撤销或修改有关信用限额前的出运，保险人仍承担相应的保险责任。

Upon receiving information on major adverse changes in a buyer or in its host country, the insurer takes certain measures to assist the insured in risk mitigation, such as canceling or modifying credit limits to certain buyers or certain countries. The insurer is still liable for the shipment before the withdrawal or modification.

相关信息：

信用限额调整与修改：信用限额在有效期内，保险人会根据业务风险的变化情况对限额的要素进行调整与修改。1. 在风险发生的初级阶段，会降低风险赔偿比例和降低限额金额。2. 在风险异动明确的情况下，会直接撤销限额。3. 修改风险赔偿比例。4. 修改限额闲置期。5. 修改限额失效日。6. 修改限额金额、支付方式及信用期限等。

衍生词条：

信用限额
credit limit

通用信贷额度
general purpose line of credit

释义：

出口国银行放贷给买方国家的银行，用于为某项合同或者多项合同融通资金，是买方信贷形式之一。信贷额度最常用于中长期业务，有时也可用于短期业务（例如难以对单个买家进行承保时）。在项目信贷额度方面，得到融资的各个合同都归属于同一个大项目。在通用信贷额度或采购单信贷额度方面，得到融资的合同可能是多种多样的，只要其符合贷款文件中规定的标准。

One type of buyer credit models in which a bank in the exporting country extends credit to a bank in the buying country to finance one or more contracts. Lines of credit are most commonly seen in medium and long-term business; but can also be extended for short term business, e. g. , where it is difficult to underwrite individual buyers. In a project line of credit, the contracts being financed are for a single project. In a general purpose or shopping list line of credit, various types of contracts can be financed, as long as they meet the eligibility criteria set out in the loan documentation.

相关知识：

通用信贷额度确定原则。出口国银行对买方国家银行的国际评级、资产规模、世界排名、存贷比、资产充足率、不良贷款率、资产收益率、净资产收益率等因素进行审查，结合大项目提供的其他增信措施，综合确定信贷额度。

通用信贷使用范围。出口国银行对于纳入通用信贷的合同有一定的要求，从而限定通用信贷仅用于支持符合其要求的某些合同，这些要求通常包括特定行业、投资人资信、项目自身经济可行性、贷款用于支持贷款银行所在国企业承揽的项目等。

通用信贷作用。为了促进出口目的国从出口国采购各类货物和服务，支持本国企业拓展海外业务，提高贷款审批效率，出口国银行与买方银行协商达成通用信贷协议。在通用信贷协议中，明确通用信贷额度、期限、利率等内容，并对纳入其中的合同提出具体要求。通过通用信贷协议的签署，可有效解决出口目的国的一揽子融资需求，有利于刺激潜在项目需求，推动较为成熟项目的落实，从而为本国企业更好地开拓目的国市场创造有利条件。

通知银行
advising bank

释义：

接受开证行的委托，将信用证转交出口人的银行，只证明信用证的真实性，并不承担其他义务。

A bank also known as a notifying bank which advises the beneficiary (exporter) that a letter of credit (L/C) opened by an issuing bank at the request of the applicant (importer) is available. The advising bank's main responsibility is to authenticate the letter of credit and forward it to the exporter.

衍生词条：

开证行
issuing bank
信用证
letter of credit
(L/C)

统保保单
whole turnover policy

释义:

承保出口商的全部出口业务的短期信用保险保单。采用统保保单的原因是出口信用机构需要分散风险，避免出口商的逆向选择（即出口商只将最坏的风险投保的可能)。一般情况下，分散风险做得越好，风险分布越广泛，出口信用机构收取的保费就越低，承保条件就越灵活。

A short-term insurance policy that covers all of an exporter's export business and is widely used to satisfy export credit agencies' needs to spread their risk and to avoid applying insurance selectively (i. e. the possibility that exporters will insure only bad risks). As a general rule, the better and wider the spread of risk, the lower will the premium rate be charged by an export credit agency, and the more flexible the underwriting conditions.

相关知识:

"统保"原则要求信用保险人承保投保企业全部适保业务，是建立在有利于出口信用保险人风险分散的基础上的。这一承保原则认为贸易分布越广泛，涉足行业越多，涉及买方越多，出口信用保险的保险人就会更广泛地分散其风险，从而带来更多的盈利可能。还有一种理论认为，通过承保投保企业的全部业务，可以把不同质量的风险都涵盖进去，包括高风险业务，而单独投保高风险业务很难被保险人接受。

标准的统保保单的特点是投保企业将其绝大部分的业务投保，

保单中会存在较小额度的免赔额（deductibles），但是事实上被保险人还是可以就每一损失在赔偿比例范围内得到全部赔偿。在统保保单中，无论多么小的风险，被保险人都可以将其投保。从这个角度讲，统保保单被视为一种全面的保障。

作为信用保险合同的一部分，被保险人将大部分的信用管理决定权给了信用保险人，这意味着信用保险人可以：1. 对每一买方单独设定信用限额（credit limit），同时还可设定支付方式及付款条件。2. 设定国别承保政策。3. 确定最长的付款延迟期限。4. 要求报告逾期情况，降低信用限额，以至采取措施追收货款。

统保保单的变化形式包括特定国家保险（select markets）和基准线保险（datum line）等，与统保保单相对的是特定合同/买方保险。

衍生词条：

特定买方保险
transactional cover
信用限额
credit limit
最低保费
minimum premium

统一机构代码
Universal Organization Code（UOC）

释义：

任一机构在信用保险机构业务系统内唯一的身份识别代码，是最基础的代码，在该代码下可关联客户、买方等各类业务级代码。

Unified organization code is the only identity for any entity in the business system. UOC is the utmost basic code, based on which an entity could be further categorized as a client or a buyer.

相关知识：

为加强业务流程中代码信息的管理，当前中国市场上信用保险的主流做法是根据信息的准确性级别，统一机构代码分为一级代码和二级代码。当代码新建后设为一级代码，当代码项下调取资信报告，根据资信报告内容维护代码信息后，代码的级别由一级代码升级为二级代码，其中二级代码的准确性高于一级代码。

投标保函
bid bond

释义：

担保人应投标人（被担保人或申请人）的请求向招标人（担保受益人）出具的、保证投标人在招标有效期内不撤标、不改标、中标后在规定时间内签订合同或提交履约保函的书面文件。

A bid bond or a tender guarantee is a type of bond issued as part of a bidding process by a guarantor to the project owner (obligee), assuring and guaranteeing that should the bidder (principal) be successful, the bidder will execute the contract and provide the required performance bonds.

相关知识：

公开招投标项目中，招标文件中一般会要求投标人在提交标书时附加投标保函，投标保函金额通常为投标金额的 2% ~5%，或为固定金额。一般投标保函条款约定，投标人中标后须与招标人按约定签订合同并提供履约保函，如不中标在招标有效期后 28 天失效。

衍生词条：

保函
letter of guarantee

投标合同保险
tender to contract cover

释义：

英国出口融资局（原名：英国出口信用担保局）设计的一种用来保护出口商，抵御对外币合约投标到中标期间远期汇率不利影响的保险形式，是为参与竞争投标的公司提供远期交易风险保障的一种相机合同，只有在公司竞标成功时才告完成。

A form of UKEF (formerly known as ECGD) cover designed mainly to protect exporters against adverse movements in forward exchange rates between the date of tender for a foreign currency contract and the date of contract award. A contingent contract providing forward exchange cover for a company tendering competitively for a contract, which is completed only if the company's bid is successful.

相关知识：

招标和投标是商品经济高度发展的产物，是应用技术、经济的方法、发挥市场经济竞争机制的作用，有组织开展的一种择优成交的方式。具体地讲，招标和投标是一种商品交易行为，是交易过程的两个方面。在货物、工程和服务的采购行为中，招标人事先公布采购内容和要求，吸引众多的投标人按照规定程序、同等条件进行平等竞争，并组织技术、经济和法律等方面专家对投标人进行综合评审，从中择优选定项目的中标人，其实质是以较低的价格获得最优的货物、工程和服务。

衍生词条：

招投标
tender and bid
投标书
bidding documents

投标书
bidding documents

释义：

投标单位按照招标书的条件和要求，向招标单位提交报价并填具标单的文书，要求密封后邮寄或派专人送到招标单位。在充分领会招标文件、进行现场实地考察和调查的基础上，投标单位编制投标文书，对招标公告提出的要求进行响应和承诺，同时提出具体的标价及有关事项，以便在竞争中中标。

Bidding documents are prepared by the bidding entity in accordance with the conditions and requirements stipulated in the tendering documents and then submitted to the tendering entity by person or by registered mail. To prepare bidding documents, bidding entity needs to sufficiently comprehend tendering documents and conduct on-site survey. Bidding documents are the response and undertakings to tendering document, and includes offer and relevant items for the purpose of winning the bid.

相关知识：

项目招投标流程：

1. 招标资格与备案；

2. 确定招标方式：按照法律法规和规章确定公开招标或邀请招标；

3. 发布招标公告或投标邀请书；

4. 编制、发放资格预审文件和递交资格预审申请书；

5. 资格预审，确定合格的投标申请人；

6. 编制、发出招标文件；

7. 组织投标人进行现场查勘；

8. 投标人编制、递交投标文件；

9. 招标人依据招标文件规定的时间和地点开标，公开宣布投标人的名称、投标价格及招标文件中要求的其他主要内容；

10. 评标：可以采用综合评估法或经评审的最低价中标法；

11. 招标人根据招标文件要求和评标委员会推荐的合格中标候选人，确定中标人；

12. 中标结果公示、备案；

13. 招标人在备案后向中标人发布的书面通知；

14. 中标人在规定时间内与招标人按照招标文件和投标文件订立书面合同。

衍生词条：

投标合同保险
tender to contract cover

投资保险
investment insurance

释义:

为投资人因投资所在国政府没收、征用及国有化，或因战争、内战，或无法将利润、分红兑换成其他货币或者无法将利润、分红汇出该国而遭受损失所提供的保险。

Insurance issued to an investor against losses in host country due to confiscation, expropriation, or nationalization by the host government; due to war or civil war; or due to inability to convert profits or dividends into other currencies or to transfer them out of the country.

相关知识:

和传统的出口信用保险不同，投资保险所保障的一般是政治风险（而非商业风险）。投资保险也可用于承保项目融资贷款，其政治风险范围外延不断扩展，例如所在国政府违背承诺（有时被视为“隐性征用”）。

海外投资保险产品的种类：根据投资人的身份不同，分为海外股权投资保险和海外债权投资保险，其中海外债权投资保险又根据投资人的性质，分为股东贷款投资和金融机构贷款投资两类。

海外股权投资保险产品适用于在中国境外（含港、澳、台地区）以货币、实物、技术或知识产权等方式进行的股权投资。

海外债权投资保险产品适用于股东或金融机构在中国境外（含港、澳、台地区）以债权方式进行的投资。

在国际条文中，多数国家都用“海外投资保证”（Investment

Guaranty）一词来替代“海外投资保险”。两者相比，投资保证对所受损失进行全部赔偿，而投资保险只按投资的一定比例并基于一定条件进行补偿，且投资保险不承保商业风险。

海外投资保险制度是世界各资本输出国的通行制度。自美国1948年在实施马歇尔计划过程中创设这一制度以来，日本、法国、德国、挪威、丹麦、澳大利亚、荷兰、加拿大、瑞士、比利时、英国等国家也先后实行了海外投资保险制度。发展中国家与地区也于二十世纪七八十年代开始为本国本地区的海外投资者提供政治保险。自1979年以来，中国海外直接投资在企业数量和投资规模上都取得了长足发展，尤其在发展中国家的投资日益增多。发展中国家出现政治风险的可能性远比发达国家要大，中国为了进一步鼓励海外投资，需要依据现实国情建立可行的海外投资保险法律制度。

海外股权投资是企业以货币资金、无形资产和其他实物资产为代表的股权形式投入其他国家的建设项目。长期股权投资的最终目的是获得较大的经济利益，这种经济利益可以通过分得利润或股利获取，也可以通过其他方式取得，如被投资单位生产的产品是投资企业生产所需的原材料，在市场上这种原材料的价格波动较大，且不能保证供应。在这种情况下，投资企业通过所持股份，达到控制或对被投资单位施加重大影响，使其生产所需的原材料能够直接从被投资单位取得，而且价格比较稳定，保证其生产经营的顺利进行。但是，如果被投资单位经营状况不佳，或者进行破产清算时，投资企业作为股东，也需要承担相应的投资损失。

海外债权投资包括企业为其海外投资项目提供股东贷款、金融机构为中国企业海外投资项目提供的贷款两类。债权投资不是为了获取被投资单位的所有者权益，债权投资只能获取被投资单位的债权，债权投资人自投资之日起即成为债务单位的债权人，并按约定的利率收取利息，到期收回本金。

衍生词条：

没收、征用和国有化风险
Confiscation, Expropriation and Nationalization Risk (CEN)

海外投资股权保险
overseas equity investment insurance

海外投资债权保险
overseas debt investment insurance

投资项目
investment project

释义：

项目企业执行的一个或一系列项目。出口信用保险海外投资保险中的投资项目是投资人以股权或债权形式对项目进行投资，从而获得对项目的所有权、经营权、资金或资产的使用权或控制权。

One or a series of projects that investing companies are going to carry out. In overseas investment insurance, the term describes those projects invested by investors in form of equity or debt to obtain ownership, management rights, or control over assets and capital.

相关知识：

投资项目的种类：根据项目企业对项目投入方式的不同，海外投资保险中所承保的海外投资项目分为股权投资项目和债权投资项目。

海外投资项目的评估要素主要有：

1. 投资人情况：包括投资人进行海外投资的资质、最近3年的经营财务状况、与投资项目相关的经验，及能够证明投资者有能力经营投资项目的其他情况；

2. 投资项目背景情况及简要情况介绍，包括投资金额、方式、期限，出资方式及来源，目前的进度、对中国和东道国的影响等；

3. 投资项目的融资情况，包括融资银行、融资金额、宽限期和还款期限等；

4. 投资项目的可行性情况，包括预测销售收入、现金流和项目未来内部收益情况等；

5. 与投资项目相关的协议、担保、保证和东道国与中国政府的批准文件等。

衍生词条：

东道国

host country

托管账户
escrow account

释义：

银团贷款业务中开立的一种账户，牵头银行以受托人身份管理已参与银行的贷款份额，并为此设立的公共账户。

A type of account under syndicated loan. The lead arranger, acting as a trustee, manages the loan for all participating banks as beneficiaries, and sets up joint accounts on trust.

衍生词条：

银团贷款
syndicated loan

拖欠
protracted default

释义：

买方在应付款日后的预定期限内仍未付款的风险，是信用保险人承保的主要商业风险之一。

The failure by a buyer to pay the contractual debt within a pre defined period from the due date or extended due date of the debt. Protracted default is one of the major commercial risks covered by credit insurers.

相关知识：

拖欠风险的一般处理：如果出现买方拖欠货款，在被保险人报损后，保险人通常有一段调查审理周期。在这段期间内，保险人需要调查贸易背景真实性，核查确立债权的有效金额。如果由于实质性贸易纠纷引起的买方拒付货款，根据保险合同约定，保险人一般要待纠纷解决后，再启动定损核赔程序。这是由于保险人并非销售合同的当事人，被保险人有义务按照销售合同约定履行卖方义务，并确立无争议的销售合同债权。当然，如果买方存在明显的失信行为，如仅仅提出贸易纠纷主张而未有任何形式的举证，则保险人也可以予以分析判断后先行启动定损核赔程序，并保留对被保险人的追索权。如果被保险人在正式报损前延长了付款期限，保险人必须谨慎处理，以确保被保险人要求延长付款期限是一个积极的决定，并在管理中有所记录。

衍生词条：

商业风险
commercial risk
拒收
repudiation

拖欠利息
default interest

释义:

债权人在到期未能还本付息时向债务人征收的除正常利息之外的利息。

Interest payable on amounts overdue other than normal interest.

托运人
shipper

释义：

在货物运输合同中，将货物托付承运人按照合同约定的时间运送到指定地点的一方当事人。

The person who arranges a carrier to deliver goods to a specific place within agreed time in the contract of carriage.

衍生词条：

收货人
consignee
提单
bill of lading

外国成分
foreign content

释义：

在出口合同中源自出口国以外的货物和服务成分。传统上出口信用机构主要支持本国货物和服务的出口，然而在短期业务方面，承保货物的原产地概念越来越模糊。在中长期信贷领域里，则比较注意限制外国成分的比例。

Goods and services included under export contracts that originate elsewhere than in the exporting country. Traditionally, export credit agencies mainly support the export of goods and services from their own countries. In short-term business, however, the national origin of covered goods becomes increasingly blurred, while rules governing foreign content are applied more carefully in the area of medium and long-term credit, where foreign content is restricted within certain percentage.

衍生词条：

本国成分
national content
当地成分
local content

外国直接投资
foreign direct investment (FDI)

释义:

一国的公司或实体向另一国的公司或实体作出的投资。通常用现金进行投资，有时也以工厂、设备或技术等方式投资。国际金融机构将向外国公司投资额至少占表决权股份的10%的投资定义为外国直接投资（表决权股份不足10%的投资被认为是间接投资）。出口信用机构理解更为广泛，不仅包括股权资本，还可包括再投资的收益。

An investment made by a company or entity based in one country, into a foreign company or entity based in another country. The investment is normally made in cash but sometimes in the form of plant and equipment or knowhow. As defined by international financial institutions for statistical purposes, FDI is investment with at least 10 percent of the voting stock of a foreign company. While an investment constituting less than 10 percent of the voting stock is considered portfolio investment. Export credit agencies may use the term in a more general sense to include not only equity capital but also reinvested earnings.

相关知识:

外国直接投资与间接投资（有价证券投资）的区别：外国直接投资是投资者以创立新企业，或增加资本扩展原有企业，或收购其他企业的方式进行投资，并且拥有有效控制权。间接投资是投资者以其资本购买公司债券、金融债券或公司股票等各种有价证券，一般只享有定期获得一定收益的权利，而无权干预被投资对象对这部分投资的具体运用及其经营管理决策。

外国直接投资的类型：按投资对象不同分为水平型外国直接投资和垂直型外国直接投资。水平型外国直接投资是指投资与其在母国经营范围相同的产业；垂直型国外直接投资指投资与其在母国经营范围不同，但处于其行业价值链上游或者下游的企业。

外汇储备
foreign exchange reserves

释义:

货币当局控制并随时可利用的对外资产,包括外币现钞、银行存款、国债、短期及长期政府证券等,主要用于平衡国际收支。

Foreign exchange reserves consist of the monetary authorities' claims on nonresidents in the form of foreign banknotes, bank deposits, treasury bills, short and long-term government securities, and other claims used in the event of balance of payments needs.

相关知识:

按照国际通行惯例,通常以外汇储备/月进口用汇来衡量目标国短期偿债能力,如果该数值超过3个月,则被认为是短期偿债能力有保证的,否则将被认为短期偿债能力不足。

衍生词条:

国家风险
country risk

外汇管制
foreign exchange control

释义：

一国政府为平衡国际收支和维持本国货币汇率而对外汇进出实行的限制性措施。

Foreign exchange control refers to restrictions on foreign exchange inflow and outflow imposed by the host government to maintain its balance in international payments and to maintain exchange rate stability.

外债
external debt

释义：

某一经济体对该经济体以外的欠债。外债总额是指在任一时点上的实际（不是或有）负债余额，要求债务人在未来某一时点偿还本金或利息。

Gross external debt is the outstanding amount of current, not contingent, liabilities at any given time, that requires payment of interest and/or principal by the debtor at some point in the future and that are owed to nonresidents by residents of an economy.

相关知识：

外债的种类：按债务人不同，分为国家债务与非国家债务，也称为主权债务与非主权债务。按时间不同，分为长期外债与短期外债。按贷款者不同，分为政府贷款（又称双边贷款）、国际金融组织贷款（又称多边贷款）、外国商业银行贷款，以及外国证券投资。按利率不同，分为固定利率贷款与浮动利率贷款。此外，还可按借款者利益、币种等分类。

外债规模的监测指标：1. 外债的总量指标：是对外债承受能力的估计，反映外债余额与国民经济实力的关系。主要有：（1）负债率，指外债余额与国内生产总值的比率，一般不得高于20%；（2）债务率，指外债余额占当年出口商品、劳务的外汇收入额的比率，一般不得超过100%。2. 外债负担的指标：是对外偿债能力的估计，反映当年还本付息额与经济实力的关系。主要有偿债率，指一年内外债还本付息额与出口商品、劳务的外汇收入额的比率，一般参照系数是25%。3. 外债结构指标：是在既定的外债规模条件下，衡量外债本身内部品质的指标。主要通过债务内部各种对比关系反映举债成本，并附有偿还时间和偿还能力，旨在降低借款成本，调整债务结构，分散债务风险。主要指标有种类结构、利率结构、期限结构和币种结构等。利用上述指标对一国外债负担进行分析，可以看出其是否具备还本付息的能力。如果超过上述警戒线或安全线，就表明该国发生了债务危机。

外债的作用：一国对外举债通常有两种目的：1. 筹措资金，用于投资，以促进本国的经济增长，或用于弥补财政赤字。在经济开放条件下，一国的总投资应等于国内积累与利用国外资金之和。当国内积累不能满足其投资需要时，就有必要借用国外资金。因而，外债是由国内积累、国内储蓄与总投资的差额引起的。2. 弥补暂时的外汇短缺。当一国出现国际收支不平衡，如出现经常项目逆差时，在不动用其外汇储备的情况下，就可以利用外资来弥补，使其国际收支重新达到平衡。一般来说，适度的外债规模可以加速一国的经济增长，而超出国力承受极限的外债则可能对一国的经济产生很大的压力，这不仅表现在外债的还本付息可能会减少一国今后所能动用的资源，从而影响到经济的增长；而且外债增长过快也将影响到一国的进出口及国际收支的平衡。

衍生词条：

主权债务
sovereign debt
双边债务
bilateral debt
固定利率
fixed interest rate
浮动利率
floating interest rate

完工
completion

释义：

完成工程施工并通过竣工验收。

A project is sufficiently completed in accordance with the contract documents and the contractor has received authorized acceptance from the owner.

相关知识：

完工日期：完成工程施工并竣工验收的日期，或者验收通过情形下承包商提交竣工报告的日期。

移交证书/完工证明：工程完工后业主接收工程时颁发的证书。英文表述“take over certificate”多见于国际工程承包类商务合同中约定。在电信类商务合同中，该类约定通常表述为初步验收证书和最终移交证书。

衍生词条：

初步验收证书
Provisional Acceptance Certificate（PAC）

移交证书/完工证明
take over certificate

最终验收
final acceptance

完工日期
completion date

释义：

完成工程施工并竣工验收的日期，或者验收通过情形下承包商提交竣工报告的日期。

The date when a project is due to be sufficiently complete in accordance with the contract documents or the completion report is submitted after the contractor has received authorized acceptance from the owner.

维好协议
keep-well deed

释义：

维好人（通常为母公司）为子公司借款或发行债券向债权人出具的书面文件，承诺维持子公司持股比例不变，并在子公司无法履行有关义务时提供足够的资金确保其履行义务。

A written document issued by a parent company for its subsidiary's borrowing or bond issuance, whereby the parent company undertakes to maintain its shares in the subsidiary and promises to provide the subsidiary with sufficient financial support for its debt obligations.

相关知识：

在国际融资特别是资本市场融资实践中，维好协议是一种常见的信用增级措施。与担保相比，其履约具有非强制执行性。在出现债务风险的情况下，债权人不能直接对维好人要求履约，维好人也不具有对债权人的支付义务。

随着“内保外贷”业务的兴起，维好协议更多地被应用于中资企业在港融资业务。维好协议是否具有法律强制执行力，在中国缺少法律实践和条文明确界定，使得维好协议在实际操作中存在不确定性，对债权人的保障程度受到一定限制。

维好协议能否在出现债务风险的情况下得到履行，在很大程度上取决于维好人的意愿；而意愿大小则由承诺内容，维好人（通常是母公司、出资人）与债权人之间的关系等因素共同决定。

衍生词条：

安慰函
letter of comfort

维护期
maintenance period

释义：

维护期是指在项目建设完工或投入生产后，项目承建方需对项目的质量和正常运行进行保障的时期。

Maintenance period refers to the period after the completion of project or initial production. The contractor is liable for the project's quality and operation during this period.

相关知识：

在早期版本的 FIDIC 条款中缺陷责任期也被称为“维护期”，通常为一年，但对于有些项目可以例外地为两年，甚至更长。该期限的长短将填入投标书附件中。也可以有多个维护期，每一个维护期针对工程的一个区段或一部分，并有相应的移交证书。其主要目的是要在使用条件下，证明合同的规定已得到遵守。在此期间，承建方不但必须完成移交证书中所列的未完成的工作项目，而且还须修补出现的任何缺陷。

衍生词条：

缺陷责任期
defects liability period

违约事件
event of default

释义：

导致合同一方向另一方追索的一个或一系列违约事件。触发违约事件的行为包括不偿还到期贷款、合同违约和破产等。违约事件条款不仅可在贷款协议和租赁协议中使用，也可在一般商务合同、合资协议和合伙协议中使用，主要功能是使无过错方可退出有瑕疵的协议。

Event of default is the occurrence of an event or series of events against which one contract party may claim on another. Actions that may trigger an event of default include non-repayment of a loan at maturity, breach of contract and declaration of bankruptcy. Event of default clauses can be included not only in loan and lease agreements, but also in commercial contracts, joint ventures agreements and partnership agreements such a clause ensures a safe exit for innocent parties out of a defective agreement.

相关知识：

违约事件分为实际违约事件和预期违约事件。

实际违约事件是指在合同约定的履行期到来时或者在被允许推迟履行的合理期限内，当事人没有履行或者没有完全履行合同，包括不还款、违反陈述与保证、违反约定事项、借款人没有向贷款人提交年度报告。国际银团贷款协议中的实际违约事件是指借贷双方所约定的，借款人在合同履行期限到来时不履行或不完全履行义务的违约事态。

预期违约事件并不是指借款人违反了协议里约定的义务，而是指某一事件的发生，使得借款人违反贷款协议将成为必然，违约仅仅是时间问题。它包括明示毁约和默示毁约两种。预期违约事件主要体现的条款包括交叉违约条款，破产、清算及解散条款，征用条款，股权变动条款，借款人歇业和进行资产处置，国际货币基金组织成员资格条款，重大不利变动条款，非自愿违约条款。

尾款
retention payment

释义：

属于商务合同中约定的、须待所交付货物的一定运行期限过后或者买方签发最终验货证明及其他类似文件后支付的合同款。

Payments retained after a certain period since completion of project, delivering of goods or servicing of the final acceptance certificate specified in the commercial contract, also known as the final payment.

相关信息：

尾款并不是严格意义上的法律术语或合同术语，但合同双方一般将完工后、验收后一段时间支付的款项都称为尾款，通常占合同金额的5%～10%不等。由于尾款支付在货物或项目移交后的一定时间，双方就其质量较易产生分歧。

未保比例/未保部分
self-insured percentage

释义:

指一个合同或一笔贷款中由被保险人自担风险的部分。通常出口信用机构并不为出口合同或贷款提供百分之百的保障。出口商和银行应自担部分风险，自担部分一般为5% ~20%不等，通常商业风险的自担部分要比政治风险高。

Self-insured percentage is the uninsured portion of a contract or loan that is left at the insured's own risk. Export credit agencies normally do not cover 100 percent of export contracts or loans and exporters and banks are expected to carry a share of the risks on their own account. This portion can vary from 5 percent to 20 percent and is normally higher for commercial risk than for political risk.

相关知识:

秉承“风险分担”原则，在短期险业务方面，出口信用保险机构一般不保障百分之百的风险。通常它们承保的商业风险比例为80% ~90%，政治风险则为85% ~95%。有些信用保险机构不允许被保险人将剩余的风险（未保部分）转嫁各其他第三方（例如银行及其他保险公司）。在中长期卖方信贷方面，情况大体相同。在买方信贷方面，信用机构有些机构对贷款提供百分之百的保障（指合同的融资部分得到的保险保障为百分之百，由借款人支付的一定比例的预付定金部分则不在保障之列）。然而大部分保险公司不这样做。他们愿意让出口商或银行承担部分风险，哪怕只占5%或更少一些也好。

衍生词条:

风险分担
risk sharing

未到期责任准备金
unexpired risk reserve

释义:

在准备金评估日为尚未终止的保险责任而提取的准备金。

Reserves made for the unexpired portion of the risk underwritten on the valuation date.

相关知识:

准备金分类:为应对在资产负债表日尚未到期的保险责任,覆盖其未来发生的净损失,计提未到期责任准备金。净损失指未来所有相关现金流出与现金流入之差。未赚保费准备金是以保费为基础,根据风险的时间分布,按比例计提的准备金。当未到期责任准备金超过未赚保费准备金时,其差额确认保费不足准备金。

应收分保准备金是在计提原保险合同准备金的当期,依据分保合同约定,评估应从再保接受人摊回的准备金。对于再保合同应计提应收分保未到期准备金,具体分为应收分保未赚保费准备金和应收分保保费不足准备金。

衍生词条:

未赚保费准备金
unearned premium reserve
保费不足准备金
premium deficiency reserve

未决赔款
unsettled claim amount

释义：

报告期末，未决赔案或已决部分赔付案件中，索赔金额扣除减损金额或已决赔款后的余额。

The balance of outstanding claim amount deducted by the amount of loss reduction and the amount of indemnity at the end of reporting term.

相关知识：

未决赔案（outstanding claims）：被保险人已向保险人提出索赔申请，保险人尚未最终确定赔付责任及赔付金额，或已最终确定赔付责任及赔付金额，但尚未签发正式文件的案件。

已决赔案（settled claim）：报告期内，索赔案件中保险人已最终确定保险赔偿责任及赔付金额并签发正式文件的案件。包括已决（部分）赔付案件、已决拒赔案件和已决撤销案件。

减损金额中，追回款（recovery，recoveries）指出口信用机构，或出口商，或追债人或追债公司向债务人追偿回来的金额。追回款还可以包括根据巴黎俱乐部的安排，由债务国政府偿付的款项。赔前追回款是在保险人支付赔款之前取得的追回款。

已决赔款（claims paid）：报告期内，已决案件项下支付给被保险人的赔款金额，不包括相关理赔费用。

衍生词条：

索赔金额
amount of claim
定损核赔
loss ascertainment
已决赔款
settled claim amount
责任余额
outstanding commitment

未决赔款准备金
claim reserve

释义：

保险公司为尚未结案的赔案而提取的准备金。

Reserves made by an insurance company for the unpaid claims.

相关知识：

准备金分类：对资产负债表日未结案的案件和损失已发生但尚未报告的业务，为覆盖其未来发生的净损失，计提未决赔款准备金。包括已发生已报案未决赔款准备金、已发生未报案未决赔款准备金和理赔费用准备金。净损失指赔款与理赔费用之和扣减追偿收入之后的净值。已发生已报案未决赔款准备金是针对保险事故已发生并已向保险公司报告可损或提出索赔，再保险公司尚未结案的赔案而计提的准备金。已发生未报案未决赔款准备金是针对保险事故已经发生，但尚未向保险公司报告可损，也未按视同报损处理的赔案而计提的准备金。理赔费用准备金是针对保险业务尚未结案的赔案可能发生的理赔费用而计提的准备金，包括针对直接发生于具体赔案的专家费、律师费、诉讼或仲裁费、调查费、佣金等计提的直接理赔费用准备金和针对非直接发生于具体赔案的费用计提的间接理赔费用准备金。

应收分保准备金是在计提原保险合同准备金的当期，依据分保合同约定，评估的应从再保接受人摊回的准备金。对于再保合同应计提应收分保未决赔款准备金。其中，应收分保未决赔款准备金分为应收分保已发生已报案未决赔款准备金、应收分保已发生未报案未决赔款准备金、应收分保理赔费用准备金。

衍生词条：

已发生已报案未决赔款准备金
reported claims reserve
已发生未报案未决赔款准备金
incurred but not reported claims reserve
理赔费用准备金
loss adjustment expense reserve

未赚保费准备金
unearned premium reserve

释义：

以保费为基础，根据风险的时间分布，按比例计提的准备金。

Reserves proportionally made based on the premiums for the unexpired portion of the policy, according to the time distribution of risk.

相关知识：

可采用1/8、1/24、1/365以及风险分布法进行评估。

衍生词条：

未到期责任准备金
unexpired risk reserve
保费不足准备金
premium deficiency reserve

未追回的赔款
unrecovered claim

释义：

保险人已赔付但未被追回的款项。

A settled claim that is not fully recovered.

相关知识：

未追回的赔款反映了保险人所支付赔款中对应的尚未追回或无法追回的赔款，如最终未能追回将成为保险人的净损失。

未追回的赔款产生的主要原因：1. 尚在通过非诉方式与债务人沟通和解方案；2. 尚在通过诉讼、仲裁等方式向债务人追讨；3. 根据和解方案已给予债务人一定折扣；4. 债务人因破产或丧失偿付能力等原因无法还款。

衍生词条：

追偿
collection
追偿案件结案
close of case

无担保贷款
unsecured credit

释义：

无担保贷款也称无抵押贷款或信用贷款，指没有任何担保措施的贷款，常见的担保措施主要有抵押、押记、质押、留置以及任何能够确保债务人履行其义务的担保权益或者能起到类似效果的协议或安排。

A loan not backed by any security. Security means a mortgage, charge, pledge, lien or other security interest safeguarding any obligation of any obligor. It also refers to other arrangements with similar effect.

衍生词条：

抵押
mortgage
留置
lien

无赔款优待/低赔款优待

no claims bonus, no claims credit, low claims bonus

释义:

无/低赔款优待是指根据上一保单年度的赔付率情况，保险人在下一保单年度将会给予被保险人在保费方面一定金额或比例的优待。

An amount or percentage provided to the insured as a reduction of premium depending on the claims ratio during last period of the policy.

相关知识:

无/低赔款优待，在有些国家又被称为奖惩系统，是保险业务内的一种常用的奖励措施，指前几年或上一年度内，保险标的未发生保险事故或虽发生保险事故但赔付率较低，保险人将给予一定的续保优惠。多用于车险业务，如上一年度无事故发生，续保可享保费优惠10%，如上两年内无事故，保费优惠可达40%。

无/低赔款优待制度的目的：第一，公平保费负担，使被保险人缴纳的保费可以真实地反映其风险水平。第二，降低理赔费用。被保险人为了获得一定的续保保费优惠，可能会选择自行承担一部分小额损失，从而降低了保险人受理小额赔案的理赔费用及人工成本。第三，控制风险。可以促使被保险人提高信用风险管理水平以避免或者减小损失发生，以达到主动控制风险的目的。

无/低赔款优待的构成要素：一个完整的无赔款优待系统必须包括以下三个要素。

1. 各等级保费水平：把所有被保险人划分为若干个等级，每个被保险人的保费水平依赖于所属等级；

2. 初始等级：新投保的被保险人缴纳初始等级的保险费；

3. 转移规则：被保险人的续转保费取决于其上一保单年度所属等级和索赔情况。

实务操作中，由于无赔款优待制度这种奖惩的特性，被保险人会计算无赔款优待的优惠额度是否超过已经发生的损失，或者衡量如果发生损失后提出索赔对自己是否更加有利。无赔款优待在信用保险领域中的应用并不像车险那样广泛，一些信用保险机构在续转保单中并没有设定无赔款优待制度。

衍生词条：

赔付率
loss ratio
保险标的
insured transaction
理赔费用
expense of claim ascertainment

物权保留/所有权保留
retention of title

释义：

这是在某些国家为改善买方付款的情况而采取的一项措施。在买方付清货款或还清本金之前，出口货物的物权并不移交给买方。有些出口信用机构要求将物权保留（或留置权）的条款在销售合同中写明，但经验证明，大多数国家在司法上执行此条款有一定难度。

A technique used in some countries to improve payment performance by buyers, by forbidding ownership title transfer to the buyer until all payments or repayments have been made. Some export credit agencies require the inclusion of retention clauses in contracts they insure, but experiences show that in most countries such clauses are difficult to enforce.

相关知识：

物权保留的使用在各个国家规定各不相同，有些国家使用较为简单，如德国、法国等，只需要在合同、订单中签署有相关条款即视为有效；有些国家除需要在合同中列明外，还需要在专门机构进行登记，例如美国需要进行 UCC 登记；有些国家即便在合同中列明，并进行相应登记，但在实际执行条款时仍有相当难度，例如意大利。

目前，德国拥有世界上最严密的所有权保留体系，除一般合同中约定的“简单的所有权保留”（simple retention of title）条款外，德国还有“扩展的所有权保留”（extended retention of title）条款和“延长的所有权保留”（prolonged retention of title）条款等。

险位超赔再保险
per risk excess of loss reinsurance

释义：

指以一个危险单位所发生的赔款来计算自留额、分保额和赔款。

Cover or indemnification in excess of an amount of first loss to be borne by the insured. Each loss will be regarded separately per risk.

相关知识：

应用：由于信用保险人承保风险仅仅是买方的无力偿付，相对单一，所以此种性质决定了险位超赔的适用性较高。但对于其他类型的保险，比如火灾保险，由于其引致风险很多，对它进行险位超额赔款就复杂得多。

功能：险位超赔旨在保障任何单一风险单位下的巨额损失。

绝大多数的信用保险人将在以下两个领域来寻求险位超赔的保护：

1. 为了它们在成数分保后的自留额减少到自身资本能力能够接受的水平下；

2. 成数分保中通常可以通过特殊接受承保一些特殊的大限额。这将大大增加信用保险人的自留额。为了防止这种增加带来的潜在损失，超额赔款可以用于保障超过成数分保自留额外的部分。

衍生词条：

事故超赔再保险
per event excess of loss reinsurance
超赔再保险
excess of loss reinsurance
(XL，XoL)

限额评估费
credit assessment fee

释义：

信用保险业务项下保险人因提供信用限额管理服务而收取的费用。

Credit assessment fee or credit rating fee refers to the costs of services that the insurer incurs for the assessment of the buyer's risk and credit limit management.

衍生词条：

信用限额
credit limit

限额闲置期
idle period of limit

释义：

保险人确定的被保险人可以在信用限额项下连续无出运申报的最长期限。如果被保险人在限额闲置期到期后仍未进行出运申报，则保险人有权将已批复的限额予以撤销。限额闲置期一般在保单明细表中加以约定。

The longest consecutive period of time within which the insured is allowed, by the insurer, not to declare shipments from the effective date of the approved credit limit. If the insured fails to declare any shipments after the expiration of idle period, the insurer is entitled to withdraw the credit limit already approved. The idle period of limit is specified in the schedule of policy.

相关知识：

有效限额的降低和撤销流程：由于信用保险人的有效限额是稀缺资源，应得到最有效的利用，因此当总限额不足分配时，如果某个已有限额使用不足，甚至长期未使用，保险人将进行限额调剂（降低或撤销）。有效限额的降低，是结合限额项下未了责任情况以及未来一段时间的出运安排等因素，在符合限额降低要求或者征得被保险人同意的前提下，保险人进行限额降低的操作。

衍生词条：

申报
declaration
信用限额
credit limit
空置限额
idle limit

限制抵押
negative pledge

释义：

这项要求规定买方或借款人不经债权人事先同意，不得将其资产抵押出去。此要求通常在中、长期业务买方信贷的承保条件中出现。

A requirement that a buyer or borrower not pledge its assets without the prior approval of its creditors. This clause is commonly seen in medium and long-term credit business as a precondition for underwriting buyer's credit insurance.

项目公司
project company

释义：

项目的直接业主，是为了项目的建设和生产经营而由项目发起人注册成立的独立经营并自负盈亏的经营实体。项目公司直接参与项目投资和项目管理，直接承担项目债务责任和项目风险。

The project company is usually a special-purpose vehicle (SPV) set up by project sponsors as the direct owner of the project, and is registered and established as an independent self-financing business operating entity. Project company assumes responsibility for investment and project management, liable for project debt and risk.

项目融资
project finance

释义:

贷款人向特定的工程项目提供长期贷款，以项目的资产或收益作抵押取得的一种无追索权或有限追索权的融资或贷款活动。

Project finance or financing is a financing type in which lenders provide long-term loans to a specific project secured by the project asset and cash flow, without recourse or with limited recourse only to the general asset or credit of the project sponsors.

相关知识:

项目融资的内涵与外延：从广义上讲，为了建设一个新项目或者收购一个现有项目，或者对已有项目进行债务重组所进行的一切融资活动都可以被称为项目融资。从狭义上讲，项目融资是指以项目的资产、预期收益或权益作抵押取得的一种无追索权或有限追索权的融资或贷款活动。我们一般提到的项目融资仅指狭义上的概念。项目融资始于 20 世纪 30 年代美国油田开发项目，后来逐渐扩大范围，广泛应用于石油、天然气、煤炭、铜、铝等矿产资源的开发，如世界最大的，年产 80 万吨铜的智利埃斯康迪达铜矿，就是通过项目融资实现开发的。项目融资作为国际大型矿业开发项目的一种重要的融资方式，是以项目本身良好的经营状况和项目建成、投入使用后的现金流量作为还款保证来融资的。它不需要以投资者的信用或有形资产作为担保，也不需要政府部门的还款承诺，贷款的发放对象是专门为项目融资和经营而成立的项目公司。

项目融资的种类：

1. 无追索权（Non-recourse）的项目融资。无追索的项目融资也称为纯粹的项目融资，在这种融资方式下，贷款的还本付息完全依靠项目的经营效益。同时，贷款银行为保障自身的利益必须从该项目拥有的资产取得物权担保。如果该项目由于种种原因未能建成或经营失败，其资产或收益不足以清偿全部的贷款时，贷款银行无权向该项目的主办人追索。

无追索权项目融资在操作规则上具有以下特点：（1）项目贷款人对项目发起人的其他项目资产没有任何要求权，只能依靠该项目的现金流量偿还；（2）项目发起人利用该项目产生的现金流量的能力是项目融资的信用基础；（3）当项目风险的分配不被项目贷款人所接受时，由第三方当事人提供信用担保将是十分必要的；（4）该项目融资一般建立在可预见的政治与法律环境和稳定的市场环境基础之上。

2. 有限追索权（Limited-recourse）项目的融资。除了以贷款项目的经营收益作为还款来源和取得物权担保外，贷款银行还要求有项目实体以外的第三方提供担保。贷款行有权向第三方担保人追索。但担保人承担债务的责任，以他们各自提供的担保金额为限，所以称为有限追索权的项目融资。

项目融资的有限追索性表现在三个方面：（1）时间的有限性。即一般在项目的建设开发阶段，贷款人有权对项目发起人进行完全追索，而通过“商业完工”标准测试后，项目进入正常运营阶段时，贷款可能就变成无追索性的了。（2）金额的有限性。如果项目在经营阶段不能产生足额的现金流量，其差额部分可以向项目发起人进行追索。（3）对象的有限性。贷款人一般只能追索到项目实体。

衍生词条：

项目公司
project company

新业务限额
new business limit

释义：

出口信用机构用于监控风险的一种手段，一定的时间（一般为一年）内在某个国家累计承保的新业务（通常是中长期业务）的总量所设定的最高限额。

A limit on the amount of new business (usually medium and long-term business) that an export credit agency will underwrite in a given country over a given period, normally one year, as a means of monitoring and controlling exposure.

相关知识：

与年度到期责任限额不同，新业务限额是对一定时间内新增业务的约束性指标。当新增业务的责任限额达到新业务限额时，出口信用机构要对该国重新评估，或者不再承保新业务。

衍生词条：

中长期出口信用保险
medium and long-term export credit insurance

年度到期责任限额
annual maturities limit（AML）

信贷额度
line of credit

释义：

是买方信贷的一种形式，出口国银行放贷给买方国家的银行，用于为某项合同或者多项合同融通资金。信贷额度最常用于中、长期业务。但有时也可用于短期业务（例如难以对单个买方进行承保时）。在项目信贷额度方面，得到融资的各个合同都归属于同一个大项目。在通用信贷额度或采购单信贷额度方面，得到融资的合同可能是多种多样的，只要其符合贷款文件中规定的标准。

Extending lines of credit or framework credit is one type of buyer credit models in which a bank in the exporting country extends credit to a bank in the buying country to finance one or more contracts. Lines of credit are most commonly seen in medium and long-term business and can also be used for short term business, e. g. , where it is difficult to underwrite individual buyers. In a project line of credit, the contracts being financed are for a single project. In a general purpose or shopping list line of credit, various types of contracts can be financed, as long as they meet the eligibility criteria set out in the loan documentation.

相关知识：

信贷额度的确定因素：一方面，考虑借款人的财务状况、盈利情况、外部评级等。另一方面，考虑金融机构与借款人之间的关系，若金融机构对借款人认同程度较高，合作意愿较强，则可以适当放开信贷额度，反之则应收紧信贷额度。

信贷额度的确定方法：信贷额度审批的总原则是风险要小于收益。常用方法包括：(1) 参照历史经验。如果借款人近期的财务状况无明显变动，则可在原来的信贷额度基础上，进行适当调整。(2) 以销售额作为计算依据。根据已确定的赊销比率，用借款人上月的销售额（或预期销售额）乘以赊销比率，得到借款人下个月的信贷额度。(3) 以利润作为计算的依据。根据公司销售利润率预测借款人在信用期限内的销量，算出借款人对公司的利润贡献，借款人所享受的信贷额度不应超过他所贡献的利润。(4) 以同业机构为参照。如果其他金融机构已向借款人授信，则金融机构的初次授信额度可与同业机构保持一致。(5) 综合评估。金融机构的信贷经理通过对借款人开展详尽的调查，确定信贷额度。数额巨大时需借款人提供相应担保。(6) 小额试贷法。先向借款人提供较小的信贷额度以建立合作关系，根据交易的开展和还款情况，不断更新信贷额度。

信贷额度与信用管理：信用管理对于任何金融机构都相当重要。当银行对借款人进行授信时，会参考信用管理机构提供的资信情况，确定授信额度；在给予借款人一定的信贷额度后，银行会根据借款人信用的变化情况，适时扩大或收紧信贷额度，实现较好的风险控制。信用管理包括对借款人的调查，以确定借款人是否能对提供的货物和服务付款（即借款人资信状况），同时还包括对现有借款人的风险跟踪。金融机构可以从很多渠道获取上述信息，比如专业征信机构的资信报告，银行记录及实地拜访等，这些信息需要不断更新。需要获得借款人的财务信息并由金融机构的专业人员进行分析。如果某个借款人的财务出现问题并且要求延长付款期限，那么金融机构就要决定是否还要继续放贷以及是否对拖欠的借款人实施追偿。

衍生词条：

中长期出口信用保险
medium and long-term export credit insurance

短期出口信用保险
short-term export credit insurance

信贷条件
credit terms

信贷条件
credit terms

释义：

1. 货物装船出运或服务完成日起至发票约定的应付款日之间的期间。

2. 有关还贷的条款或者重要特别约定，内容包括信用期限、还款计划、利率、预付款等。

1. The period between delivery or shipment of goods or services and the expiry of payment date listed in the invoices;

2. Credit repayment specifics, including credit term, repayment schedule, interest rate, and down-payment amount, etc. .

相关知识：

信用期限（credit term, credit period, length of credit）：在短期业务方面指从发货或者接受货物之时起，或者在项目融资方面指从委托承办项目开始到还清全部款项时止的这一段时间。中长期业务的信用期限从信贷起始点到还清全部款项时的期间。最高信用期限决定了还款期限。伯尔尼协会通则中规定了短期业务的信用起始点，而中、长期业务的信贷起始点则是由伯尔尼协会和经济合作与发展组织共同确定。

相关信息：

《官方支持出口信贷的安排》关于中长期业务的信贷起始日的规定为：

1. 零部件（中间产品），包括相关服务：对于部件或零件，信贷起始日是买方接受货物的实际日期或接受货物的加权中间日（包括服务，若可适用）；对于服务，信贷起始日是向客户签发发票之日或客户接受服务之日。

2. 准资本性货物，包括相关服务——通常是单价相对较低，用于工业生产或其他生产、商业用途的机械或设备：对于准资本性货物，信贷起始日是买方接受货物的实际日期或接受货物的加权中间日，或在出口商有调试义务的情况下，最近一次信贷起始日就是调试之日；对于服务，信贷起始日是向客户提交发票之日或客户接受服务之日，或在供应商有调试义务的情况下，信贷起始日就是调试之日。

3. 资本性货物和项目服务——高价值、用于工业生产或其他生产或商业用途的机械或设备：

——若是由具有独立用途的分项组成的资本性货物销售合同，最近的信贷起始日是买方实际控制货物的实际日期，或买方实际控制货物时的加权中间日。

——若是在供货者不承担调试义务的情况下向整个工厂或厂房提供资本性设备的销售合同，最近的信贷起始日是买方实际控制合同项下提供的整套设备（不包括零配件）之日。

——在出口商承担调试义务的情况下，最近的信贷起始日是调试之日。

——对于服务贸易，最近的信贷起始日是向客户出具发票之日或客户接受服务之日。如果是提供服务方承担调试义务的服务合同，最近的信贷起始日是调试之日。

4. 整个工厂或厂房——高价值、需要使用资本性货物的整个生产单位：

——若是在供货者不承担调试义务的情况下向整个工厂或厂房提供资本性设备的销售合同，最近的信贷起始日是买方实际控制整套设备（不包括零配件）之日。

——若是在承包商不承担调试义务的情况下的建设合同，最近的信贷起始日是完成建设之日。

——在供货者或承包商有约定的调试义务的情况下，最近的信贷起始日是完成安装或建设和最初调试以保证可以投入运营之日。无论货物是否按照合同条款规定的时间移交给买方，也无论供货方或承包商是否还有后续义务，例如保证货物效能或培训当地人员，信贷起始日的规定都适用本条。

——如合同需要分别执行项目的每部分，最近的信贷起始日是每个单独部分的信贷起始日或是那些信贷起始日的中间日，或尽管供货方并不是整个项目的合同方但涉及项目的基础部分，可以以整个项目的信贷起始日为准。

——对于服务，最近的信贷起始日是向客户提交发票或客户接受服务之日。在提供服务者承担调试义务的情况下，最近的信贷起始日即是调试之日。

衍生词条：

还款条件
repayment terms
付款条件
payment terms

信息渠道
business information supplier

释义：

信息渠道指可以提供企业资信报告、行业报告、资信数据库产品、企业监控服务等各类信息产品及服务的供应商。

The suppliers who provide various information products and services in company profile, industry analysis, information database and general operation monitoring, etc. .

相关知识：

信息渠道分为企业资信报告渠道和数据库产品渠道。出口信用保险公司一般设立专门的资信评估中心，主要负责信息渠道开发、合同签订、产品采购、产品归档、渠道评估、渠道维护、产品售后服务、组织培训及付费管理等。

中国出口信用保险公司现有企业资信报告渠道共计 109 家，其中海外 44 家，国内 7 家，国内外数据库渠道 58 家，能够获取全球 200 多个国家和地区的企业及行业信息。

相关信息：

中国信保资信（Sino Rating），是中国出口信用保险公司向海内外客户提供信息产品和服务的专业咨询机构。SinoRating 拥有庞大的企业资信信息库、丰富的信息渠道资源、专业的信用分析师团队，以及美国行业数据库、全球银行数据库、全球船舶信息数据库、全球企业并购信息库等众多数据库资源。自 2002 年成立以来，SinoRating 凭借独特的核心竞争力，为客户提供质量稳定可靠的各类企业资信报告、行业分析报告、信用评级与风险管理咨询服务、海外投资咨询服务，有效地满足了各类企业对投资、经营和管理中风险进行防范的需要，已经成长为中国最具权威性和专业性的资信产品及信用风险管理解决方案的提供者之一。

SinoRating的客户遍及海内外，覆盖了政府部门、行业商协会、信用保险机构、银行、企业等多种性质的市场主体。能够凭借强大的商业信息服务能力和全球5 000万家企业的雄厚数据资源，针对企业所处不同的行业特点及业务需求、为其量身定制国际市场拓展方案，帮助企业找到项目、客户，增加企业商业机会。SinoRating每周发布海外项目信息，遍及亚洲、非洲、欧洲、美洲，涉及投资、工程承包、大型设备采购等领域。

SinoRating利用60个国家商业信息，按照产品名称、产品类别、公司类别等条件提供海外买家信息报告，主要内容包括：(1)公司联系信息：名称、网址、地址、电话、传真、E-mail；(2)公司规模：雇员人数、注册资金、成立年代、营业额；(3)管理人员：姓名、E-mail。SinoRating可以提供200多个国家和地区的企业注册信息报告、资信评估报告、资信深度分析报告、资信数据库产品。SinoRating可以提供中国产品进出口分析报告，帮助企业掌控进出口动态信息。

衍生词条：

承保
underwriting

信用风险
credit risk

释义：

交易一方不能履行或不能全部履行义务而给另一方带来的风险。

Credit risk refers to the risk incurred by one party's non-performance or inability of full performance of its obligations to another party in a transaction.

相关知识：

信用风险可以是违约方拒绝提供所承诺的货物或服务，也可以是违约方无力按时或全额偿还所欠的债务。人们在生活中，可能经常会无法实现预期的支付，所以信用风险广泛地存在。

社会活动中信用的种类很多。就商业信用和银行信用来说，商业信用是销售方向客户销售货物和提供服务时，允许客户延期支付货款；银行信用是银行为了在未来获取利息并收回本金，而向借款人提供贷款。在这两种信用形式中，客户或借款人都有可能违反、撤销、重新协商或更改既定的契约，从而给销售方或银行造成损失，这就是信用风险。另外，信用风险还是一种双向性风险，会同时影响到授信方和受信方。在商业信用中，销售方面临客户可能拒绝付款的风险，而客户也面临销售方不予交货的风险；同样在银行信用中，贷款银行承受借款方可能无力偿债的风险，而借款方也会面临银行违约收回贷款的风险。

信用风险的特点：

1. 信用风险具有综合性

金融风险、市场风险、政治风险、自然灾害风险、财务风险等各种类型的风险，最终都会通过信用风险体现出来，具体表现则是信用交易中的违约行为。

2. 信用风险具有传递性和扩散性

在交易活动中，交易一方的信用风险可能导致另一方的信用风险，而另一方的信用风险又可能导致第三方的信用风险，最终形成一个“信用风险链”。如债务人的信用风险可能会造成债权人的信用风险，而债权人的信用风险有可能进一步造成其他的债权人的信用风险。

3. 信用风险具有累积性

由于信用风险具有传递性，一方的信用风险可能会扩散到关联各方，引起总的信用风险迅速累计增大。从小的方面来看，如“三角债”；从大的方面来看，如信用危机、金融危机等。在这一点上，信用风险与市场风险不同，市场风险是零和的，一方之所失正是另一方之所得，加起来市场风险可能为零。

4. 信用风险具有隐蔽性

信用风险可以通过安排新的负债得到缓解，如“借新债还旧债”，使信用关系暂时得以维持。这样，即使发生信用风险，起初也难以显现出来。

5. 信用风险具有不确定性

风险本身就是一种不确定性，但它是一种可以计量的不确定性。信用风险由于受交易方的道德水平、经营能力、努力程度等主观性因素的影响，其不确定性就更大，因而对其进行量化处理和客观评价都非常困难。

相关信息：

信用风险的来源：对于授信企业来说，商业信用风险主要是由于以下三方面的原因而形成的。

1. 客户的履约能力出现了问题

(1) 财务风险

财务风险是指由于财务状况恶化（主要是现金流的匮乏）造成客户拒绝支付或延缓支付的可能性。

（2）经营风险

①企业产权关系不明确，经营者并不承担相应的责任；

②企业缺乏长远的发展战略；

③企业成本控制不力；

④企业管理机构设置混乱、层次繁多；

⑤市场发生变化，产品卖不出去或价格降低；

⑥企业经营过于多样化，摊子铺得过大。

（3）破产风险

2. 客户的履约意愿出现了问题

（1）贸易纠纷

在企业的信用销售中，由于对合同中的某些条款，如货物质量、数量等方面有分歧产生纠纷，导致货款迟付或拒付。

（2）有意占用对方资金

（3）蓄意欺诈

3. 其他风险

虽然说信用风险主要与客户的财务和经营状况相关，同时受客户履约意愿所左右，但是有一些原因却是客户自身不能控制的。了解这些风险有助于我们从一个更广泛或更复杂的角度对风险进行评估。

（1）国家风险

国家风险产生的可能原因主要包括：①政治风险；②经济风险；③货币风险。

（2）行业风险

衍生词条：

政治风险
political risk
商业风险
commercial risk
国家风险
country risk

行业风险源于大量的受信客户都属于同一行业。一个行业可能由于某种原因走向低迷或衰退，并面临由此带来的困境。一旦发生行业低迷或衰退将有可能使行业内的大量企业面临破产。若企业的客户大量集中于这类行业的话，将会出现客户群坏账大增、延迟付款行为增多等严重的信用风险。处在下滑、恢复和增长等阶段的行业的风险较大，因为在未来的某一时间内，现在尚未发生的衰退将不可避免地会出现。

信用风险管理服务
credit risk management service

释义：

信用保险公司提供的，以信用风险规避，买方信用风险评估，风险监测，商账追收，海外法律咨询为主要内容的综合性信用管理服务。

Comprehensive and integral risk management services provided by credit insurers involving credit risk mitigation, buyers' credit risk analysis, risk monitoring, debt collection and foreign legal consultation.

相关知识：

除提供单纯的信用保险服务，帮助被保险人有效规避交易对手的违约风险外，信用保险公司还提供涵盖买方信用风险评估，风险监测，商账追收，海外法律咨询等内容的附加服务。这些服务提高了信用保险产品附加值，是信用保险公司提高客户忠诚度的重要手段。附加服务使信用保险公司获得协同效应的同时，极大地丰富了产品和服务的种类。信用保险公司的信用管理服务不能完全替代企业自身的信用风险管理，但可以作为企业风险管理的有效补充。

信用评级
credit rating

释义

一般指对借款人信用的衡量，或对特定债务或融资义务的评估。信用评级可以针对任何一个寻求借款的实体，包括个人、公司或各级政府。

An assessment of the credit worthiness of a borrower or with respect to a particular debt or financial obligation. A credit rating can be extended to any entity that seeks to borrow money including an individual, corporation, state or provincial authority, or sovereign government.

相关知识：

信用评级通常由评级机构完成。主要评级机构如标准普尔（Standard & Poor's）、穆迪（Moody's）和惠誉国际（Fitch IBCA）

评级机构的评级分为三类：发行人评级、长期债务评级和短期债务评级，其中对发行人的信用评级最受关注。这些评级反映债务人的信用程度，包括其履行金融债务的能力和意愿。最高的等级意味着债务人几乎没有无力偿还本息的风险。等级越高，债务人的举债成本（即需支付的利息水平）就越低。由主要的评级机构评定的最高信用等级为AAA级或aaa级，只有少数的国家和公司可获得这种评级。各评级公司所评定的等级的名称和含义不尽相同，但均可分为两大类：投资级别和投机/垃圾级别。

衍生词条：

信用限额
credit limit

信用期限
credit period, length of credit

释义:

指信用起始点到最后还款日之间的这段时间。信用起始点通常指货物出运或收货时间或者指工程投产时间。在信用保险业务中，信用期限是指保险人自信用保险责任开始至保险责任解除可以接受的最长期限。信用期限在短期业务范畴一般不超出6个月，中期业务不超过5年，而长期业务一般不超过10年。保费一般按信用期限来收取，或者按风险责任期（包括信用期限前的时间，信用起始点前的时间）来收取。最长信用期限决定了还款期限。伯尔尼协会通则中规定了短期业务的信用起始点，而中、长期业务的信用起始点则是由伯尔尼协会和经济合作与发展组织君子协定共同确定的。

Credit period is the length of credit from the starting point of credit until the final repayment date. The starting point of credit is generally the time of shipment or acceptance of the goods or the commissioning of a project. In respect of credit insurance, credit period refers to the maximum period between commencement and termination of insurance liability. The length of credit is normally no more than six months for short term business, five years for medium-term business, and ten years for long-term business. Premiums are normally charged based on the length of credit or the risk exposure period (which includes the pre-credit period, prior to actual shipment). Maximum credit periods determine the length of repayment periods. The starting point of credit for short-term business is set by Berne Union agreements, and that for medium and long-term business is set by the Berne Union and the OECD Arrangement.

相关知识：

从信用保险实践的角度，按信用期限长短，一般分为短期业务和中长期业务。

短期业务：通常指信用期限不超过180天的交易。虽然根据某些解释，信用期限可延长至360天，个别案例中还可延长至两年。根据君子协定，在经合组织成员国范围内，两年为中长期业务的起始点。大多数出口信用机构的大量业务是短期业务，一般涉及原材料、商品和消费品的交易。

中长期业务：按惯例指信用期限为1年以上的业务。根据君子协定的规定，中期业务指信用期限为2年到5年的业务。短期业务和中期业务之间、中期业务和长期业务之间，没有通用的明确分界线。

出运前保险：指承保出运前阶段可能面临的信用风险的保险。出运前阶段指合同被保之日起到出运之日（或买方承兑日）止的这段时间，即信用期开始之前的阶段。绝大多数出口信用机构承保这一时段的风险，可以出具独立的保单，或者作为原保单的附加部分，而非作为标准保单的固定内容。

出运后保险：指承保出运后的可能发生风险的保险。出运后指从货物出运或买方收到货物之日起，到付清最后一笔款项的这段时间，有时称为信用期限。

相关信息：

信用期限长短受很多因素的影响：

1. 信用期限与出口产品自身特征是息息相关的，例如服装、鞋类等日用消费品，买方从收货到销售多在60天内完成，这样信用期限在120天以内是合理的；再如鲜活产品信用期限一般低于60天，因为这些产品不宜长期存放，该行业的销售周转率高，信用期限相应较短。

2. 信用期限受到国别因素的限制，例如拉美地区的信用期限普遍较长，一般在180天左右，主要是因为拉美地区的融资成本偏高，导致进口商利用较长的信用期限从出口商处获得融资便利；非洲地区的信用期限也存在偏长的特征，主要是由于路途遥远使得运输时间偏长以及清关时间较长等因素导致。

3. 信用期限受到国际贸易惯例的影响。

衍生词条：

伯尔尼协会
Berne Union（BU）
经济合作与发展组织
Organization for Economic Cooperation and Development (OECD)
短期出口信用保险
short-term export credit insurance
中长期出口信用保险
medium and long-term export credit insurance
信用限额
credit limit
信用起始点
starting point of credit

信用起始点
starting point of credit

释义：

指信用期限开始之日。就大多数短期信用保险业务而言，信用起始点不应晚于买方收到货物之时。就资本性货物和项目而言，起始点一般指安装日或投产日，具体依据出口商承担的合同责任（负责项目的全部投产，还是部分投产，或者仅负责现场交货）确定。如有分批交货的情形，起始点一般不是指收到最后一批货的日期，而是平均交货日期或者平均投产日。一般情况下，在信用起始点后 6 个月开始归还第一笔本金。

The date on which the credit period begins. For most short-term business, the starting point of credit is no later than the acceptance of the goods by the buyer. For capital goods and projects it is normally the date of installation or commissioning, corresponding to contractual responsibilities that the exporter may have undertaken (e. g. , whether it is commissioning all or part of a project, or only providing delivery at the site). Where a series of deliveries is involved, the starting point is not usually the final delivery date but the mean delivery date or the mean commissioning date. The first principal repayment is normally made within six months after the starting point of credit.

相关知识：

平均交货（投产）日期：指如果出口合同中约定分期交货或分期投产，则需根据多个交货或投产时点计算一个平均交货（投产）日期，并以该日期作为信用起始点。

行业协议：指出口信用机构之间达成的特定行业协议，规定在承保特定的行业或货物交易时的信贷条件的上限。如伯尔尼协会的原材料和零配件协议。又如，经济合作与发展组织内部达成的大型飞机协议。

特定货物的条件：指对具体特定货物的信用条件（例如，伯尔尼协会通则和经合组织公约规定原材料的最长信用期限为180天）。理论上，特定货物条件要根据货物的经济寿命来确定。

衍生词条：

信用期限
credit period
经济合作与发展组织（经合组织）
Organization for Economic Cooperation and Development (OECD)
《官方支持出口信贷的安排》
Arrangement on Officially Supported Export Credits (the Arrangement)
伯尔尼协会
Berne Union (BU)

信用违约互换
Credit Default Swap (CDS)

释义:

信用违约互换又称为信贷违约掉期或信贷违约保险,类似于针对债券违约的保险,希望规避基础资产信用风险的一方(购买方)向提供信用保护的一方(出售方)定期支付固定"保费"(信用违约互换点差),一旦发生信用风险事件,出售方承担购买方在基础资产上发生的信用风险损失。

A financial swap agreement that allows the seller under of the CDS to compensate the buyer in the event of a loan default or other credit events. The buyer of the CDS makes a series of payments (the CDS "fee" or "spread") to the seller and, in exchange, receives a payoff if the loan defaults.

相关知识:

CDS 价差应该近似等于公司债券的收益率与相同期限的无风险收益率之间的差额。

交易结构:

CDS 是信用衍生品的一种,它的出现解决了信用风险的流动性问题,使得信用风险可以像市场风险一样进行交易。

CDS 价差应该近似等于公司债券的收益率与相同期限的无风险收益率之间的差额。

其中,基础资产可为公司企业、金融机构或主权国的一项或一组债务,在信贷资产证券化中可视为债券。信用风险事件可包括破产、企业合并相关的信用事件、交叉提前支付、交叉违约、

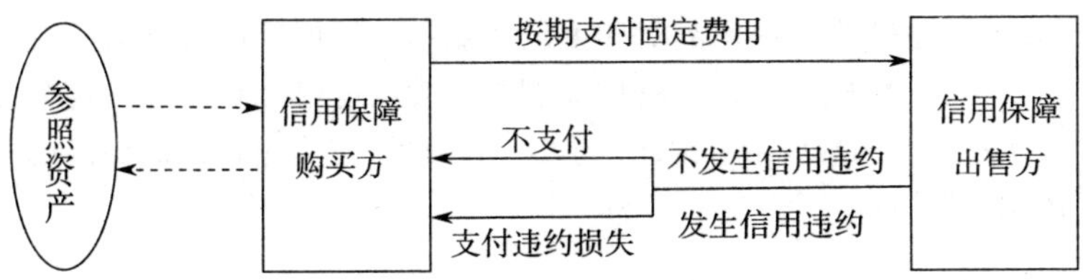

图 1　CDS 交易结构

信用评级下调、支付不能、拒付和重组。CDS 出售方通过清算的方式承担信用风险损失，如以实物清算，CDS 出售方按债券面值（名义本金）向 CDS 购买方购买基础资产；如以现金清算，不需要进行债券交割，直接支付面值与实际价格之间的差额。

相关信息：

信用违约互换与信用保险关系：

主权 CDS 和主权类中长期信用保险在保险标的种类、风险保障范围、风险对价形式上有诸多相似之处，在保额、责任金额、承担责任等方面主要存在以下差异：

表 1　主权 CDS 和主权类中长期信用保险差异比较

	主权 CDS	主权类中长期信用保险
保额	债券面值（名义本金）	本金 + 利息
责任金额	名义本金	（本金 + 利息）×赔偿比例
保险期间实际承担责任变化	实际承担责任不发生变化，一直为名义本金	实际承担责任在保险期间呈先升后降趋势。提款期/建设期不断上升至保额（本金 + 利息），还款期逐步降低
实际损失金额	高风险国别违约一般为债券面值，低风险国别评级下降为名义本金与实际价格之差	责任金额×赔偿比例 - 追偿金额

CDS 由于市场化运作，具有价格透明、交易保密性强和交易灵活等特点。在国际信用保险同业中，Atradius 与澳新银行

（ANZ）通过类 CDS 产品对印度尼西亚一揽子项目进行过风险分散安排，SACE，ECGD，EFIC 等机构也尝试运用 CDS 分散一部分过于集中的国别风险。因此，主权 CDS 也可作为主权信用保险的风险分散手段。

尽管存在相似点，但由于信用保险机构的政策性定位，其承保的中长期险风险所在国别较多为新兴市场，利用主权 CDS 进行风险分散的成本高、市场容量有限，且在信用风险事件上不完全匹配。故目前，主权 CDS 仍难以作为政策性保险公司的风险分散主流手段，但主权 CDS 对主权类中长期信用保险的费率定价、风险分散机制设计、国别风险监测等方面都有较好的借鉴意义。

衍生词条：

信用衍生品
Credit Derivatives
（CD）

信用限额
credit limit

释义：

指出口信用机构对每一个单独的买方所设定的最高保险额度。在短期信用保险中，信用限额是用以控制、衡量和管理风险的基本技术。出口商要为每个海外买方单独申请信用限额。保险人批复的信用限额通常包含对该买方承担的最高保险责任、是否需要担保等特殊承保条件、信用限额是否循环使用，以及最长信用期限（通常短于180天）。为及时满足出口商的限额需求，出口信用机构需要获取大量关于国外买方的信息。获取信息并不断更新已有信息所需要的资源（即信息技术）是进入该行业的巨大挑战。

The maximum amount of credit that an export credit agency will insure on an individual buyer. The setting of credit limits is the basic technique that export credit agencies use to control, measure, and manage risk in issuing short-term insurance. Exporters apply for such credit limits on individual importers. A credit limit approved by the insurer is attached with conditions such as the maximum exposure to the buyer, specific security arrangements required, maximum credit period (normally 180 days), and rollover specifications. In order to underwrite credit limits in favor of the exporter, an export credit agency should be equipped with sophisticated buyer information database. The sheer volume of information resources required to obtain such information and keep it up to date is a significant barrier to new entrants to credit insurance business.

相关知识：

如何理解信用限额的循环使用：买方信用限额的循环使用，指买方信用限额是一个“余额”，如果被保险人的出口货物第一次出运后安全收汇，则其占用的买方信用限额即自动恢复到原来的水平，被保险人的出口货物第二次出运，仍然可以继续使用原来的信用限额，保险人继续对该信用限额下的出口货物承担保险责任。但是，如果被保险人在超过保单/限额审批单规定的限额闲置期仍未使用该限额，保险人有权撤销该限额。

举例：保险人批复被保险人 A 公司的 B 买方 USD100000 信用限额，A 公司于 4 月 10 日以 D/A 30 天方式向 B 买方出运 USD80000 货物，则 A 公司对 B 公司的信用限额的余额剩 USD20000。5 月 10 日 A 公司收到 B 买方 4 月 10 日出运货物的付款 USD80000，则保险人对 B 买方的信用限额的余额又自动恢复至 USD100000。

关于信用限额的申请：限额申请金额应等于对买方在任何时候的最高放账额，而非签订的合同总额。如当前合同总额为 10 万元，D/A60 天，分批出运，分别为 3 万元、3 万元、4 万元，回款时间为 3 个月（加上单据往来时间）。若每个月出一批，那么需要申请 10 万元限额；若每 3 个月出一批，那么只需申请 4 万元限额即可。保单签发后被保险人应立即为适保范围内的每个海外买方申请信用限额。

衍生词条：

信用期限
credit period
自行掌握限额
discretionary limit (DL)
最高赔偿限额
policy limit
不可撤销信用限额
non-cancelable credit limit
可循环使用限额
revolving credit
空置限额
idle limit

信用衍生品
Credit Derivatives（CD）

释义：

信用衍生品是用来分离和转移信用风险的各类产品和技术的统称，其通过双边契约方式，将信用风险从贷款的出借人或证券的债权人转嫁给愿意承担的市场投资者。

Various instruments and techniques designed to separate and transfer credit risks in an event of default of a corporate or sovereign borrower to willing market players.

相关知识：

信用衍生品的最大特点是在不转移标的资产所有权的前提下，将一种资产的风险和收益从交易的一方转移到另一方，将信用风险从市场风险中分离出来。

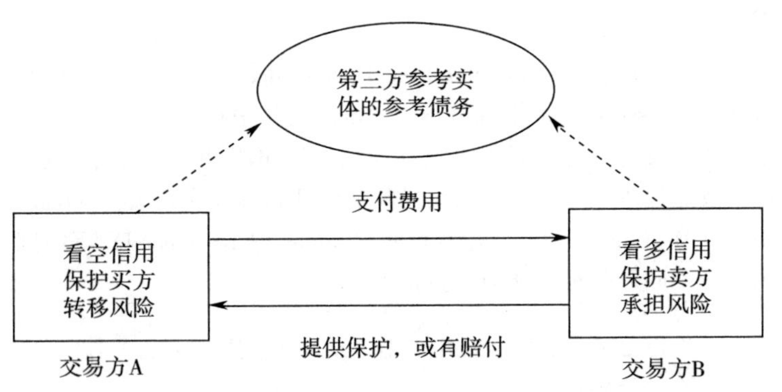

图1 信用衍生品的交易结构

转移信用风险的一方做空参考实体的信用，认为其信用风险会上升，并通过向对手方支付一定的费用来获得保护，称为买方；

承担信用风险的一方则认为信用风险会下降，获得支付的费用，并当参考实体发生“信用事件”时向对手方支付其相应损失，称为卖方。根据国际掉期与衍生工具协会（ISDA）对信用衍生品信用风险事件的定义，信用事件包括破产、债务加速到期、债务违约、支付违约、债务拒付或延缓支付和重组等。

信用衍生品种类：

信用违约互换（Credit Default Swap，CDS）是一种最常见的信用衍生品，债权人（买方）支付利差获得卖方保障，如买方持有的债项出现信贷事件或违约导致损失，可获得卖方的赔付。

总收益互换（Total Return Swap，TRS）是指信用保障的买方在协议期间将参照资产的总收益转移给信用保障的卖方，总收益可以包括本金、利息、预付费用以及因资产价格的有利变化带来的资本利得；作为交换，保障卖方则承诺向对方交付协议资产增值的特定比例，通常是 LIBOR 加一个差额，以及因资产价格不利变化带来的资本亏损。

信用联结票据（Credit Linked Note，CLN）指同货币市场票据相联结的一种信用衍生品，其为普通固定收益证券与信用违约互换相结合的信用衍生产品。信用联结票据的发行者则相当于保护的购买者，向信用联结票据的购买者支付一定的利率。如果违约情况未发生，票据发行方还有义务在信用联结票据到期的时候归还全部本金；如果违约情况发生，则只须支付信用资产的残留价值。

债务抵押债券（Collateralized Debt Obligation，CDO），资产支持证券（Assets Back Securities，ABS）是其中运用较为广泛的一个类型。发行者将一组固定收益债权加以重组和经过证券化包装后，按照信用风险级别从信用风险从低到高拆分为高级（Senior）、中级（Mezzanine）和低级/顺位级（Junior/Subordinated）等级别，销售给不同风险承担能力的投资者。

无论是 CDS、TRS、CLN、CDO 或其他信用衍生品，其定价皆基于风险溢价确定。

信用衍生品与信用保险关系：

信用衍生品与信用保险在风险保障标的和范围方面有所类似，

有一定的替代性。对于信用风险转嫁方，其可根据衍生品市场和保险市场的定价水平、市场容量等因素，考虑风险转嫁手段；对于信用保险公司，其也可利用信用衍生品作为风险转移手段，通过购买信用衍生品分散责任较为集中板块的信用风险。

衍生词条：

信用违约互换
Credit Default Swap（CDS）

信用证
letter of credit （L/C）

释义：

信用证是开证银行根据申请人的要求和指示、向受益人开立的、在一定期限内凭规定的符合信用证条款的单据、即期或在一个可以确定的将来日期承付一定金额的书面承诺。信用证受到国际商会《跟单信用证统一惯例》（UCP）的制约。

A document issued by a bank at the applicant's request in favor of a beneficiary, promising a sight payment of agreed amount upon receipt of certain documents within a specified time. Letters of credit are subject to widely accepted practices and procedures under the ICC's Uniform Customs and Practices for Documentary Credits.

相关知识：

信用证的种类及划分标准：1. 按开证行的责任不同可分为不可撤销信用证（Irrevocable L/C）和可撤销信用证（Revocable L/C）；2. 按是否要求受益人提交单据分为光票信用证（Clean L/C）和跟单信用证（Documentary L/C）；3. 按付款时间不同分为即期信用证（Sight Payment Credit）和远期（延期付款）信用证（Deferred Payment Credit）；4. 按可转让性分为可转让信用证（Transferable Credit）和不可转让信用证（Non-Transferable Credit）；5. 按是否有另一家银行加以保证兑付分为保兑信用证（Confirmed L/C）和不保兑信用证（Unconfirmed L/C）等。

开证行承担付款责任的前提：开证行在信用证项下承担第一付款责任，但其承担付款责任的前提是受益人提交的单证“单单相符、单证相符”。

保兑信用证：指开证行开出的信用证由另一银行保证对符合信用证条款规定的单据履行付款义务。信用证经保兑后，保险单中开证行的地位由保兑行代替，即保险人依保险单对因保兑行的商业风险及其所在国家或地区的政治风险引起的信用证项下款项的损失承担保险责任。

转让信用证：原则上，转让行不承担付款义务的转让信用证，保险人不予承保。

信用证限额的授信主体为开证行（或保兑行）。

信用证项下的商业风险是指由于开证行（或保兑信用证项下的保兑行）的信用原因所导致的风险，包括：1. 开证行破产、停业或被接管。2. 开证行拖欠。指被保险人作为信用证受益人在提交的单据无异议的情况下，开证行超过信用证约定适用的《跟单信用证统一惯例》（UCP）的最终付款日后仍未付款。3. 开证行拒绝承兑。指远期信用证项下，开证行对无异议的单据不予承兑。

信用证支付方式下的政治风险包括：1. 开证行所在国家或地区颁布法律、法令、命令、条例或采取行政措施，禁止或限制开证行以信用证载明的货币或其他可自由兑换的货币向被保险人支付信用证款项；2. 开证行所在国家或地区，或信用证付款须经过的第三国颁布延期付款令；3. 开证行所在国家或地区发生战事、内战、叛乱、革命或暴动，导致开证行不能履行信用证项下的付款义务；4. 导致开证行不能履行信用证项下的付款义务的、经保险人认定属于政治风险的其他事件。

信用证方式的“严格一致”原则，虽为买卖双方所共同接受，但因其固有的特性，有可能为买方所利用，客观上存在一系列的风险。在出现不符点的情况下，如果信用证要求的单据为海运提单，开证银行应将有关单据返回给被保险人，后者还可以控制物权。

若单据中确实存在不符点，开证银行可以合理地摆脱义务的履行，这就超出了承保银行信用的风险范围。此时，开证申请人的履约意愿很大程度上决定着开证银行的义务履行。如果卖方提交的单据中没有不符点，开证银行须履行信用证下的义务，否则可以认为是保险人承保的银行信用风险。

衍生词条：

商业风险
commercial risk
政治风险
political risk
开证行
issuing bank
通知银行
advising bank
议付行
negotiating bank

在开证行提出不符点之前，被保险人获得买方书面承诺接受不符点的情况下，保险人可扩展承保因保险单条款所列买方商业风险及政治风险引起的损失。

兴趣函
letter of interest

释义:

兴趣函是保险人为支持出口企业竞标项目出具的一种单证。对于基本符合承保原则，但是项目商务和融资条件尚不明确的项目，应企业要求出具的一种原则上同意出口信用保险承保意向的书面文件。对保险人不具备法律效力。

A supporting document issued by the insurer in favor of the exporter in the bidding process. For projects that meet the basic underwriting criteria of insurance while short of clear commercial and financial terms, insurers would issue such non-binding document indicating underwriting interest at the request of the exporter.

相关知识:

兴趣函的意义：出口企业在境外竞标时，除了商务合同中需要约定的技术标准及价格等商务内容以外，由于进口方支付能力有限或要求延长账期等原因，还需要准备包括银行和保险在内的融资条件作为补充。兴趣函就是保险人为了支持出口企业在竞标时更具有竞争力而出具的书面文件，其核心意义为出口贸易提供融资支持。保险人出具兴趣函通常会收取一定的费用。

兴趣函的内容：兴趣函通常是在项目尚处于招投标阶段的时候由保险人出具，在这一阶段，项目的商务合同尚未签署，项目的金额、期限等核心要素尚未确定。因此，保险人出具的兴趣函通常内容较少，仅对项目表示“意向性”的保险支持。项目最终是否能够承保，取决于保险人后续对项目风险分析的结果，兴趣函对保险人不具备法律效力。

相关信息：

中长期出口信用保险的业务流程：在通常情况下，办理中长期出口信用保险需要经历三个步骤。第一步是保险人向投保人出具兴趣函，帮助出口企业在海外的竞标，这一步骤通常不是必须经历的步骤，出口企业也可以在中标以后再向保险人投保；第二步是保险人向投保人出具意向书，在意向书中，核心的承保条件已经确立；第三步是保险人正式出具保险单。

衍生词条：

意向书
letter of intent

许可事项撤销
cancellation of license

释义：

国内许可机关单方面变更、撤回项目企业依法取得的、已经生效的许可事项，损害了被保险人或项目企业对投资项目的所有权或经营权，造成被保险人损失且被保险人或项目企业已就上述行为提起行政复议、行政诉讼或仲裁。

Cancellation of license refers to the act that relevant domestic authorities cancel licenses granted to project enterprises, causing losses in ownership or operation of the invested projects, provided that the insured has resorted to administrative reconsiderations, litigations or arbitrations for compensation.

相关知识：

许可事项：是指行政机关及法律、法规授权的具有管理公共事务职能的组织根据公民、法人或者其他组织的申请，经依法审查，准予其从事特定活动的事项。对行政许可的概念可以从广义上和狭义上予以界定，广义的许可事项包括行政机关的一般许可、特许、认可、核准、登记、批准、证明、检验、审核、备案等在内的所有行为，范围比较广泛。而狭义的许可事项则只是指在法律一般禁止的情况下，行政主体根据行政相对人的申请，通过颁发许可证或者执照等形式，依法赋予特定的行政相对人从事某种活动或者实施某种行为的权利或者资格的行政行为。

相关信息：

许可事项的特征：1. 需要公民、法人或者其他组织提出申请的行为；2. 行政主体实施的行为，包括行政机关和法律法规授权的组织；3. 准予申请人从事“特定的活动”，这个特定活动的形式极为广泛。

许可事项的变更：被许可人要求变更许可事项的，应当向作出许可决定的机构提出申请；符合法定条件、标准的，管理机构应当依法办理变更手续。被许可人需要延续依法取得的许可事项的有效期的，应当在该许可事项有效期届满前若干天向作出许可决定的机构提出申请。但是，法律、法规、规章另有规定的，依照其规定。许可机构应当根据被许可人的申请，在该许可事项有效期届满前作出是否准予延续的决定；逾期未作决定的，视为准予延续。

续转
renewal

释义：

续转是指在保单期满后续签的行为。

Renewal refers to the policy extension after expiration.

衍生词条：

信用限额
credit limit
限额闲置期
idle period of limit
保单期限
policy period

延宕式还款/气球式还款
back end-loaded repayment

释义：

为一种特殊的分期支付贷款的方式，指平时逐期偿还小额本金和利息，期末偿还余下的大额部分的还款方式。

Back-end loaded repayment is also referred to as balloon payment or lump-sum payment. Under this special amortizing repayment arrangement, a relatively smaller portion is paid during credit term with larger sum of principal repaid at maturity.

相关知识：

延宕式还款的特点：

1. 最后一期的还款金额较高。在一般的分期还款中，当最后一笔含有本金和利息的付款还清后，所有的贷款也就付清（贷款余额为零），但在延宕式还款中，当最后一笔含有本金和利息的还款付清后，贷款并没有付清，它还剩一笔大额尾付金额需要支付（也就是说，这时的贷款余额为大额尾付金额）。虽然每期付款要比一般的还款低，但必须准备好在贷款尾期支付一大笔贷款余额。

2. 支付的利息较普通还款要高。因为大额尾付款作为本金的一部分，一直在累积，一直在计息，直到最后才被结清。

3. 多出现在中长期的项目融资中，符合项目融资的现金流和产生收益的阶段性特殊情况。

衍生词条：

还款条件
repayment terms
前置式还款
front end-loaded repayment

延付利息
deferred interest

释义：

在延付交易中，供货商为采购商提供融资便利，而向采购商收取的带有利息性质的费用。在此类项目中，货物交付前采购商只需支付少量预付款，货物交付后再分期支付剩余货款，并按一定利率水平支付未付货款对应的利息。

Fees collected by the supplier in the form of interest against deferred payment provided in favor of the buyer. The buyer is only required to advance down payment prior to delivery, with the remaining contract value paid by installments after delivery. The deferred interest is accrued on outstanding contract value at agreed interest rate.

相关知识：

延付交易分类：按照商品发出后所有权是否发生转移分为代销与赊销。

代销指商品发出后所有权不发生转移，仍属供货商，中间商按代销协议的规定代为销售，并按售出商品的数量、金额与供货商结算，未售出的部分，所有权仍属供货商的一种销售方式。

赊销指商品发出后所有权发生了转移，采购商拥有商品的所有权，承担向供货商付款的责任，供货商随即拥有向采购商收款的权利，在供货商的财务账上相应产生了应收账款，在货款未回收前，仅仅产生了债权，销售并未完成的一种销售方式。

延付交易的优点：

对于采购商而言：

首先，延付交易能缓解采购商资金周转的压力。如果采购商资金紧张，而又急需购进一批原材料或设备，延付交易正好能解决其资金周转的困难，避免其因资金紧张而错失良机。

其次，延付交易能够给采购商发现产品质量问题的时间，在付款上占据主动地位。假如商品质量确实存在问题，采购商就有理由拒绝或部分拒绝付款或延期付款，避免损失。

最后，有些延付交易的供货商并不要求采购商支付或要求采购商以低于当前市场利率水平的利率支付延付利息。因此，与从银行融资相比，采购商资金使用成本较低。

对于供货商而言：

首先，延付交易能够刺激购买力。对于那些资金暂时有困难的采购商，延付交易无疑具有吸引力。

其次，延付交易能够提高供货商的竞争力。

再次，延付交易能够起到稳定客户的作用。对信誉好、实力强的客户提供延付交易作为优惠条件，为保持长期稳定的客户关系提供了保障。

最后，延付交易促进成交，进而减少出口商的库存。

延付交易的缺点：

货款延期回收，供货商将承担一定的资金周转压力；供货商承担采购商的信用风险，如采购商不履行付款义务，供货商将遭受经济损失。

相关信息：

主要的国际结算方式：

汇付：又称汇款，是最简单的国际贸易货款结算方式。采用汇付方式结算货款时，供货商将货物发运给采购商后，有关货运单据由供货商自行寄送采购商，而采购商则通过银行将货款交给供货商。

托收：托收是指由接到委托指示的银行处理金融单据和/或商业单据以便取得承兑或者付款，或者凭承兑或者付款交出商业单据，或凭其他条件交出单据。

信用证：即由一家银行依照客户的要求和指示或自身的名义，在符合信用证条款的条件下，凭规定单据，向第三方或其指定人付款，或承兑并支付受益人出具的汇票；或授权另一家银行进行该项付款，或承兑并支付该汇票；或授权另一家银行议付。

衍生词条：

延期付款
deferred payment

延付期
deferred payment period

释义：

按照商务合同的约定，自出口商将货物装船出运或将项目建设完工至进口商支付最后一笔货款之间的期限。

The time-span between delivery or shipment of goods or final completion of project, and the expiry date of the final repayment of principal in accordance with the commercial contract.

相关知识：

延付期，也指还款期，其期限长短是出口信用保险机构产品设计的重要因素，时间越长，代表支持的力度也越大，不同的机构对延付款的具体规定也不尽相同，但还款期一般不得超过货物的使用寿命。

相关信息：

《官方支持出口信贷的安排》（简称《君子协定》）中关于最长还款期的约定：

1. 还款期的国别分类

（1）第 I 类国家是高收入①的 OECD 国家。所有其他的国家都属于第 II 类国家。

（2）改变某国国别分类的前提是：世界银行对该国国别分类

① 依据世界银行每年按照人均国民收入对国别分类的判定。

判定连续 2 年保持不变。

2. 最长还款期

在不影响《君子协定》第 3 条效力的前提下，最长还款期取决于按照第 1 条标准确定的进口国国别分类。

（1）对于第 I 类国家，最长还款期为 5 年；在遵循第 44 条规定的先期通知程序后，最长还款期可为 8.5 年。

（2）对于第 II 类国家，最长还款期为 10 年。

（3）对于涉及一个以上进口国的合同，加入国应按照第 58 条至第 63 条的程序，寻求建立一个共同谅解，并就适当的还款期达成一致意见。

3. 非核电站的最长还款期

对于非核电站，最长还款期为 12 年。如果一个加入国意图支持比第 12 条规定更长的还款期，则该加入国应按照第 45 条的程序给予先期通知。

衍生词条：

还款条件

repayment terms

延期报损
deferred potential loss notification

释义:

被保险人延期向保险人提交的可能损失的书面报告。

The deferred written notification of possible loss that the insured submits to the insurer.

相关知识:

可能损失指保险合同约定的风险事件发生,导致被保险人可能发生的损失。

保单约定的风险发生后,被保险人按保单规定时限履行报损义务,有利于保险人及早获知风险信息,及时介入勘查,尽快采取有效的风险控制和减损措施,防止损失进一步扩大。但在业务实践中,被保险人往往会根据贸易(或项目)客观实际情况或自身需要,向保险人申请延期报损或索赔。

相关信息:

被保险人无特殊原因,仅出于维护贸易或商务合作关系、保留信用限额等原因而申请延期报损,保险人原则上不予同意。

被保险人在保后管理或贸易执行过程中曾按保险人要求就项目执行或贸易付款及风险发生情况进行书面说明的,在同时满足一定条件的前提下,保险人可同意其在一定期限内延期报损:

1. 被保险人承认自身履行贸易或商务合同义务存在瑕疵(如发货错误,发货延迟,包装不当,未能或延迟提供必要的贸易单据,施工或提供的设备、服务与合同约定不符,工期延误,未及时制作或提交量单,未及时进行完工质量检测等),导致买方

（船东或项目业主）无法按时提货、接收设备（船舶或工程）、检测验收或支付货款，但已计划或正采取能够获得买方（船东或项目业主）认可的补救措施；

2. 贸易或商务合同约定买方（船东或项目业主）履行付款义务需满足一定的前提条件，但相关前提条件因客观原因尚未达成（如应付款金额中需扣除的由卖方承担的特定费用尚未确定等）；

3. 由于发生不可预见的意外事件，导致买方（船东或项目业主）客观上无法按时支付货款，但相关付款障碍有望在短期内消除；

4. 买方（船东或项目业主）已支付贸易或项目项下大部分款项，应付款余额较小，被保险人希望自行追回小额余款；

5. 贸易或项目相关参与方存在纠纷或争议，被保险人认为保单约定的风险是否已发生尚待进一步确定，希望先自行与买方（船东或项目业主）协商解决纠纷。

衍生词条：

可能损失
potential loss
可损通知
potential loss notification

延期付款
deferred payment

释义：

延期付款是商务合同签订后，买方除支付一定比例预付款外，剩余款项在未来一定时间内按照合同约定进度进行支付。

Deferred payment is an arrangement in which buyer pays a certain proportion of advance payment after signing commercial contract and outstanding payment can be made in accordance with payment schedule in the contract.

相关知识：

延期付款是通过提供中长期信贷以推动出口，尤其是机器设备出口的一种支付方式。在许多国家，属于出口信贷中的卖方信贷的范畴。常见的做法是，买卖双方在合同中规定，在订约后的一定时期内，由进口人凭出口人提供的出口许可证影印本和出口人银行提供的退款保证书或备用信用证，交付一部分货款，一般是5%～15%作为定金，然后像分期付款一样，按工程和交货进度，分期支付一小部分货款，这部分货款可用远期汇票或期票支付。其余大部分货款，是在交货后一段时间内，一般是3～5年，也可长达15年，分期（通常是每半年1期）连同利息一并支付。

在延期付款条件下，出口人为了本身周转的需要，在给进口人提供信贷的同时，需要向银行贷入资金，而这方面发生的利息费用，通常都要转移给进口人负担。由于延期付款的货款大部分是在交货后一段相当长的时间内分期摊付，所以它是一种赊销，也就是买方利用了卖方的资金。在延期付款的场合，如合同无特殊规定，货物的所有权一般在交货时转移。

相关信息：

延期付款与分期付款的区别：

采用分期付款，其货款是在交货时付清或基本付清；而采用延期付款时，大部分货款是在交货后一个相当长的时间内分期摊付。

采用分期付款时，只要付清最后一笔货款，货物所有权即行转移；而采用延期付款时，货物所有权一般在交货时即转移。

采用分期付款，买方没有利用卖方的资金，因而不存在利息问题；而采用延期付款时，由于买方利用了卖方的资金所以就存在买方需支付利息的问题，延期付款是买方利用外资的一种形式，一般货价较高。

在采用分期付款或延期付款时往往将汇付、托收和信用证付款三者结合使用，即主要货款采取信用证付款方式，少量货款或货款尾数则采用汇付或托收方式。

延期付款信用证（Deferred Payment Letter of Credit）是远期信用证的一种，亦称无汇票远期信用证。延期付款信用证的功能与远期信用证的功能相同，只是在期限上不同而已。

有的国家和地区颁布的票据法规定，凡超过 6 个月期限的承兑汇票，或超过一年以上的远期汇票，不得在市场上贴现。同时远期汇票的期限不得超过 180 天，在这种情况下为了解决远期至一年以上或数年时间后的支付方式，在国际贸易的实践中，延期付款信用证应运而生，而且被广泛予以运用。

延期付款信用证适用于进出口大型机电成套设备，为了加强竞争条件可采用延期付款、卖方中长期贷款或赊欠出口等措施。付款期限一般期限较长，出口商不必提示汇票，开证银行也不承兑汇票，只是于到期日由银行付款。

衍生词条：

延期付款
deferred payment

延期付款令
moratorium

释义：

通常为一国政府颁发，暂停对所有或某一类债权人支付债务。

A cessation of payments, usually by order of a government, to all or a class of creditors.

相关知识：

出口信用险所保障的政治风险的一种。指买方所在国或买方付款所必经的第三国的政府颁布法令，暂时禁止本国所有个人或机构对外偿付一切债务。这往往是一些不发达国家由于国内经济状况恶化，外汇严重短缺而采取的紧急措施。这种情况一旦发生，必然会给该国的国际贸易带来严重后果，损害有关各国出口商的利益。

衍生词条：

政治风险
political risk

延期索赔
deferral of claim

释义：

被保险人在保单约定的应索赔日期到期后，决定暂时不向保险人提交索赔申请，通常伴之以在应付款日后希望通过自行追偿或委托公司追偿等方式减少损失的申请。

The client decides not to claim for a certain period of time after date of filing the claim as agreed in the policy. The decision is made with insured's discretion to collect the account receivables by their own or with the assistance of the insurance company.

相关知识：

按保单规定时限申请索赔，是保单赋予被保险人最主要的保险合同权利。但在业务实践中，被保险人在报损后有时会出于维护与买方（船东或项目业主）合作关系等因素的考虑，希望通过自行追偿或委托保险人追偿等方式减少损失，并向保险人申请延期索赔。

考虑到保单项下索赔权的权利属性及《保险法》关于两年诉讼时效的规定，一般情况下，保险人对被保险人申请延期索赔原则上可予同意，但也有一些例外情形，如被保险人超限额出运（交付）情况严重、自行追讨时间较长且效果不明显、已办理保单贸易融资或通过其他形式的债权转让已丧失索赔权利等，可能影响保险人权益的情况。

衍生词条：

索赔
file a claim
索赔受理
admission of claim

一次性赔付
indemnity in one lump sum

释义：

一次性赔付是保险人对被保险人的损失进行一次性赔付结案的情况。

The insurer compensates the loss of the insured in one payment, which is the final payment for the insured in terms of a certain loss.

相关知识：

一次性赔付的前提：一次性赔付，需要在索赔案件项下贸易背景真实、承保条件满足、单证资料相对完整、损失原因确定、保险责任及损失金额明确的前提下进行。

一次性赔付的范围：一次性赔付相对于分期赔付而言，主要适用于被保险人履行贸易合同、保险合同可能存在一定瑕疵，但损失原因确定、保险责任及损失金额明确，保险人可以对被保险人的损失进行一次性足额或扣减赔付结案的情况。

相关信息：

一次性赔付是相对于分期赔付、部分赔付的概念，指赔付的必要条件均已满足（主要是损失原因、保险责任及损失金额确定），其他条件全部或部分满足（单证完整性、贸易合同及保险合同义务履行情况等），既有可能是一次性足额赔付，也有可能是一次性扣减赔付。

衍生词条：

分期赔付
installment indemnity
足额赔付
non-deducted indemnity
扣减赔付
deducted indemnity
拒赔
denial of indemnity

伊萨贝拉条款
Isabella Clause

释义:

合同或贷款协议中的一则条款或规定，将合同中的义务、权利和责任同相关联的贷款协议中的义务、权利和责任区分开。该条款可在官方出口信用机构签发买方信贷时使用。受伊萨贝拉条款制约的买方信贷借款人不论在融资合同项下出现任何情况，都应无条件承担还款责任，无权因合同或项目出现问题而违约或者推迟还贷或中止还款。

A clause or provision in a contract or loan provision that separates the obligations, rights, and responsibilities under the contract from those under an associated loan agreement. Such a clause may be inserted when export credit agencies issue buyer credits. Buyer credit loans subject to an Isabella Clause thus involve "clean" repayment obligations on the borrower, irrespective of what may be happening under the contract being financed. Problems with the contract or project do not give the borrower any right to default or delay payment on the loan or to suspend repayments.

相关知识:

买方信贷与伊萨贝拉条款：在买方信贷模式中，出口商同买方签订一份买方信贷合同，相应的融资安排由出口国的某银行与买方国家的某银行以签订贷款协议的方式操作（这种方式通常用于资本性货物融资或对中长期项目的融资）。按惯例，出口国的出口信用机构为贷款银行提供保险。买方信贷的一个重要的特点是，不论合同或融资的项目出现什么问题，借款人都必须归还买方信贷项下已支取的所有款项。买方不能将出口商未能执行合同条款作为其拖欠还贷的理由，而应根据合同，通过法律手段对出口商追索。这种将合同义务、权利和责任与贷款协议义务、权利和责任相分离的条款有时也被称为“伊萨贝拉条款”。出口信用机构在承保买方信贷时可加入此条款。

衍生词条：

买方信贷
buyer's credit

一视同仁原则/同等权利
pari passu

释义：

拉丁文用语，意为“同等地位”（法语），有时候被翻译成“同等顺序”、“手递手”、“同等权力”或“汇聚一起”，更广义地译为“公平地”或“无偏见地”。一般用来描述付款权利相等的、无任何优待顺序的两种或多种资产、证券、债权或债务责任。举例来说，在一个破产程序中，判决书规定所有债权人将同等对待，并在同一时间、支付同样的折扣数额。对各方平等对待意味着他们是一视同仁原则/同等权利。

A Latin phrase meaning "equal footing". It is sometimes translated as "ranking equally", "hand-in-hand", "with equal force", or "moving together", and by extension, "fairly", "without partiality". It describes the situation where two or more assets, securities, creditors or obligations are equally managed without any display of preference. An example of pari passu occurs during bankruptcy proceedings when a verdict is reached, all creditors can be regarded equally, and will be repaid at the same time and at the same fractional amount. Treating all parties the same means they are pari-passu.

相关知识：

一视同仁原则/同等权利的内涵和外延：1. 在遗产分配领域，一视同仁原则/同等权利的分配是指按家庭成员（分支）进行同样的数额的分配。举例来说，假定一个立遗嘱的人有两个孩子 A

和B。A也有两个孩子，B有三个孩子。立遗嘱的人将自己全部财产按一视同仁原则/同等权利同等份额分给自己的孙子（女）们，每个孙子（女）会继承五分之一的遗产。如果立遗嘱的人按家系（按家庭分支）来分配财产的话，A的孩子将获得整个遗产的一半，再在他们俩之间等额分配；B的孩子也将获得整个财产的一半，再在他们三个之间等额分配。本例中，每份财产一视同仁原则/同等权利分配的问题在于假定A早于B死亡。A死亡后遗产不能立即分给他的孩子们，他们不得不等到B死亡之后再分配。若假定B可以有更多的孩子，这样结果是A和B所有的孩子都有资格获得少于五分之一的遗产。2. 在金融中，pari-passu这个术语指的是拥有同等偿还权利的贷款、债券或股票份额。此外，再次发行的股票与已经发行的股票具有一视同仁原则/同等权利。遗嘱和信托可以规定所有的资产将会在指定各方之间进行一视同仁原则/同等权利的分配。3. 在借贷、破产或违约中，pari-passu这个术语常常被用于借贷领域或破产程序中，其中规定借款人必须一视同仁原则/同等权利的偿还，或者每个借款人根据其权利要求的按相同比例偿还数额。这里其意思是"同等且无偏见的"。实务中也有依据对这个词不一样的解释而做出决定的例子。在欧盟内部，作为希腊政府债务危机的结果，希腊政府在欧洲央行和国际货币基金组织的支持下通过了一项有追溯力的集体行动条款，其使债务人向债权人施加一个70%的减损，且超过75%的债权人都对这种减损方案投了赞成票。在这个案例中，一视同仁原则/同等权利意味着所有的私人机构投资者将按照同样比例的减损对待。

移交证书/完工证明
take over certificate

释义：

工程完工后业主接收工程时颁发的证书。

A certificate issued by the owner when taking over the completed project.

相关知识：

英文表述“take over certificate”多见于国际工程承包类商务合同中约定。而在电信类商务合同中，该类约定通常表述为初步验收证书和最终移交证书。

衍生词条：

工程总承包合同
EPC contract
初步验收证书
Provisional Acceptance Certificate (PAC)
最终移交证书
Final Acceptance Certificate (FAC)

已发生未报案未决赔款准备金
incurred but not reported claims reserve

释义：

保险公司为保险事故已经发生，但尚未向保险公司提出索赔的赔案而提取的准备金。

Reserves made by insurance companies for the incurred but not reported claims.

相关知识：

对已发生未报案未决赔款准备金，应当根据险种的风险性质、分布、经验数据等因素采用至少下列两种方法进行谨慎评估提取：

1. 链梯法；

2. 案均赔款法；

3. 准备金进展法；

4. B-F 法等其他合适的方法。

衍生词条：

已发生已报案未决赔款准备金
reported claims reserve
理赔费用准备金
loss adjustment expense reserve

已发生已报案未决赔款准备金
reported claims reserve

释义：

保险公司为保险事故已经发生并已向保险公司提出索赔，尚未结案的赔案而提取的准备金。

Reserves made by insurance companies for the reported but unpaid claims.

相关知识：

对已发生已报案未决赔款准备金，应当采用逐案估计法、案均赔款法以及中国保监会认可的其他方法谨慎提取。

衍生词条：

已发生未报案未决赔款准备金
incurred but not reported claims reserve
理赔费用准备金
loss adjustment expense reserve

已决赔款
settled claim amount

释义：

报告期内，已决案件的赔款计算书中载明的支付给被保险人的赔款金额，不包括相关理赔费用，以赔款计算书生效日期为确认标志。

Settled claim amount is the sum paid to the insured within the reporting term, written in adjustment of claims, excluding the expense of claim ascertainment. The effective date in adjustment of claims is considered as a confirmation.

相关知识：

已决赔款的范围：已决赔款仅包括支付给被保险人的赔款金额，不包括理赔费用。

已决赔款的对象：已决赔款的支付对象为被保险人或保险合同约定的其他主体，可以为融资银行、被保险人关联公司等。

相关信息：

出口信用保险与多数其他种类保险的区别之一是，赔款和损失之间存在着巨大的差异。在某些种类的保险中赔款和损失差别不大，一旦赔付，就不存在追偿或可追偿的款项，因而就定为实际损失。但是在出口信用保险方面，保险人期待能收回相当大比例的为商业风险或政治风险支付的赔款。就这点来说，同投资保险情况相同。因而保险人投入而且应该投入大量的时间和资源以减少损失和收回欠债。历史的经验是20% ~30% 的商业风险赔款，以及高达100% 的政治风险赔款可以被追回。

鉴于国际上欠债不断回降的形势，又鉴于政治风险和商业风险之间的界线越来越模糊，现在看来这一数字过于乐观。尽管如此，在近几年里出口信用机构的追回款与从新业务收到的保费相比，是更重要的收入来源。赔款追偿的重要性，以及从承保起到最后确认一笔净损失之间的周期之长，使出口信用保险和投资保险成为非常特殊的险种。

衍生词条：

赔付
indemnity
代位求偿
subrogation

溢额再保险
surplus reinsurance

释义：

是指再保险合同双方约定保险金额的自留额和最高分入限额，将每一危险单位的保额中超过自留额且低于最高分入限额的部分分给再保险公司，并按自留额与分出额实际形成的分保比例分摊保费和赔款。

Reinsurance of amounts that exceed a ceding company's retention. In surplus reinsurance, the reinsurer contributes to the payment of losses in proportion to its share of the total limit of coverage.

相关知识：

原理：溢额再保险是比例再保险的一种。溢额再保险最重要的两个术语是自留额（Retention）和线数（Line）。自留额通常被表达为总保费比例。再保险人的责任限额通常可以表达为自留额的倍数（称为“线数”），比如两线、三线等。线数的差别可能极大，主要是根据不同行业的具体情况和风险大小不同而变化。

应用：溢额再保险形式上允许有不同的分保比例——无论是自留比例还是分出比例，比例确定的依据是保险金额的大小。与成数再保险相比，溢额要复杂得多，其管理费也更加昂贵。这一再保险形式主要在火灾保险、意外险和责任保险等方面应用。与上述险种项下每个风险标的都有自己独特的风险定价不同的是，信用保险中通常保单下的全部风险适用于一个统扯费率，这造成了溢额再保险的使用不便，故信用保险领域较少用到溢额再保险形式进行分保安排。为解决上述不利，原保险公司希望对每张保单安排一个溢额结构，但这显然不能为再保险公司所接受，也不符合风险分散的原则。另外一种可能做法是根据每个风险单位

(买方或买方集团）的体量确定溢额结构，这样做的前提是信用保险人能够时刻掌握信用限额的使用情况。但一般来说限额使用率有限，故以限额为标准也不是客观可取的方法。

相关信息：

成数再保险	溢额再保险
自留额表述为保额的固定比例，以百分比表示	自留额表述为一定的金额，每笔业务的自留额一定
每笔业务均按同一比例分出，无论保额大小	保额在自留额以下的业务自留，自留额以上放入合约
可节约费用	管理费用较高

图1　成数与溢额的比较

衍生词条：

分保比例
cession
比例再保险
proportional
reinsurance
成数再保险
quota share
reinsurance

议付行
negotiating bank

释义：

根据开证行在议付信用证中的授权，买进受益人提交的汇票和单据的银行。

A bank, either at its own choice or nominated by the opening bank, buys the exporter's draft and documents submitted to it authorized by the opening bank.

相关知识：

议付是指由被授权议付的银行对汇票/单据付出对价。如果只审查单据而不支付对价并不构成议付。议付行是准备向受益人购买信用证下单据的银行，议付行可以是通知行或其他被指定的愿意议付该信用证的银行，一般是出口商所在地银行。

根据信用证流程，受益人备齐所有单据后，向通知行提交信用证及全套单据，如果通知行不对信用证进行议付的话，那么其仅仅是接受单据并将之转递开证行。受益人要等到开证行审单完毕，确认单证相符，并将信用证金额扣除必要费用的净额付至通知行后，才能从通知行获取货款。如果通知行接受开证行邀请，愿意对信用证进行议付，就成为议付行。议付行审单确认单证相符，便留下单据，将信用证净额（信用证金额扣去利息）交付受益人，即议付行实际是用自己的资金将单据买下，对受益人提供资金融通。议付行购买受益人的单据和汇票是建立在开证行保证偿付的基础上。

相关信息：

通知行和议付行的区别：

通知行（advising bank ）是应开证行要求通知信用证的银行，在很多信用证中，通知行处于开证行与议付行之间，负责信用证的通知及修改和其他信息的通知，不进行付款。议付行却有付款的义务，只要受益人所提交的单据符合信用证要求，无论货物状况或合同状况如何，议付行都应该按照信用证进行付款。在很多情况下，议付行同时担当通知行的角色，通知行是不能付款的。

衍生词条：

信用证
letter of credit
(L/C)
开证行
issuing bank
通知银行
advising bank

意向书
letter of intent

释义：

意向书是保险人对于符合受理条件、主要融资条件基本确定、资料齐全的项目，应投保人要求出具的附带承保条件、表明承保意向的书面文件。原则上，出具意向书是项目最终承保的前提和必备程序。

Letter of intent is a document issued by the insurer when the proposed project meets with all the underwriting criteria with clear financing conditions and complete documentation package. A letter of intent lists major underwriting conditions, indicating insurer's intent of underwriting the project. In principle, issuing such a letter of intent is the precondition for the final underwriting, although it is not legally binding on the insurer.

相关知识：

意向书的意义：通常情况下，意向书是出口信贷保险机构在正式出具保单前的必经步骤，是保险人通过尽职调查和文本审核对项目进行评估，包括对项目各参与方资质、行业研究、项目可行性分析和国别风险分析等多角度的评估后出具的带有具体承保条件的文本。在涉及多个参与方的项目结构中，保险人作为债权人和风险最终承担者出具的意向书是其他各方决定自身是否继续参与项目的基础。以中长期出口买方信贷保险为例，通常情况下，当保险人出具意向书后，项目参贷行才能凭借意向条件开启内部审贷会的评估程序。保险人出具意向书通常会收取一定的费用。

意向书的内容：如前所述，意向书是保险人对于符合受理条件、主要融资条件基本确定、资料齐全的项目，应投保人要求出具的附带承保条件、表明承保意向的书面文件。即意向书已经包含了较为明确的意向承保条件，通常包括进口方、出口方、商务合同金额、贷款金额、贷款期限和抵质押担保措施等具体条件，保险人也可以根据自身对项目风险的评估添加更为具体的条件。意向书通常具有有限的时间效力，对于超出意向书有效期的情况，投保人需要向保险人提出意向书效力的展延申请。项目最终是否能够承保，取决于保险人后续对项目风险分析的结果，意向书对保险人不具备约束力。

相关信息：

中长期出口信用保险的业务流程：通常情况下，办理中长期出口信用保险需要经历三个步骤。第一步是保险人向投保人出具兴趣函，帮助出口企业在海外的竞标，这一步骤通常不是必须经历的步骤，出口企业也可以在中标以后再向保险人投保。第二步是保险人向投保人出具意向书，在意向书中，核心的承保条件已经确立。原则上，出具意向书是项目最终承保的前提和必备程序。第三步是保险人正式出具保险单。

衍生词条：

兴趣函
letter of interest

银行风险
bank risk

释义：

银行风险指在信用证支付方式下发生以下情形：开证行破产、停业或被接管；开证行拖欠；开证行拒绝承兑。

In the context of L/C payment term, bank risk refers to the circumstances of bankruptcy, winding-up, failure for acceptance and default to pay after due date for the issuing bank.

相关知识：

银行风险是商业风险中的一类。信用证支付方式下，开证行作为第一付款人，在收到受益人交付的单证后进行审核工作，并在单单相符、单证相符的情况下，在约定日期履行付款义务。如果开证行发生在到期后未履行付款义务，或开证行破产、停业、被接管，或拒绝承兑，均视为发生信用证项下银行风险。在发生银行风险后，被保险人应在保单约定的日期内向保险人通报可能损失。不符点是银行风险案件中经常遇到的一类情况，若开证行以此拒绝承兑，保险人将根据信用证约定，结合跟单信用证统一惯例（UCP）以及国际银行标准实务（ISBP）有关规定，综合判定是否属于保险责任。

衍生词条：

商业风险
commercial risk
政治风险
political risk

银团贷款
syndicated loan

释义：

银团贷款是指由两家或两家以上银行基于相同贷款条件，依据同一贷款协议，按约定时间和比例，通过代理行向借款人提供的本外币贷款或授信业务。

A joint loan offering provided by more than one lenders under the same facility agreement with the same credit terms. A syndication agent is nominated on behalf of lenders for daily transaction.

相关知识：

银团指两个以上的银行（不一定是同一国籍）组成的银行财团（也称银行辛迪加），联合从事银行贷款等业务活动。每一银行都享有与其承诺份额相同的投票权。银团仅是一个名义上的概念，并无专门的经营场所。其成员各自独立经营，只有在从事银团范围内的业务时，才以银团的名义进行活动。

银团贷款的特点：

1. 贷款金额大、期限长。可以满足借款人长期、大额的资金需求。一般用于交通、石化、电信、电力等行业新建项目贷款、大型设备租赁、企业并购融资等。

2. 融资所花费的时间和精力较少。借款人与安排行商定贷款条件后，由安排行负责银团的组建。在贷款的执行阶段，借款人无需面对所有的银团成员，相关的提款、还本付息等贷款管理工作由代理行完成。

3. 银团贷款叙作形式多样。在同一银团贷款内，可根据借款人需要提供多种形式贷款，如定期贷款、周转贷款、备用信用证额度等。同时，还可根据借款人需要，选择人民币、美元、欧元、英镑等不同的货币或货币组合。

4. 有利于借款人树立良好的市场形象。银团成功的组建是基于各参与行对借款人财务和经营情况的充分认可，借款人可以借此业务机会扩大声誉。

5. 银团贷款成员应按照“信息共享、独立审批、自主决策、风险自担”的原则自主确定各自授信行为，并按实际承诺份额享有银团贷款项下相应的权利、义务。

6. 单家银行担任牵头行时，其承贷份额原则上不少于银团融资总金额的20%；分销给其他银团贷款成员的份额原则上不低于50%。

7. 银团代理行是指银团贷款协议签订后，按相关贷款条件确定的金额和进度归集资金向借款人提供贷款，并接受银团委托按银团贷款协议规定的职责对银团资金进行管理的银行。代理行可以由牵头行担任，也可由银团贷款成员协商确定。

相关信息：

银团贷款与俱乐部贷款的区别：

俱乐部贷款是由两家或数家银行一起对某一项目或企业提供贷款。俱乐部贷款的金额一般小于银团贷款，组织形式比银团贷款简单，没有主牵头行和牵头行之分。俱乐部贷款一般只有一家银行担任代理行，负责同其他银行的联系，并对贷款进行管理，贷款不采用公开发函邀请其他银行参加银团，而只是几家银行事先经过商讨，分别承担贷款金额即能组成。由于参加的银行少，俱乐部贷款的费用小于银团贷款，减少了借款人的借款成本。

表1　　银团贷款与俱乐部贷款的区别

具体区别	银团贷款	俱乐部贷款
银行间关系	结成统一体，通过牵头行和代理行与借款人联系	各行相互独立，分别与借款人联系

续表

具体区别	银团贷款	俱乐部贷款
贷款评审	各行以牵头行提供的信息备忘录为依据进行贷款决策	各行分别收集资料，多次评审
贷款合同	统一合同	各行均与借款人签订合同
贷款条件（利率、期限、担保方式等）	统一条件	各行与借款人分别谈判，贷款条件可能不同
贷款发放	通过代理行、按照约定的比例统一划款	分别放款，派生存款分别留在各行
贷款管理	由代理行负责	各行分别管理自己的贷款部分
贷款本息回收	代理行负责按合同收本收息，并按放款比例划到各行指定账户	各行按照自己与借款人约定的还本付息计划，分别收本收息

隐性征收
creeping expropriation, creeping deprivation

释义：

指项目所在国政府采取的歧视性行为，实质性地损害了投资项目的价值。当所在国政府违背了项目融资开始所达成的谅解或协议时，也会出现这种情况，从而导致多种违约现象。又称隐性剥夺、间接征收。

Also known as indirect expropriation, the term refers to discriminatory actions taken by the host government that effectively undermine the value of an investment. It can also arise when host governments breach understandings or agreements reached at the outset of project financing, leading directly to various defaults.

相关知识：

隐性征收或隐性剥夺一般表现为一系列或渐进式的行政措施或行为。在政府的一系列措施下，即使投资者名义上还保有投资带来的各项权利的所有权，措施的实行则剥夺了投资者对其投资的实质使用和收益。

相关信息：

隐性征收、间接征收的主要表现形式：过度增加税负；违法安排人员进入项目企业管理层，干扰项目企业经营最终导致项目企业无法正常经营；限制项目企业产品出口，而该产品在东道国内没有市场等。

歧视性行为：项目所在国政府针对特定投资人给予区别于其他投资人的对待和待遇，导致投资人遭受排挤或边缘化，进而影响投资人利益和投资资金安全。政府歧视性行为总是以某个投资人群体的利益为代价，提高另一个群体的利益。

应收保费
premium receivable

释义：

按照保险合同约定应向投保人收取但尚未收到的保费款项，应收担保费也在此项目中反映。

Premium receivable refers to the premium charged in accordance with the insurance policy, but uncollected from the insured.

应收账款购买
purchase of receivables

释义：

金融机构买入在“商务合同”项下产品卖方（债权人）对产品买方（债务人）所拥有应收账款的债权，对债务人拥有追索权的金融产品。该产品分为有追索权应收账款收购和无追索权应收账款收购两种；后者放弃对债权人的追索权，前者保留对债权人的追索权。同时金融机构和债权人议定，在债权人未履行商务合同项下义务时，不论有无对债权人的追索权，债权人仍须承担无条件向金融机构回购该笔应收账款的义务。

A financial product that the financial institutions purchase the account receivables from the seller (creditor) under the business contract, and obtain claims against the buyer (debtor). The product includes recourse receivables purchase, in which the financial institution reserves its claim of recourse against the creditor and non-recourse receivables purchase, in which the financial institution gives up its claim of recourse against the creditor. The financial institution and the creditor agree that the creditor shall unconditionally repurchase the account receivable, whether it is bought with recourse or not, in case the creditors fail to fulfill the obligation under the business contract.

相关知识：

应收账款购买业务作为一种融资手段，与保兑仓业务一样，都带有提前进行票据贴现的性质，解决了买卖双方当事人之间的资金融通问题，同时银行等金融机构参与其中利益分配也能获得一笔不菲的收益。应该说这是一种标准的多方参与且共赢的经济运行模式。一般地，银行等金融机构作为应收账款的购买方，都有标准的购买文本协议。

应收账款购买的特征：

1. 应收账款购买事先有一个购买合同，即商务合同。实践中，该类合同绝大多数是进出口的涉外贸易合同，其中卖方即出口商，亦即购买业务中的申请人、转让方，或出让方；买方即进口商；第三方与商务合同没有直接的法律关系，属于购买业务的受理人、受让方，受让成功之后即取代卖方成为买方的债权人，一般由银行等金融机构担任。

2. 应收账款购买协议之标的，性质上限于确定的当事人事先约定可以转让的以及依法允许转让的合同债权，而不能是侵权、无因管理或者不当得利的债权，表现形式上为一定金额的金钱债务，而不能是实物债务，标的物即为应收账款本身，根据商业管理投保买方信用保险。这往往是此类业务的一个必备条件。

3. 该类购买业务的核心是银行等金融机构支付一定的对价取得原属卖方对买方所享有的收取货物或服务价款的权利，及其相关的保险权益。同时，保留当卖方在原买卖合同、保险合同中违约而承担违约责任时对卖方有限的追索权。在理论上，受让方支付应收账款对价的方式有两种：一是应收账款权利凭证金额全额，但同时会要求转让方支付一定的利息和相关手续费用；二是将应收账款金额按约定的折率折算后出让，受让方的收益报酬及行权费用都包括在折让中，转让方不必再支付其他费用。

衍生词条：

票据贴现
discounting of a bill

应收账款管理
account receivable management

释义:

在赊销业务中，从卖方将货物或服务提供给买方后开始，到款项实际收回或作为坏账处理结束，卖方自身或外包第三方采用系统的方法和科学的手段，对应收账款回收全过程所进行的管理。

The ongoing and close monitor of accounts receivable collection from shipment to final payment, or being debited as bad debt in case of nonpayment. The process can also be outsourced to ensure safety and efficiency.

相关知识:

应收账款管理手段：应收账款管理需要系统的方法和科学的手段，其中投保信用保险是应收账款管理的重要手段之一。通过投保信用保险可以帮助企业防范应收账款无法收回的风险：首先，保险人通过在承保阶段对买方资信的了解，授予合理的信用限额；其次，在发生风险后，保险人对于属于其保险责任的部分支付赔款给被保险人；最后，保险人通过商账追收机构等资源所提供的专业追偿服务，最大限度地追回欠款。

相关信息:

应收账款转让和质押：应收账款转让的实质是债权转让。在贸易融资实践中，应收账款转让可分为绝对无追索权的转让和保留追索权的转让。

应收账款质押：《物权法》第二百二十三条、第二百二十八条对应收账款可以作为质权标的予以明确，规定了应收账款质押合同的形式，应收账款质权的设定，并将登记确定为应收账款质权成立的公示方法。

衍生词条:

出口信用机构
Export Credit Agency (ECA)
账龄
account receivable age
转让
novation

盈余手续费/纯益佣金
profit commission

释义：

再保险公司按合同规定从分入业务盈利中提取并支付给原保险公司的费用。旨在鼓励原保险公司谨慎核保，使业务合同产生利润。

A provision in some reinsurance agreements that provides for profit sharing. Parties agree to a formula for calculating profit, an allowance for the reinsurer's expenses, and the cedent's share of such profit after expenses.

相关知识：

应用：盈余手续费通常与固定手续费联合出现，这一佣金一般 24 个月甚至 36 个月计算一次（允许充分的时间来经历整个承保合同/运输/支付/违约/理赔/追偿周期）。在扣除了再保险公司管理费用之后，这一佣金将以协议公式下收入与支出的正数差额支付。

从原保险公司的角度看，该部分费用是再保险公司进行的返还，所以也叫做“纯益返还”或者“经验返还”。

公式：“纯益”指某个业务年度的再保险分入业务获得的纯收益，即该年度分入业务收入项目合计减去支出项目合计的差额。

纯益手续费 =（收入项目合计 - 支出项目合计）×纯益手续费率

衍生词条：

固定手续费
fixed commission

营运资本
working capital

释义：

投资于公司的现金、应收账款、存货及其他流动资产的资金（总营运资本）；通常指的是净营运资本，即流动资产减去流动负债。营运资本衡量企业的现金周转周期，即将原材料转化成制成品，将制成品转化成销售，将应收账款转化成现金的时间。这些因素随着工业类型和生产规模的不同而不同，而生产规模又随着季节性和销售的扩张和收缩而变化。营运资本的内部来源包括留存收益，通过提高运作效率节省的资金，以及来源于折旧或递延税金的现金流的分配。外部来源包括银行或其他短期借款、商业信用，以及定期贷款和为转成长期资产的权益性融资。

Cash, accounts receivable, inventory, and other current assets (gross working capital) invested in a company. It usually refers to net working capital, that is, current assets less current liability. Working capital reflects the Cash Conversion Cycle of a business i. e. the time required to convert raw materials into finished goods, finished goods into sales, and accounts receivable into cash. These factors vary with different types of industry and scale of production, which in turn vary with seasonality and with sales expansion and contraction. Internal sources of working capital include retained earning, savings achieved through operating efficiencies and the allocation of cash flow from sources like depreciation or deferred taxes to working capital. External sources include bank and other short-term borrowings, trade credit, term debt and equity financing channeled into long-term assets.

相关知识：

营运资本管理是一个越来越受到重视的领域。由于竞争加剧和环境动荡，营运资本管理对于企业盈利能力以及生存能力的影响越来越大。财务经理的大部分时间被用于营运资本管理，而不是长期决策。营运资本管理比较复杂，涉及企业的所有部门，尤其需要采购、生产、销售和信息处理等部门的配合与努力。

优惠重组
concessional restructuring

释义：

削减偿债额现值的债务重组方式。巴黎俱乐部通常对重债穷国使用该方式，在减免一定比例的债务后，通过优惠的利率、还款期等方式对债务余额进行重新安排。

Debt restructuring with a reduction in present value of the debt service. Paris Club usually applies such restructuring to heavily indebted poor countries by canceling the present credit to a certain rate and rescheduling the outstanding part with favorable interest rate, repayment period, etc. .

相关知识：

巴黎俱乐部主要优惠重组条款：包括现行的那不勒斯条款（Naples Terms）、科隆条款（Cologne Terms），以及曾经使用过的多伦多条款（Toronto Terms）、伦敦条款（London Terms）、里昂条款（Lyon Terms）等。

衍生词条：

巴黎俱乐部
Paris Club
重债穷国减债倡议
Heavily Indebted Poor Countries Initiatives (HIPC Initiatives)

优惠贷款
concessional loan

释义：

以比市场贷款利率优惠很多的条件提供的贷款。优惠性体现在贷款利率低于市场利率，或允许宽限期，或二者的结合。优惠贷款通常具有较长的宽限期。

Loans extended with terms substantially more generous than market loans. The concessionality is achieved either through lower than market interest rates and/or by longer grace periods. Concessional loans typically have long grace periods.

相关知识：

优惠贷款的优惠程度：根据 OECD 的定义，如果一笔贷款使用商业信贷参考利率（CIRRs）计算得到的赠予率超过 35%，则认为该笔贷款是优惠贷款。而对联合国划定的 49 个最不发达国家（LLDC），优惠的阈值是 50% 的赠予率。IMF 采用标准是基于前 6 个月平均 CIRR 计算的赠予率超过 35%。

外国政府贷款：外国政府贷款是一国政府政策性银行提供、另一国政府承担外债的优惠贷款。外国政府贷款可以支持节能减排和环境保护（高能效和可再生能源、污水处理、垃圾处理、垃圾焚烧、集中供热等）、消防装备购置、职业教育和技师培训设备引进、医疗设备购置等领域。

国际金融组织贷款：国际金融组织主要包括世界银行、亚洲开发银行、欧洲投资银行等，其贷款属于非商业性信贷。世界银行贷款和亚洲开发银行贷款占据国际金融组织的绝大部分比例，主要支持方向：综合运输体系、节能减排、农业科技、扶贫开发、食品安全、职业教育等。世行、亚行作为国际上的政策性金融机构，注重发挥引领作用，通过模式创新，理念创新，推动项目理念提升、资源整合、节能环保、技术进步、能力提升等。世行、亚行项目创新意愿强，重视理念、模式上的创新，符合贷款方向的项目应在理念上有所创新。

相关信息：

中国对外优惠贷款：主要用于帮助受援国建设有经济、社会效益的生产型项目、大中型基础设施项目，提供较大型成套设备、机电产品等。2010—2012 年，中国对外提供优惠贷款 497.6 亿元人民币，占对外援助总额的 55% ~57%。优惠贷款本金由中国进出口银行通过市场筹措，贷款利率低于中国人民银行公布的基准利率，由此产生的利息差额由国家财政补贴。

衍生词条：

宽限期
grace period

预存解付
deposit release after delivery

释义：

常见于船舶建造合同中的付款条件，一般用于最后一期付款。船东应在预定交船日之前，在船厂指定的银行存入根据合同约定双方认可的最后一笔交船款金额，同时该笔付款不可撤销；如果船厂向该银行提供了由双方授权的代表签字的交船议定书，该笔存款就会支付给船厂。

A payment term frequently applied to ship building contracts and is normally used for the final installment. The buyer shall make an irrevocable cash deposit to the bank nominated by the seller at least certain days prior to the anticipated date of delivery of the vessel. The amount of the deposit should be the final installment amount as specified in the building contract and shall be released to the seller against presentation of the protocol of delivery and acceptance of the vessel duly signed by the buyer and the seller.

相关信息：

预存解付是在船舶建造合同中经常使用的一种付款条件，对于船厂而言，可以规避船东接船后不付款的风险，对于船东而言，可以规避船厂交付的船舶不符合要求却无法撤销支付款项的风险。

衍生词条：

付款条件
payment terms

预付款
advance payment

释义：

为允许提供的劳务或产品而预先支付的货币。

Down payment advanced in exchange of service or products.

相关知识：

预付款的特点：

1. 预付款的数额没有任何限制；

2. 预付款为主合同给付的一部分，当事人关于预付款的约定，具有诺成性，不以实际交付为生效要件；

3. 预付款为价款一部分，在性质上仍属清偿；

4. 预付款无双向或单向担保的效力，当事人不履行合同而致合同解除时，预付款应当返还，各方的违约责任通过合同约定的其他条款来定，如果没有约定违约责任的，一般不承担违约责任。

预付款的目的：预付款是一种支付手段，其目的在于：

1. 解决合同一方周转资金短缺；

2. 作为合同履行的诚意。

相关信息：

工程预付款：在建设工程施工合同中，工程预付款是指在工程开工前，发包方按当年预计完成工程量造价总额的一定比例预先支付承包方的工程材料款，其主要用于购买工程所需的材料和设备。

预付款备用信用证：指开证行保证申请人收到受益人预付款后应履行已订立合约义务的备用信用证。如申请人不履约，开证行负责退还给受益人预付款和利息。预付款备用信用证用于担保申请人对受益人的预付款所应承担的义务和责任。这种备用信用证通常用于国际工程承包项目中业主向承包人支付的合同总价10% ~25% 的工程预付款，以及进出口贸易中进口商向出口商支付的预付款。

预付款担保：指承包人与发包人签订合同后，承包人正确、合理使用发包人支付的预付款的担保。建设工程合同签订以后，发包人给承包人一定比例的预付款，一般为合同金额的 10%，但需由承包人的开户银行向发包人出具预付款担保。预付款担保的主要形式即银行保函。预付款担保金额通常与发包人的预付款是等值的。预付款一般逐月从工程预付款中扣除，预付款担保金额也相应逐月减少。承包人在施工期间，应当定期从发包人处取得同意此保函减值的文件，并送交银行确认。承包人还清全部预付款后，发包人应退还预付款担保，承包人将其退回银行注销，解除担保责任。此外，预付款担保也可由担保公司担保，或采取抵押等担保形式。预付款担保的主要作用是保证承包人能够按合同规定进行施工，偿还发包人已支付的全部预付款。如果承包人中途毁约，中止工程，使发包人不能在规定期限内从应付工程款中扣除全部预付款，则发包人作为保函的受益人有权凭预付款担保向银行索赔该保函的担保金额作为补偿。

预付款保证保险：指由保证人向权利人保证被保证人偿还或清偿与合同有关的预付款，其责任范围不超过预付款的实际总额加利息的保险。预付款保证保险是合同保证保险的一种，主要用于国际贸易和海外工程承包合同，保证卖方或承包方在收到商务合同中规定的定金或预付款后，能按照合同规定发货或开工，一旦不能按期发货或开工，将如数奉还定金或预付款的本息。其保证金额通常为合同金额的 10% ~20%，如发生卖方或承包方不按期发货或开工，又不退还定金或预付款的情况，保险公司在保证金额内负赔偿责任。

衍生词条：

工程总承包合同
EPC contract

预付款保函
advance payment guarantee

释义：

担保人应被担保人或担保申请人请求向工程承包项目中的业主或商品买卖中的买方出具的，保证申请人在业主或买方支付预付款后履行合同义务的书面文件。

A type of refund guarantees issued by an insurance company or a bank (the guarantor) to the project owner or a buyer (the obligee), assuring that the contractor or the seller (the principal) will fulfill the contractual obligations after the obligee makes the advance payment.

相关知识：

预付款保函保障被担保人在收到受益人预付款后既不履行合同约定义务又不退还预付款的风险。与履约保函开立即生效不同，预付款保函一般在收到预付款后生效，且担保金额可随被担保人收到预付款金额以及预付款抵扣比例增加或减少。

预付款保函金额通常为合同金额的一定比例，工程类一般为合同金额的10%，船舶业务预付款保函对比较高且分多期支付，同一项目项下可开立多份预付款保函。

衍生词条：

保函
letter of guarantee

预付款抵扣
advanced payment deduction

释义：

工程项目实施前期支付的预付款，在项目实施过程中以抵充工程价款的方式陆续扣还，此为预付款抵扣。

The deduction of advance payment refers to the advance payment having been paid at an earlier stage of the project, to be paid back successively during the implementation process of the project, as cost of the project.

衍生词条：

工程总承包合同
EPC contract
抵扣额
deduction
保留金抵扣
retention deduction, warranty deduction

相关知识：

在国际工程承包合同中，预付款抵扣是一种较为通行的做法。按照 FIDIC 条款，预付款是在承建方向业主提交已获认可的履约保函和以经业主认可的条件对全部预付款价值进行担保的保函（即预付款还款保函）后，由工程师/监理开具证明支付给承建方。上述预付款还款保函应按照工程师/监理办法的临时证书中的指示，用承建方偿还的款项逐渐抵扣。

预付手续费
provisional ceding commission

释义:

在采用浮动手续费模式的再保险方案中，再保险公司按原保险公司保费的一定比例向原保险公司预先支付的一部分手续费。再保险公司实际支付的手续费会在此基础上根据实际业务情况进行调整。

In reinsurance plans which adopt the sliding scale commission, the reinsurer pays the ceding company a provisional commission, which is frequently a flat rate applied to the ceding company's premium base. It is a tentative amount which is subject to subsequent adjustment.

相关知识:

背景：信用保险人在展业和管理过程中产生费用，并将这些费用的一部分分摊给再保险公司。采用浮动手续费形式的分保合约通常存在三个不同的手续费水平：预付手续费、最低手续费和最高手续费。

例：对于某一比例分保合约，浮动手续费的支付规则见表1。

表1　　　　浮动手续费支付规则

数据项	浮动手续费率	条件
预付手续费	30%	
最低值	22%	损失率≥70%
赔付率与手续费率变化按照1:0.8	22%~38%	50%≤损失率<70%
赔付率与手续费率变化按照1:0.6	38%~50%	30%≤损失率<50%
最高值	50%	损失率<30%

根据这一规则，可以得到不同损失率情形下的浮动手续费，见表2。

表2　　不同损失率情形下的浮动手续费

赔付率	28%	34%	40%	46%	52%	58%	64%	70%
佣金率	50%	47.6%	44%	40.4%	36.4%	31.6%	26.8%	22%

相关信息：

如何确定预付手续费：预付手续费率常常设为最近几个业务期间的平均经验值，并且每隔一段时间（如3～5年）合约双方将根据该新业务期内的实际损失经验调整预付手续费率，然后根据双方协商结果考虑各种附加值后最终得到调整后新的预付手续费率。

衍生词条：

浮动手续费
sliding scale commission

预交保费
prepaid premium

释义：

被保险人预先向保险人交纳的保险费，被保险人的应交保险费首先从该预交保险费中核减，当预交保险费被核减为零后，被保险人须按保单约定继续交纳保险费。

The sum of premium paid in advance, from which the premium receivable should be deducted in full, till further payment.

相关知识：

预交保费结转方式：如果保单续转，保险人将把该余额结转计入下一保险年度；如果保单终止，保险人将在上述届满之日起一定时间内将该余额一次性退还被保险人。保险人收到被保险人交纳的预缴保险费并不意味着保险人必然承担保险责任，被保险人还应遵守保单条款中规定的其他应尽义务。

相关信息：

保费收取方式可分为年度最低保险费、预交保险费和实报实收三种。

1. 最低保险费：被保险人在保单年度有效期内，应交纳的最低保险费。约定年度最低保险费金额时，应注意综合考虑投保企业预计投保金额、执行费率水平，以及投保企业的实际情况，约定相对合理的金额，可操作、可执行。

2. 实报实收：按实际出口申报情况逐笔收取保险费。

衍生词条：

保险费
premium
最低保费
minimum premium
申报
declaration

预赔付
provisional indemnity

释义:

预赔付是在尚未最终确定保险责任及赔付金额时，预先向被保险人支付部分赔款。预赔金额不超过应赔款金额的 50%。

Provisional indemnity is the sum paid by the insurer before insurance liability and final indemnity amount are confirmed. Provisional indemnity should not exceed 50% of the final indemnity.

相关知识:

预赔付的前提：由于出口信用保险定损核赔过程的特殊性，预赔付通常需要在重大突发紧急情况下，保险责任或损失金额暂无法确定时适用，一般需要被保险人事先提供一定的担保措施。

预赔付的比例：考虑到预赔付时保险责任和应赔付金额的不确定性，单一个案累计预赔金额一般不超过预计应赔付金额的 50%。

相关信息:

预赔付机制一般在车险或交通意外险中使用较多，但出口信用保险涉及的个案金额较大，定损过程较为复杂，且在最终确定不承担保险赔偿责任或承担保险赔偿责任金额低于已预赔金额的情况下，还需要求被保险人及时退还相应预赔款，因此在保险责任或保险金额不确定时启动预赔付机制，保险人通常都会较为慎重。

衍生词条:

一次性赔付
indemnity in one lump sum
分期赔付
installment indemnity
足额赔付
non-deducted indemnity
扣减赔付
deducted indemnity

预提税款
withholding tax

释义：

从工资支付或其他报酬中扣除作为个人纳税义务的资金。

Deduction from salary payments and other remuneration to provide for an individual's tax liability.

相关知识：

预提税款中的税是指所得税，包括企业所得税和个人所得税，预提是指扣留、预扣的意思。原则上业务费是不可以预提进费用账的。一般只有租金、保险费、短期借款利息等采取预提。《中华人民共和国外商投资和外国企业所得税法》第十九条规定，外国企业在中国境内未设立机构、场所，而有取得的来源于中国境内的利润、利息、租金、特许权使用费和其他所得，或者虽设立机构、场所，但上述所得与其机构、场所没有实际联系的都应缴纳20%的企业所得税。对此种征税方式，我们称为预提所得税。

我国的预提所得税并非是独立于外商投资企业所得税之外的另一税种，只是为适应跨国权益所得的特点，所采取的一种源泉扣缴的方法。

原保险公司/分出公司
ceding company，cedant

释义：

签订直接保险合同的保险人，其将全部或部分风险通过购买再保险进行转移。原保险公司必须为直接保险合同下的索赔承担全部赔偿责任，再根据再保险合同规定向再保险公司追偿。

An insurer that underwrites and issues an original, primary policy to an insured and contractually transfers (cedes) a portion of the risk to a reinsurer.

相关知识：

再保险合同是约定原保险公司与再保险公司之间权利义务关系的，与原保险合同是相互独立的两个合同。所以再保险公司与原保险的投保人、被保险人、受益人之间，不存在直接的权利义务关系。

首先，再保险公司不得向原保险的投保人要求支付保险费，二者之间不发生直接联系。原保险项下，原保险公司承担保险责任并向投保人收取保险费；而再保险项下，再保险公司所承担的是对原保险公司的保险责任，所以只能向原保险公司收取再保险费，而不能向原保险项下的投保人提出支付保险费的要求。

其次，一般情况下，原保险的被保险人或者受益人不得向再保险接受人提出赔偿或者给付保险金的请求。再保险接受人与原保险的被保险人、受益人之间既不具有法律规定的直接的权利义务关系，又不具有保险合同约定的保险关系。但在某些特殊情况下，如原保险公司在失去偿付能力而无法支付赔款或出现其他保险合同约定的情况时，再保险公司必须就其应负担的再保险责任直接向原保险下的被保险人或者受益人支付赔款。这种情况一般在再保险合同中约定，称为“直接索赔条款”。

衍生词条：

再保险
reinsurance

再保险公司/分入公司
reinsurance company

直接索赔条款
cut-through clause

原产地证书
certificate of origin

释义:

用于证明出口商品原产地的证书，通常包括一般产地证、普惠制产地证、野生动物产地证等。

A certificate of origin is a document used in international trade. It is a printed form, completed by the exporter or its agent and certified by an issuing body, attesting that the goods in a particular export shipment have been wholly produced, manufactured or processed in a particular country.

相关信息:

在出口信用保险中，原产地证书通常用于核实国产化比例。

远期汇票
usance bill

释义：

远期汇票，与即期汇票对称，约定付款人在一定期限或特定日期付款的汇票。远期汇票的付款时间有几种不同的规定方法，如见票后若干天付款（At ×× Days After Sight），出票后若干天付款（At ×× Days After Date），提单签发后若干天付款（At ×× Days After Date of Bill of Landing），指定日期付款（Fixed Date）。

A usance bill is an unconditional written time order addressed to one person by another requiring the addressee to pay at a fixed time in the future or at time stated in the order. The payment can be made at agreed days after sight, at agreed days after date, at agreed days after date of bill of lading or at fixed date under usance bills.

衍生词条：

汇票
bill of exchange
提单
bill of lading
即期汇票
sight draft

约束性合同
binding contract

释义：

本类合同通常规定即使在买方财务状况评级恶化的情况下，保险人不得放弃承保。按照事先规定的条件，即使买方的信用限额被撤销，信用保险依然有效。

An order from which the insurer cannot be released if the buyer's financial performance is deteriorating under pre-defined conditions. Credit insurance may be offered for such contracts even after withdrawal of the credit limit.

相关知识：

约束性条款的产生原因：当买方信用评级下降或出现明显的违约风险时，保险人可能采用撤销出运限额的手段控制业务风险。但实务中买方限额被撤销的情况可能并非由买方或开证行的信用问题导致。如果针对所有投保人执行统一的限额撤销政策，将损失部分非买方/非开证行责任项下的优质业务。约束性条款针对非被保险人可损项下被撤销的买方限额，采用“延长限额失效时间”的方式，将被保险人限额撤销后一定期限内约定出口的业务纳入承保范围，在一定程度上解决了上述问题。

约束性条款的具体作用：当保险人因买方在其他被保险人承保业务项下发生买方拒收或拖欠货款风险而撤销买方信用限额，如果保险人与被保险人之间有约束性合同（或保险合同中含有约束性条款），则保险人对被保险人符合约定条件的按销售合同约定出口的货物因买方拒收或拖欠货款所致直接损失，按合同约定在原买方信用限额范围内承担保险责任。

衍生词条：

保险合同
insurance contract
信用限额
credit limit
信用评级
credit rating

运费保险费在内价
Cost, Insurance and Freight (CIF)

释义:

一种贸易术语。在这种贸易术语下，卖方要在合同中约定的日期或期限内，将货物运到合同规定的装运港口，并交到自己安排的船上，或者以取得货物已装船证明的方式完成其交货义务。另外，卖方还要为买方办理海运货物保险。此外，卖方要提交商业发票以及合同要求的其他单证。

A trade term requiring the seller to arrange for the carriage of goods by sea to the designated port of shipment within the period agreed in the contract. The seller is responsible for the arrangement of marine insurance for the buyer and for the presentation of the documents necessary for the buyer to obtain the goods from the carrier.

衍生词条:

船上交货/离岸价
free on board
(FOB)

再保险
reinsurance

释义：

保险人（称为原保险/分出公司）将自己承保的部分风险（以及部分保费收入）转移给另一保险人（称为再保险/分入公司）。再保险是保险人在原保险合同的基础上，通过签订再保险合同和支付保费，将其所承保的部分风险和责任向其他保险人进行再次保险的行为。

The practice whereby an insurer (called a ceding company or cedant) passes on to another insurer (called a reinsurer) part of the risk (and a portion of the premium income) of a policy it has written. The ceding company and the reinsurer enter into a reinsurance agreement which details the conditions upon which the reinsurer would pay a share of the claims incurred by the ceding company. The reinsurer is paid a "reinsurance premium" by the ceding company, which issues insurance policies to its own policyholders.

相关知识：

功能：再保险是保险公司的保险，它使得直接保险人能够与其他专业的风险承担者一起分担其承保的风险。再保险公司通过经营再保险获取利益。

原保险公司通常可以达到以下目标：

1. 分散风险，当损失发生时，保险公司的自有资本不会受到损害；

2. 增强保险承保能力，保险公司可以承保远大于自身所允许承保的风险；

3. 承保更高水平的风险，提高保险公司的盈利能力；

4. 通过放弃一些特大风险，它能够产生更好的平衡并分散其资产组合中的风险；

5. 通过放弃一些其他风险来降低所需的准备金；

6. 将再保险作为金融管理的工具，来减少公司在盈利与股价上遭受损失的可能性。

类型：

按责任限制分类，再保险可分为比例再保险和非比例再保险。

按照安排方式分类，再保险可分为临时再保险、合约再保险、预约再保险。

应用：

出口信用机构既可以作为再保险公司，也可以作为原保险公司。若干出口信用机构可以从其政府获得再保险，或者从私营市场购得再保险。私营市场对信用保险这一特殊险种的历史参与有限。目前，信用险再保市场的主要参与者既包括慕尼黑再保险公司、瑞士再保险公司、汉诺威再保险公司和法国再保险公司等综合性保险公司，也包括劳合社的一些辛迪加，还包括安卓再保险公司等一些信用险专业性的再保险公司。多元化的公司背景和经营策略促进了信用险再保市场的稳定。

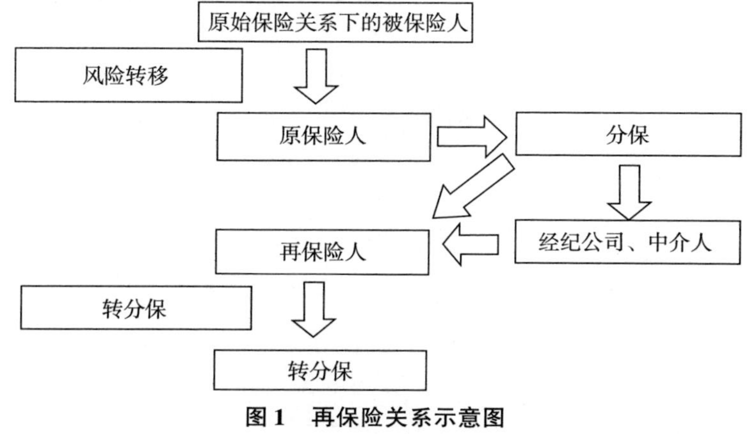

图 1　再保险关系示意图

衍生词条：

原保险公司/分出公司
ceding company
再保险公司/分入公司
reinsurance company
比例再保险
proportional reinsurance
非比例再保险
non-proportional reinsurance
临时再保险
facultative reinsurance
合约再保险
treaty reinsurance
共同保险
coinsurance

相关信息：

再保险和共同保险的区别：再保险，顾名思义，是将风险转移给其他保险公司的过程。共同保险指的是一些原始保险人各自同意承担风险的一部分。这意味着保险人将共享一些信息，在很大程度上，共同保险只是针对比较特别或很大的风险。

再保险分出/分保比例
cession

释义:

1. 原保险公司将一部分所承保的风险分给再保险公司的行为;

2. 分给再保险公司的那一部分风险。

1. The process that the ceding company lays off part of the risk it underwrites to a reinsurance company;

2. That portion of one or more risks that the ceding company transfers to a reinsurance company.

相关知识:

通常来说,在保险公司承保之前,它会与再保险公司达成一个再保险的框架协定(即再保险合同,有时以分保条形式签署),规定风险转移的细节问题,包括哪些风险将被转移,转移的数量,再保险公司获得的保费份额以及在何种条件下可以申请理赔等。如果再保险公司决定继续分散其承保的风险,这个过程叫做转分保。

相关信息:

分保号(cession number):每次的分保行为对应的一个号码。

分保报表(cession statement):是原保险公司向再保险公司提供的周期性报表,内容包括分保范围内的损失赔付、费用发生、保费收入等情况。

衍生词条:

原保险公司
ceding company
再保险公司
reinsurance company
转分保
retrocession

再保险公司/分入公司

reinsurance company, reinsurer

释义:

承担由原保险公司所承保的直接保险或再保险业务的所有或部分责任的保险公司。

An insurer that accepts all or part of the liabilities of the ceding company in return for a stated premium.

相关知识:

根据再保险合同的规定，再保险公司的权利包括:

1. 收取再保险费的权利。再保险费是再保险公司承担再保险责任的对价，如果原保险公司明确表示拒绝缴纳再保险费，再保险公司可以解除再保险合同。

2. 检查原保险公司业务记录的权利。为维护自身利益，再保险公司有权要求对原保险公司的业务进行检查。检查的内容是原保险公司有关再保险业务的相关事项，如危险单位的划分、危险单位的分配与安排、保险标的的风险评估、自留额、再保险费率等。

3. 再保险代位求偿权。再保险公司在向原保险公司履行义务后，取得对第三人的代位求偿权，目的是防止保险人的不当得利。因再保险的方式不同，并非所有的再保险方式，再保险公司都可以取得代位求偿权。临时再保险合同，再保险公司可以行使代位求偿权；但是，在合同再保险中，再保险公司难以行使代位求偿权。

再保险公司的义务包括:

1. 按时支付再保险手续费。

2. 在比例再保险中，再保险公司应在分保费中扣存合同规定的保费准备金和赔款准备金。

3. 原保险公司为维护双方共同利益而支付一定费用，再保险公司应当按约定比例分摊。

4. 在遇到巨额赔款时，赔款责任超过约定数额时，再保险公司应按照再保险合同规定进行现金摊赔。

5. 再保险合同成立后，除非法律或合同另有约定，再保险公司不得在保险有效期内终止合同。

6. 再保险公司应分担原保险公司因列入合同的业务所发生的税款。

相关信息：

设计再保险方案时，原保险公司通常会选择一个信誉好、声望高的再保险公司作为首席再保险人（leading reinsurer）。首席再保险人一般由占分保额最高者担任，并负有一定范围内的承保和理赔权限管理职责。在大多数情况下，首席再保险人与其他再保险人之间并无法律上的代理关系，可以说仅有服务与信赖关系。凡各项事务的处理与决定，各再保险人均信赖而服从首席再保险人的处理与决定。

衍生词条：

再保险
reinsurance
原保险公司/分出公司
ceding company

在建工程成本

costs for work in progress, costs incurred but not billed, pre-invoicing expenses

释义：

未完成的服务贸易或工程承包项目所产生的成本费用。

Costs for work in progress are per-invoicing expenses incurred for uncompleted rendered service trade or civil construction projects.

相关知识：

服务贸易：服务贸易又称劳务贸易，指国与国之间互相提供服务的经济交换活动。服务贸易有广义与狭义之分，狭义的服务贸易是指一国以提供直接服务活动形式满足另一国某种需要以取得报酬的活动。广义的服务贸易既包括有形的劳动，也包括服务提供者与使用者在没有直接接触下交易的无形活动。服务贸易一般情况下都是指广义的。

衍生词条：

工程总承包合同
EPC contract
FIDIC 条款
FIDIC Conditions of Contract

再融资
refinance

释义：

指向借款人（或者债务国政府）提供新贷款，以归还原有贷款的融资方式。在可能发生索赔的情况下，出口信用机构或其政府或获得出口信用机构担保的银行，均可以进行再融资，以使借款人能够继续偿还出口信用机构已承保的债务。再融资实际上是以一笔经出口信用机构保险同意的债务来换回另一笔债务，从而出口信用机构可以避免发生实际赔款的支付。但是当买方或借款人决定更换该项目的融资来源（如找另一家银行，或从贷款改变为债券）时，也可以进行再融资。

The replacement of an existing loan to a borrower (or an indebted host government) with a new source of finance. In a potential claims situation, an export credit agency, its government, or a bank covered under an export credit agency guarantee, can initiate debt restructuring to ensure continuous repayment on the original loan. Refinancing in effect exchanges one insured debt for another, thus avoiding actual claims payout from the export credit agency. Refinancing can also arise when a buyer or borrower decides to change the source of its finance for a project (e. g. , to a different bank, or from a loan to a bond).

相关信息：

再融资的其他定义：

1. 在资产证券化中的定义

资产证券化（Securitization）是运用信用保险从银行获得更多融资的一种优质工具。资产证券化利用制造商总资产（贸易应收账款）中质量较好的部分进行融资。通过资产证券化，将贸易应收账款从企业的资产负债表中剥离出来，从而和那些能够影响融资成本的企业风险相分离。公司向特殊目的载体（Special Purpose Vehicle）出售无追索权的应收账款。

特殊目的载体是一个以应收账款证券化为唯一目的的法律实体，只从事单一的业务。应收账款的偿还者（比如购买制造商产品的公司）就成为特殊目的载体的债务人，但是并不一定会得到应收账款被出售的通知。制造商/出口商具有包括托收在内所有信用管理的职能，虽然他们可能把这个追索权转移给第三方。这个责任也可以由信用保险保险人来承担。

特殊目的载体通过发行债券或商业票据进行再融资。

信用保险在这个特殊交易中发挥了重要的作用，因为特殊目的载体可以利用信用保险提高应收账款的价值。从已评级的保险公司获得信用保险，特殊目的载体的应收账款的信用质量会有所提高。这意味着特殊目的载体的信用级别也会随之提高。反过来这会在特殊目的载体通过债券和商业票据再融资的过程中起到推波助澜的作用。

2. 出口信用机构直接融资情形下的定义

在某些国家（例如澳大利亚和加拿大），出口信用机构可以向海外借款人或买家直接贷款；而在另外一些国家（例如奥地利和捷克共和国），出口信用机构可以为商业银行的贷款提供再融资。当贷款银行碰到资金不到位的问题时，出口信用机构有应急基金供选择，如果银行在提供非本币的贷款时，就会出现需要再融资的情况。

再融资保险
refinance insurance

释义：

金融机构买入出口商出口合同项下的中长期应收款后，保险人承担其因商业风险或政治风险所致应收款损失的赔偿责任，以鼓励金融机构向出口贸易提供融资便利的一种政策性保险产品。

An insurance policy offered by export credit agencies to financial institutions to protect payment on refinanced medium and long-term accounts receivable. This policy covers political risks and commercial risks, and encourages financial institutions to finance domestic exports.

相关知识：

再融资保险的承保风险：

政治事件

1. 债务人或担保人所在国家（或地区）政府或还款必须经过的第三国（或地区）政府，颁布法律、法令、命令、条例或采取行政措施，禁止或限制债务人以中长期应收款凭证约定的货币或其他可自由兑换的货币向被保险人偿还中长期应收款；

2. 债务人或担保人所在国家（或地区）政府，或还款必须经过的第三国（或地区）政府颁布延期付款令，致使债务人无法履行其在中长期应收款项下的还款义务，且担保人（如有）也未履行其担保义务；

3. 债务人所在国（或地区）发生战争、革命、暴乱；

4. 债务人所在国（或地区）发生恐怖主义行动和与之相关的破坏活动；

5. 保险人认定的其他政治事件。

商业事件：

1. 债务人被宣告破产、倒闭或解散，且担保人也未履行担保合同项下的担保义务；

2. 债务人拖欠中长期应收款项下应付的本金或利息，且担保人也未履行担保合同项下的担保义务。

再融资保险费率确定的基本因素：

1. 项目所在国的风险类别；

2. 信用主体所在国的风险类别；

3. 项目的期限结构；

4. 项目的预付款比例；

5. 借款人和担保人的信用等级；

6. 项目的商业风险；

7. 其他辅助担保条件。

相关信息：

出口再融资保险：英国出口信用担保局于 2014 年 4 月 30 日正式在其出口买方信贷保险基础上推出了一项名为出口再融资保险（Export Refinancing Facility）的附加险，该保险产品主要面向有关出口买方信贷的再融资需求。根据 UK Export Finance 在其网站中对出口再融资保险的产品介绍，英国出口信用担保局会就该附加险相应作出两项承诺：第一，承诺为出口买方信贷的借款人在信用期限内针对该笔出口买方信贷进行的再融资（一般通过在债券市场发行债券完成）提供还款保证；第二，承诺如果出口买方信贷的借款人在最后一笔提款日的一年内没有完成再融资，其将从出口买方信贷的贷款银行处购买该笔贷款，接管该笔贷款直到借款人完成再融资。英国出口信用担保局的出口再融资保险一方面可以帮助出口买方信贷的借款人通过在债券市场以较低的利率发行债券获得再融资，减少借款人的资金成本，另一方面减少了银行方面资金占用的时间，促使银行有更大的动力提供融资。该附加险的相关流程可参考图 1。

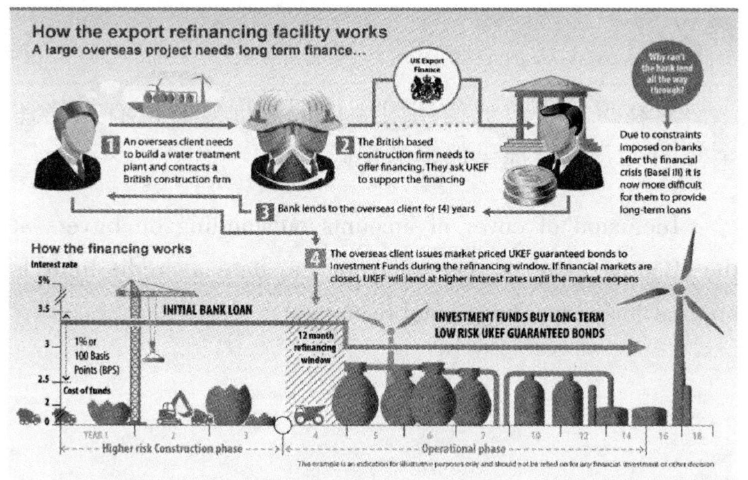

资料来源：https：//www. gov. uk/export-refinancing-facility。

图 1　英国出口信用担保局出口再融资保险流程图

责任包含保险
run in cover

释义：

对在保单生效或信用限额申请、批复时已有未偿还余额的买方风险提供保障的保险。

Inclusion of cover of amounts outstanding on buyers at the effective date of the policy or the date a credit limit is applied for or has been established.

衍生词条：

保险单
policy
信用限额
credit limit

责任到底保险
run off cover

释义：

对信用限额撤销或保单失效之前就开始承保的保险责任，保险公司一直提供保障，直至买方付款责任解除或损失发生。

Continuation of cover of risks, where the cover commenced before withdrawal of a credit limit or the expiry of a policy until payment or until the occurrence of a covered cause of loss.

衍生词条：

保险单
policy
信用限额
credit limit

责任恢复条款/恢复保障条款 reinstatement

释义：

再保险合同中，在发生损失后，在再保险公司的责任限额按照赔偿金额予以减少的情况下，原保险公司可对自发生损失之日起至保险期限终止日之间就损失数额部分支付适当的额外保险费，将再保险公司的责任金额恢复至原有限额。

Under many forms of reinsurance and insurance, the payment of a claim reduces the aggregate limit by the amount of the claim. Provisions are sometimes made for reinstating the policy limit to its original amount when the original limit has been exhausted. Depending on policy conditions, it may be done automatically, either with or without premium consideration (i. e. , a reinstatement premium), or it may be done only at the request of the insured in return for an additional premium.

相关知识：

背景：随着损失的发生，原保险公司可能碰到的问题是：它事先已购买的再保险已经不足甚至完全不够。为了避免重新进入再保险市场再次协商，原保险公司可以与再保险公司在购买再保险时签署一个责任恢复条款。恢复次数通常在谈判协议条款时确定。

应用：这种恢复主要适用于承保财产、海洋、航空险业务的险位超赔再保险协议，以及所有巨灾超赔协议。一般来说，该恢复条款为强制性，即发生损失后，原保险公司必须按规定支付保费，使再保限额得以恢复。

计算：这项条款可以使最初的保障责任重新生效，或者以原有费率计算，或者按“原有费率 + x%”的费率计算。

$$\frac{\text{属于再保险人的损失}}{\text{再保险限额}} \times \text{最低预付保费}$$

相关信息：

例：险位超额赔款的计算

参数：

承保年份：2014 年

免赔额：20 万美元

超过免赔额：180 万美元

保费总量（毛保费 GWP）：250 万美元

责任恢复费率（占毛保费）：3%

可恢复次数——责任恢复的次数减去 1（reinstatement）：2

表 1　　险位超额赔款的计算　　单位：万美元

2014 年	100%	给再保险人	自留
保费		7.5	-7.5
损失 1	30	-10	-20
责任恢复保费（10/180 × GWP × 费率）		0.416667	-0.41667
损失 2	1	0	-1
损失 3	20	0	-20
损失 4	250	-180	-70
责任恢复保费（170/180 × GWP × 费率）		7.083333	-7.08333
损失 5	200	-170	-30
结果	501	-345	-156

衍生词条：

非比例再保险
non-proportional reinsurance

责任余额
outstanding commitment

释义：

报告期末，保险人对被保险人仍在承担保险责任的金额。

For the reporting period, the amount of indemnity that the insurer shall still be liable for the insured under the policy.

相关知识：

责任余额，在不同的产品类别下，其核算方法不尽一致。

保险人计提责任准备金时，需按照《保险法》及国务院保险监督管理机构制定的各项管理规定等计算保险责任余额，并提取相应的保险责任准备金。责任准备金的评估，与保险人会计确认、产品定价、绩效成果、经营成果均有直接关联。合理准确评估保险责任准备金，是真实反映保险人偿付能力情况的基础，是偿付能力监管的基本要求。

《保险法》第九十八条规定，保险公司应当根据保障被保险人利益，保证偿付能力的原则，提取各项责任准备金。保险公司提取和结转责任准备金的具体办法，由国务院保险监督管理机构制定。中国保险监督管理委员会据此制定了《保险公司非寿险业务准备金管理办法（试行）》（保监会令〔2004〕13 号）和《保险公司非寿险业务准备金管理办法实施细则（试行）》（保监发〔2005〕10 号）。

衍生词条：

最高赔偿限额
maximum liability
未到期责任准备金
unexpired risk reserve

债权登记
registration of claims

释义:

法院受理企业破产案件后，债权人在法定期限内就其债权性质、债权数额及有关证据向法院进行申报，提出要求参与破产程序的活动。债权人必须依法申报债权，在法定期间未申报债权的，不能参加破产程序。

After the court accepts the application for bankruptcy, the creditor shall file a claim to the court detailing the nature and amount of the claim. To participate in the bankruptcy proceedings, the creditor shall file the claim within the specified time limit or otherwise the creditor may lose the right to participate in the bankruptcy proceedings altogether.

相关知识:

债权登记期限：指允许债权人向法院申报其债权的固定期间。世界各国对于债权登记期限的规定是不同的，有些国家由法律直接规定债权的申报期限，所有破产案件的债权申报期限是统一的，但此种规定较为僵化，目前较少采用；有些国家法律规定由法院根据其所受理的具体情况确定债权的申报期限，比如美国、日本、法国等。中国 2007 年 6 月 1 日施行的《破产法》规定债权申报的期限由受理破产申请的人民法院确定，该期限自人民法院发布受理破产申请公告之日起计算，最短不得少于 30 日，最长不得超过 3 个月。

债权登记的方式：一般采取书面方式。

逾期登记债权：对于逾期登记债权的法律后果，存在两种不同的制度：一种严格规定若债权人未在规定时期内申报债权，则无权获得破产分配；另一种对于未按期申报债权的，提供补充申报的机会，但债权人需要承担相应的费用。中国《破产法》规定，债权人未在法院确定的债权登记期限内登记债权的，可以在破产财产最后分配前补充申报，但在申报前已进行的分配，不再对其补充分配，为审查和确认补充申报债权的费用，由补充申报人承担。

衍生词条：

破产清算
liquidation

债务重组

debt restructuring，debt rescheduling

释义：

指债务的重新安排，包括债务重整、再融资、债务豁免、债务转换和提前偿还债务等，是债权人向债务人提供债务减免的一种方式。

Debt rescheduling is arranged in favor of the debtor to alter original terms of an existing debt, including debt re-organization, refinancing, relief, conversion and prepayments.

相关知识：

重组的主要方式：1. 以资产清偿债务，包括以低于债务账目价值的现金清偿债务和以非现金资产清偿债务；2. 将债务转为资本；3. 修改其他债务条件，如减少债务本金、减少债务利息等，不包括上述 1 和 2 两种方式；4. 以上三种方式的组合，即混合重组。

重组的法律属性：债务重组从本质而言，是一项法律活动，旨在通过一定的方式改变债权人与债务人之间原有债权债务合同关系。例如，以资产清偿方式进行的重组，是债权人与债务人变更债权债务合同并依约履行的行为；以债权转股权方式的重组，将债权人与债务人之间的债权债务合同关系转变为股权投资关系；以修改债务条件方式进行的重组，则是对债权人与债务人原有合同项下权利义务的变更。债权人与债务人债务重组这一缔约过程的核心是双方重新进行债权债务确认，而该确认本身就体现着新的法律关系的产生。

债务重组在信用保险中的应用：债务重组在信用保险中有所适用，特别是追偿环节。在债务人出现财务困难、资金流紧张而无法按期还款时，债权人通常在与债务人谈判、评估具体情况后作出让步，减少债务本金、利息或延长还款期限。

相关信息：

国家债务的重组：指对国家现有债务的偿还重新进行安排。国家债务重组的目的就是要使无力偿还债务的国家暂时解除或减少偿债负担，为其经济复兴和发展赢得时间，最终恢复支付能力，重新回到资本市场，从而确保该国乃至整个国际金融体系的稳定。当一国债务达到不可持续的程度时，进行债务重组，对于债务国、私人债权人、主要债权国以及国际货币基金组织（IMF）等官方金融机构都具有重要的意义。一般在巴黎俱乐部进行这种重新偿债的谈判。

首先，对债务国来说，通过债务重组，可以缓解资金压力，甚至获得债务的减免，从而有助于迅速恢复支付能力，恢复经济发展以及恢复国际资本市场准入。其次，对公私债权人来说，参与债务重组，承担债务减免责任，实际上也是承担自己的投资风险，从而有助于减少道德风险，增强市场约束，而且重组后债务的偿还更有保障，对债权人最有利。最后，对于国际官方金融机构来说，债务国与债权人自主谈判减免债务，可以减少对国际救助资金的需要，并使国际救助资金得到更有效的利用。

希腊主权债务重组：2012 年 2 月 23 日，希腊国会批准了该国与私人债权人之间的债券交换协议，这项协议构成了 1 300 亿欧元（约合 1 720 亿美元）的第二项援助计划的核心部分。根据这项债券交换协议，私人投资者将用所持债券交换价值较低债券，该协议将把希腊债务削减 1 000 亿欧元（约合 1 320 亿美元），是欧盟和国际货币基金组织（IMF）向希腊提供第二项援助计划的关键组成部分，其目标是在 2020 年以前将希腊债务在 GDP 总额中所占比例从 160% 压低至 120.5%。

衍生词条：

优惠重组
concessional restructuring
巴黎俱乐部
Paris Club

债务股本转换
debt for equity swap

释义：

一个经济体的债务换成（通常以折价形式）同一经济体中的企业的股本。尽管形式各不相同，这种安排通常是以本币计值的股本负债替换了原来所欠的非居民的、以外币计值的固定利率负债（如债务证券或贷款）。这种协议可能包括某些条款，以防止债权人在将来某一特定日期之前调回资本。

A transaction in which debt of an economy is swapped, usually at a discount, into equity in an enterprise in the same economy. Although variable in form, such arrangements usually result in the extinction of a fixed rate liability (e. g. , a debt security or loan) denominated in foreign currency and the creation of an equity liability (denominated in domestic currency) to a nonresident. There may be clauses in the agreement to prevent the repatriation of capital before specified date.

相关知识：

债务股本转换的实质：债务股本转换的实质等于外债被提前偿清，对该经济体的要求权的性质改变。债务股本转换导致对债务人经济体债权的减少和对非居民股权投资的增加。债务股本转换经常涉及第三方（通常是非政府组织或公司），它从债权人手中购买债权并从债务人手中接受公司股票或当地货币（用于股权投资）。

衍生词条：

债务重组
debt restructuring

相关信息：

拉美债务股本转换：在1982年拉美主权债务重组中，巴西第一个实现了债务股本转换，然后智利、阿根廷、墨西哥等国纷纷效法。在进行债务资本化的过程中，各债务国对本国资产的处理态度又是十分谨慎的。为维护国家的经济主权和民族利益，智利、墨西哥等国规定了债务资本化的范围，如墨西哥政府规定，外债转换的资本不能投向石油、电力、采矿、核能等战略性部门。

账龄
account receivable age

释义:

未收回的应收账款的时间长度。

The lifetime of accounts receivable to final due date.

相关知识:

账龄是在分析应收账款时最为重要的信息，一般来说，应收账款账龄超过合理周转天数会对公司运营造成负面影响，账龄增加将导致资金效率降低，财务成本增高。账龄越长，其收回可能性越低，发生坏账的风险越大。

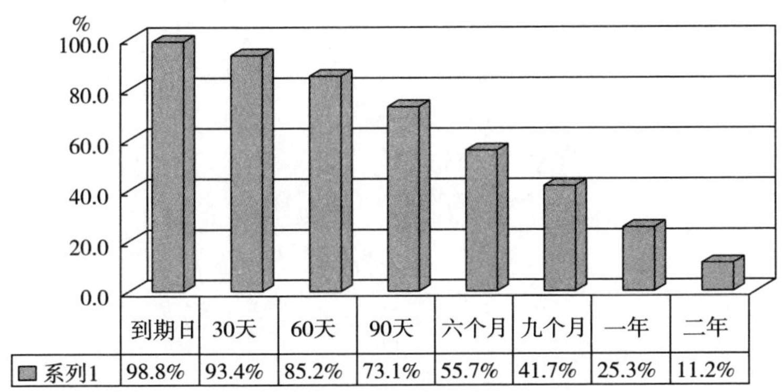

	到期日	30天	60天	90天	六个月	九个月	一年	二年
系列1	98.8%	93.4%	85.2%	73.1%	55.7%	41.7%	25.3%	11.2%

图1　逾期应收账款按照账龄统计收回可能性

相关信息:

账龄划分方法:

1. 最后账龄法，视每个客户应收款项截至某一年内有经济业务发生，则将该客户应收款项的全部余额视为这一年度来确定账

衍生词条：

应收账款管理
account receivable management
坏账
bad debt

龄，这一方法虽较简便，但不太符合实际情况；

2. 先进先出法，假设收回的账款冲抵先发生的应收款项，以此来确定账龄；

3. 实际账龄法，按每笔经济业务（或每个合同）实际发生应收款项和收回款项来确定账龄。

招投标
tender and bid

释义：

招投标，是招标投标的简称。招标和投标是一种商品交易行为，是交易过程的两个方面。投标是买方对购买某种可能出售物品的特定出价。招标是邀请买方参与投标的过程。

The bid will stipulate both the price at which the buyer is willing to purchase and the quantity to be purchased. Tender usually refers to the process whereby governments and financial institutions invite bids for large projects that must be submitted before deadline.

相关知识：

招标投标是一种国际惯例，是商品经济高度发展的产物，是应用技术、经济的方法和市场经济的竞争机制的作用，有组织开展的一种择优成交的方式。这种方式是在货物、工程和服务的采购行为中，招标人通过事先公布的采购和要求，吸引众多的投标人按照同等条件进行平等竞争，按照规定程序并组织技术、经济和法律等方面专家对众多的投标人进行综合评审，从中择优选定项目的中标人的行为过程。其实质是以较低的价格获得最优的货物、工程和服务。

相关信息：

项目招投标流程：

1. 招标资格与备案；

2. 确定招标方式：按照法律法规和规章确定公开招标或邀请招标；

3. 发布招标公告或投标邀请书；

4. 编制、发放资格预审文件和递交资格预审申请书；

5. 资格预审，确定合格的投标申请人；

6. 编制、发出招标文件；

7. 组织投标人进行现场查勘；

8. 投标人编制、递交投标文件；

9. 招标人依据招标文件规定的时间和地点开标，公开宣布投标人的名称、投标价格及招标文件中要求的其他主要内容；

10. 评标：可以采用综合评估法或经评审的最低价中标法；

11. 招标人根据招标文件要求和评标委员会推荐的合格中标候选人，确定中标人；

12. 中标结果公示、备案；

13. 招标人在备案后向中标人发布的书面通知；

14. 中标人在规定时间内与招标人按照招标文件和投标文件订立书面合同。

衍生词条：

投标书
bidding documents

照付不议合同
take or pay contract

释义：

指买方承诺不论收货与否都无条件付款的合同。在此类合同中，买方或者从卖方接收货物或者支付罚金。这类合同在能源领域比较常用。

A purchase agreement commonly seen in energy industry where the payment obligation of the buyer is unconditional whether goods are accepted or not. The buyer shall either accept the product from the supplier or pay the supplier a penalty.

相关知识：

必付条款：合同中的一类条款，约定买方有义务为产品或服务支付最低限额的款项，即使该产品或服务没有交割。

提货与付款合同（take and pay contract）：与照付不议合同不同，在此类合同中，买方的付款义务不是无条件的，仅当接收或承诺接收产品或服务时才产生。

争议
dispute

释义：

信用保险业务背景下的争议，特指贸易纠纷，指买卖双方在履行贸易合同过程中产生或与之相关的，足以影响被保险人对买方确立并实现合同项下应收账款债权的一切争议。

In the context of credit insurance, disputers refer to trade disputes arising from performance of trade contracts, which affect the insurer's enforcement of creditor's rights under trade contracts to collect accounts receivable.

相关知识：

贸易纠纷通常表现为买方以被保险人存在履约瑕疵或货物存在质量问题使其遭受损失等为由，拒绝支付全部或部分货款，甚至向被保险人提出反索赔主张。贸易纠纷案件通常指保险人经审理后认定买卖双方之间存在事实贸易纠纷，足以影响被保险人对买方确立并实现应收账款债权的报损或索赔案件。

保险人对贸易纠纷的认定，遵循“口头无效”和“谁主张、谁举证”的责任判定原则，即买方提出相关纠纷、争议或反索赔主张时，应提供充分的书面证据支持，否则保险人不予认可。保险人对认定属于贸易纠纷的案件，一般按照如下顺序处理：第一步，贸易双方自行协商处理；第二步，保险人以贸易合同约定为依据，结合贸易双方举证情况，从客观中立的第三方立场出发，合理判定保险责任，作出理赔处理决定；第三步，如买卖双方无法通过协商方式解决纠纷，且被保险人对保险人自行判断处理贸易纠纷案件的结果不予认同，则保险人一般会书面要求被保险人按照贸易合同约定自行通过诉讼或仲裁等法律途径与买方解决纠纷，在被保险人取得已生效的胜诉法院判决或仲裁裁决并申请执行后，保险人根据相关司法裁决结果，结合被保险人各项义务履行情况，启动定损核赔程序。

衍生词条：

确认债权
verification of debts

政府贷款
government loan

释义：

政府贷款是指一国政府向另一国政府提供的，具有一定赠予性质的优惠贷款。其资金来源一般分两部分：软贷款和出口信贷。

A concessional loan offered to one government by another with characteristic of a grant. Its sources of funds include soft loan and export credit.

相关知识：

政府贷款的特点：

1. 政府贷款的借款人与贷款人均为特定的政府组织，贷款资金主要来自贷款人的国家财政预算收入。此类贷款本质上为国家行为和国家财政收入信贷，因而较少受商业原则的支配。

2. 政府贷款具有利率低、附加费用少的优惠性质。根据国际惯例，此种优惠性贷款至少应含有不低于25%的赠予成分，这是根据贷款利率、偿还期限、宽限期间和综合贴现率等数据计算出的一种综合性指标。政府贷款的利息率一般为1%～3%，有的甚至为无息；其附加费通常限于承诺费和手续费或其中之一。

3. 政府贷款一般为中长期贷款。其贷款期通常为10～30年，其宽限期通常为5～7年，最长的可达10年。

4. 政府贷款大多带有一定的附加条件。例如要求借款人以贷款之部分向贷款国购买设备、物资、技术成果或技术服务，以此增加贷款国的出口贸易；或者在政府贷款的同时，要求借款人连带使用一定比例的贷款国出口信贷，以带动贷款国民间金融资本的输出。

5. 政府贷款主要为项目贷款。其贷款用途多限于符合双边协定或双方经贸关系的重要项目，超越这一范围将可能造成贷款申请上的困难，并且在通常情况下，贷款国的有关机构还将按协议对借款国的项目实施过程进行监督管理。

6. 政府贷款的订约程序较为复杂。此类贷款通常首先由借款国选定项目，准备项目文件，并向贷款国提出申请；其次，由贷款国对贷款项目的可行性、项目效益和贷款偿还计划进行审查和评估；再次，在贷款国初步同意贷款的基础上，将通过使领馆将书面承诺递交借款国，然后双方就贷款基本条件进行“换文”谈判；最后，由借款国与贷款国放贷机构具体商定贷款协议的详细内容，并由双方签署，在贷款协议签署的同时往往还须签署相关的物资采购协议和其他附属文件。

相关信息：

政府贷款的种类：

1. 软贷款，或政府财政性贷款。一般无息或利率较低，还款期较长，并有较长的宽限期，如科威特政府贷款年利率 1% ~ 5%，偿还期 18 ~ 20 年，含宽限期 3 ~ 5 年；比利时政府贷款为无息贷款，偿还期 30 年，含宽限期 10 年。这种贷款一般在项目选择上侧重于非营利的开发性项目，如城市基础设施等。

2. 混合贷款。由政府财政性贷款和一般商业性贷款混合在一起，优惠程度处于财政性贷款和一般商业贷款之间，是各国普遍采用的贷款方式。

3. 特种贷款。为某一领域或是特定项目的贷款。这种贷款在贷款用途、利息、贷款期限等方面有特别规定。如北欧投资银行应对气候变化框架贷款。

4. 促进性贷款。此种贷款利率相对较高，但低于普通商业贷款利率，设备和服务通过国际竞争招标方式采购，项目列入双边政府财政合作计划。

衍生词条：

出口信贷
export credit

政府违约/主权违约
breach of contract by the host government

释义:

在信用保险领域，东道国政府违反或不履行与被保险人就投资项目签署的有关具有法律约束力的协议和合同，且拒绝按照法院或仲裁机构裁决书中裁定的赔偿金额对被保险人进行赔偿的行为。

In the context of export credit insurance, a host country violates or refuses to perform legally binding agreements or contracts signed with the insured for the project, and declines to indemnify the insured according to the decision of a court or the award reached by an arbitration institution.

相关知识:

主权违约会严重影响一个国家作为国际借款人的声誉，使其进入国际资本市场实现融资的难度加大。一个国家是否违约，往往不取决于偿付能力，而是还款意愿。大部分国家违约发生于该国可用资源完全枯竭之前，通常是考虑政治和社会因素后，做出主权违约的选择。企业进行海外投资时，尤其需要考虑政府违约风险。

衍生词条:

投资保险
investment insurance

政治风险
political risk

释义：

指出口商在对外投资和贸易过程中，因债务人所在国（地区）或货款须经过的第三国或投资目的地国的政府行为和订约双方不能控制的事件，使债权人或权益人可能遭受损失的风险。

Risks resulted from government actions that can not be self-insured by exporters or investing entities.

相关知识：

政治风险的分类：

信用保险中，政治风险以发生来源的不同可分为主权信用风险和政治事件风险。其中，主权信用风险，是指政府机构、类政府机构或国际组织发生不偿还债务、违反合同约定等保险合同约定的违约行为，导致公司承担保险责任的风险。

政治事件风险，是指业务所涉及国别发生战争、政治暴乱、征收、汇兑限制、禁止进口、发布延期付款令等政治事件，导致公司承担保险责任的风险。

同时，以发生风险的主体不同可分为非信用证支付方式下的政治风险及信用证支付方式下政治风险。其中，非信用证政治风险主要包括买方所在国家或地区颁布法律、法令、命令、条例或采取行政措施禁止或限制买方以合同约定的货币或其他可自由兑换的货币向出口商支付货款、禁止买方所购的货物进口、撤销已颁发给买方的进口许可证或不批准进口许可证有效期的延展；买方所在国家或地区，或货款须经过的第三国颁布延期付款令；买方所在国家或地区发生战争、内乱、叛乱、革命或暴动，导致买方无法履行合同等情形。

信用证政治风险包括开证行所在国家或地区颁布法律、法令、命令、条例或采取行政措施，禁止或限制开证行以信用证载明的货币或其他可自由兑换的货币向出口商支付信用证款项；开证行所在国家或地区，或信用证付款须经过的第三国颁布延期付款令；开证行所在国家或地区发生战争、内乱、叛乱、革命或暴动，导致开证行不能履行信用证项下的付款义务等情形。

相关信息：

短期信用保险保障的主要风险一般可以分为下述两大类：商业风险和政治风险。政治风险包括由于战争或者内战引起的不付款，实施阻止汇款的法律（或类似法律的文件）引起的不付款，或者在出口信用机构已承担风险后，强制实行进出口许可证措施。当地货币贬值不在政治风险承保范围之内。货币贬值是不予承保的，除非贬值造成买方违约或破产。在这种情况下，一般按商业风险索赔对待，即按破产和违约索赔对待，而不考虑破产或违约的原因。

衍生词条：

商业风险
commercial risk

直接索赔条款/直接给付条款
cut-through clause

释义：

原保险公司在失去偿付能力而无法支付赔款或出现其他保险合同约定的情况时，再保险公司必须就其应负担的再保险责任直接向被保险人支付赔款的一种条款。

An addition to an insurance policy between an insurance company and a policyholder which requires that, in the event of the insurance company's insolvency, any part of a loss covered by reinsurance be paid directly to the policyholder or mortgagee by the reinsurer. The cut-through endorsement is so named because it provides that the reinsurance claim payment "cuts through" the usual route of payment from reinsured company-to-policyholder, followed by reinsurer-to-reinsured company, substituting instead the payment route of reinsurer-to-policyholder-or-mortgagee. The effect is to revise the route of payment only, and there is no intended increased risk to the reinsurer, although endorsement terms may provide otherwise.

相关知识：

直接索赔条款的目的是在直接保险人丧失支付能力的情况下保护被保险人的利益，一旦原保险人丧失偿付能力，再保险人向直接保险合同的保单持有人直接支付其应承担的赔款。如果直接保险合同中的被保险人直接对再保险合同中的再保险人享有赔偿请求权，就产生了两个问题，一是直接索赔条款的有效性问题，二是如果直接索赔条款有效，是否将再保险人转变为原保险人。然而，在某些情形下，再保险人可以直接向保单持有人支付赔偿，但其前提是必须采取有效的保护措施，避免受到原保险人的起诉。

直接索赔权是有限制的，直接索赔权的行使仅限于直接索赔条款规定的特别事项。直接索赔条款既可以特别条款的形式，也可以补充条款的形式出现。在原保险人的偿付能力有限的情形下，原保险人通常采取直接索赔条款的方式吸引大的商业保险客户，为保险客户提供担保。一旦原保险人发生丧失偿付能力、付款迟延、清算等情形，被保险人便可适用该条款，直接要求再保险人承担保险责任。

衍生词条：

被保险人
policyholder
再保险
reinsurance
原保险公司
ceding company, cedant
再保险公司
reinsurer company

相关信息：

在通常情况下，直接保险合同的保单持有人不得向再保险人直接行使赔偿请求权，直接保险合同的保单持有人并非再保险合同的当事人，直接保险合同与再保险合同是两个独立的合同，直接保险合同的当事人是原保险人和被保险人（保单持有人），而再保险合同的当事人则是原保险人与再保险人，直接保险合同中的被保险人与再保险合同的再保险人没有法律上的关系，再保险既不向被保险人承担赔偿责任，也不能向被保险人行使权利（要求支付保险费）。

止损保险/损失终止保险
stop-loss insurance

释义：

止损保险属于“第一损失”机制，在再保险业务中更为常见。保险（或再保险）合约中会设定一个限额，保险公司（或再保公司）仅对超过该限额的损失承担赔偿责任。

Stop loss is a first loss mechanism more commonly applied in reinsurance. In the insurance (or reinsurance) contract, a limit on the loss will be set which an insured party must bear before its insurer pays a claim, or that an insurer must bear before presenting a claim to a reinsurer.

相关知识：

这种保险安排为保险公司的损益表提供最为全面的保障，有时也叫“累积超额再保险”。损失终止保险对损失事件的定义，广义上包括一年内发生的所有赔款。免赔额或超额保障是固定的，一般用自留保费的百分比来表示，如超过自留保费 120% 的 20% 。

以再保险为例，这种安排特别适于抵御风险多发年份对经营结果带来的冲击。当然，再保险公司不会允许原保险公司从中获得利润，当损失达到一定水平时，再保险公司会逐步缩减这种保护。再保险公司为了平衡所承保的业务，通常要求签订多年合同，以覆盖整个经济周期。再保险公司通常对此类再保险进行各种限制性安排，使原保险公司最终承担损失的大部分，它的功能限定在向原保险公司提供流动性支持而不是资本支持。

假定比例再保险和超额损失再保险都已经安排妥当，损失终止再保险适用于那些在其他所有再保险责任都已经得到偿付后原保险公司的剩余损失部分。

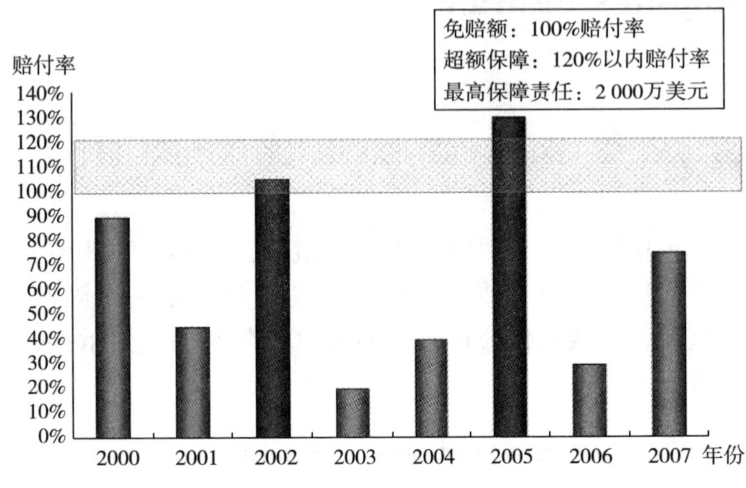

图1　损失终止保险的应用

质量维修保函
quality and maintenance guarantee

释义：

担保人应被担保人或担保申请人请求向工程承包项目中的业主或商品买卖中的买方出具的，保证被担保人履行保修期或维修期内合同义务的书面文件。

A type of guarantee issued by an insurance company or a bank (the guarantor) to the project owner or a buyer (the obligee), assuring that the contractor or seller (the principal) will provide facility repair during maintenance period.

相关知识：

质量维修保函用来保障被担保人在保修期内不履行质保义务的风险，金额通常为合同金额的5%～10%。

工程承包项目完工后业主有时会留滞部分尾款，以防项目出现后续支出，留滞金保函（retention money guarantee）是对合同尾款提前支取行为所作出的担保，虽然与质量维修保函标的不一致，但本质都是担保人应被担保人申请出具的对合同质保期义务的担保。

衍生词条：

保函
letter of guarantee

质押
pledge，collateral

释义：

质押是指被担保人或者第三人将其动产或权利移交担保受益人占有，将该动产或权利作为偿还债务或履行义务的担保。被担保人不履约时，担保受益人有权以该动产折价或者以拍卖、变卖该动产的价款优先受偿。

A Pledge is a bailment that conveys possessory title to property owned by a debtor (the pledgor) to a creditor (the pledgee) to secure repayment for and to the mutual benefit of both parties. A pledge is a bailment that conveys possessory title to property owned by a debtor (the pledgor) to a creditor (the pledgee) to secure repayment for debts or obligation and to the mutual benefit of both parties. Bailment describes a legal relationship where physical possession of personal property, or a chattel, is transferred from one person to another person who subsequently has possession of the property.

相关知识：

质押与抵押均属于物的担保，两者最大的区别是抵押不转移抵押物的占有权，而质押必须转移质物占有权。二是不动产无法成为质物，因为不动产的转移不是占有，而是登记。

质押与留置的区别主要有：1. 性质不同。留置为法定担保，质押为约定担保。2. 标的物不同。留置物必须与主债务有关联性，不涉及第三人财产，质押不受此限制。3. 占有标的物的原因不同。在留置关系中，债权人最初占有债务人的动产是为履行主债的需要，只是在约定期限届满时，债务人仍未履行义务，债权人才变为留置权人；质押人占有质物的原因是为了担保主债权的实现。4. 行使条件不同。留置权的实现受催告期的限制，质押行使没有这种约束。5. 消灭原因不同。留置权人一旦丧失对留置物的占有，留置权即消灭；质押丧失对质物的占有，并不当然导致质押的消灭。6. 质押适用于几乎各种类型的合同，而留置一般主要适用于保管合同、运输合同、加工承揽合同。7. 质押适用于动产和权利，而留置只适用于动产。

衍生词条：

抵押

mortgage

留置

lien

中长期出口信用保险
medium and long-term export credit insurance

释义：

对信用期在一年以上的出口提供的出口信用保险，使被保险人得以有效规避因商业风险和政治风险导致的出口企业收汇的风险或融资机构收回贷款本金和利息的风险。中长期出口信用保险业务一般主要有买方信贷保险、卖方信贷保险和再融资保险。

An insurance policy offered to protect exporters and financial organizations engaged with a credit period of more than one year against losses caused by political risks and commercial risks. In general, export credit agencies offer three major medium and long-term export credit insurance products: buyer's credit insurance, supplier's credit insurance and refinance insurance.

相关知识：

中长期出口信用保险包括保险责任期限1年到5年（中期）或5年以上（长期）的产品，是各国政府支持本国资本性货物出口，帮助本国公司在境外承揽大型工程项目，支持银行等金融机构为出口贸易提供信贷融资的重要政策性金融工具。

中长期出口信用保险的作用是：1. 转移收汇风险，避免巨额损失；2. 提升信用等级，为出口商或进口商提供融资便利；3. 灵活贸易支付方式，增加成交机会；4. 拓宽信用调查和风险鉴别渠道，增强抗风险能力。

中长期出口信用保险的特点：1. 项目期限长、金额大、风险高。中长期险业务所承保的项目信用期限较长，在此期间，借款人的经营状况、市场环境以及其所在国家的政治经济状况发生变化的概率要远远高于短期险业务。中长期险业务的单笔金额大，项目执行复杂，建设期风险和执行风险较高。中长期险业务风险的度量和定价仍是金融界的难题，因此该业务至今难以商业化。2. 服务国家外贸、外交和产业政策。政策性是中长期险业务最重要的特征。中长期出口信用保险在落实国家政策方面具有自己独特的优势。首先，中长期险业务是帮助企业开拓新市场的有力武器。新市场、新客户、新环境往往使出口商望而却步，特别是面对金额大、信用期限长的项目，决策就更加困难，如果有了中长期出口信用保险的帮助，出口商可以专心致力于商务及项目执行的管理，中长期出口信用保险是出口商风险化解和风险规避的重要工具。其次，中长期险业务以其较强的风险承担能力，具有广泛的市场影响力。通过其承保政策的导向作用，为政府落实产业政策，调整贸易结构和进行反周期的市场干预提供手段。中长期出口信用保险作为政策性调节工具的最大好处是对市场造成的扭曲程度最低，占用公共资源规模小，取得的效果却非常显著。3. 国家信用支持，中央财政作为后盾。中长期出口信用保险产品一般由国家单独设立机构办理，或政府委托商业机构办理，业务所产生的责任由国家承担，中央财政提供保证。政府对中长期业务的支持还表现在政府驻外机构为中长期业务提供大量的国别信息和谈判协助方面。4. 非营利性。为提高对本国出口的支持力度并服务其他政策目标，各出口信用机构都宣布中长期险业务实行“保本”经营的原则，这样既符合“世贸组织”的有关规定，又弥补了商业市场的缺陷。中长期险业务的非营利性、政策性以及政府支持这三个特点是相辅相成的。

衍生词条：

卖方信贷保险
supplier's credit insurance
买方信贷保险
buyer's credit insurance
再融资保险
refinance insurance

中小企业综合保险

comprehensive cover for small and medium-sized enterprises

释义:

中小企业综合保险是针对中小企业客户制定的短期出口信用保险，具有操作简便、保障全面、费率优惠等特点，为广大中小企业客户提供收汇风险保障和融资便利。

A credit insurance product designed for small and medium sized enterprises. It is easy to operate with wide coverage and favorable premium rates, to provide risk coverage and facilitate finacing.

相关知识:

中小企业，又称中小型企业，是与所处行业的大企业相比，人员规模、资产规模与经营规模都比较小的经济单位，通常由一个人或少数人注资成立，大多由业主直接管理，受外界干涉较少。

中小企业划分标准。不同国家、不同经济发展阶段、不同行业对其界定的标准不尽相同，且随着经济的发展而动态变化。各国一般从质和量两个方面对中小企业进行定义，质的指标主要包括企业的组织形式、融资方式及所处行业地位等，量的指标则主要包括雇员人数、实收资本、资产总值等。量的指标较质的指标更为直观，数据选取容易，是大多数国家的划分标准，如美国国会 2001 年出台的《美国小企业法》对中小企业的界定标准为雇员人数不超过 500 人。英国、欧盟等在采取量的指标的同时，也以质的指标作为辅助。

我国中小企业划分标准。我国按照行业门类、大类、中类和组合类别，依据从业人员、营业收入、资产总额等指标或替代指标，划分中小型企业。

衍生词条：

短期出口信用保险

short-term export credit insurance

费率

premium rate

终止款
termination value

释义:

根据《租赁合同》,出租人因《租赁合同》提前终止而有权向承租人收取的款项。

Termination value means, in respect of any date, an amount equal to the sum of each unpaid capital balance for each item of equipment for each lease for that date along with all interest which has accrued up to and including that date, payable due to early termination.

相关知识:

终止款一般作为租赁合同终止事件发生后出租人可以选择的救济手段之一,常见的租赁合同终止事件包括承租人未按租约履行付款义务、经营中断、破产清算、交叉违约、诉讼及类比诉讼、财产被扣押、违反约定保险或做出不当陈述等。

衍生词条:

海外租赁保险
overseas leasing insurance

重债穷国减债倡议
Heavily Indebted Poor Countries Initiatives (HIPC Initiatives)

释义：

国际社会为重债穷国提供的减债机制之一，是由IMF和世界银行于1996年联合发起，意在通过债务减免和公共社会政策改革减轻贫困国家的债务负担，确保债务国不再承受自己无法承担的债务负担。

An international debt relief mechanism that provides special assistance to the world's poorest countries. It was launched in 1996 following a proposal from the World Bank and the International Monetary Fund (IMF). The principal objective of the initiative is to reduce the debt burden of poor countries to sustainable levels by debt relief or cancellation and social reforms to ensure that no country faces a debt burden that it cannot manage.

相关知识：

重债穷国指达到国际货币基金组织和世界银行贫穷程度标准和外债很高的发展中国家（目前是39个）。

重债穷国减债倡议实际上是由IMF、世界银行、巴黎俱乐部等国际多边机构主导，就向低收入国家提供债务减免解决方案并进行谈判协商的框架性机制。减债本身不是该倡议的主要目标，为这些国家减债的最终目的是在没有国际减债援助的情况下，重债穷国能实现有效的经济增长，并最终走上可持续发展道路。

债务可持续水平的评估基于三方面考虑：1. 综合考虑国家政

策制定、执行和管理水平，以具体国家债务负担指标评估国家债务可持续性（如外债与出口比例低于150%可视为达到债务可持续水平）；2. 基于国家当前情况和未来可能面临的冲击，动态分析国家债务和偿债能力变化；3. 评估国家在无法偿债的情况下是否有相应的借款（贷款）对策。当债务国通过HIPC机制将外债规模降至可持续性水平，便能够将更多的资金有效地用于本国经济发展和改善人民生活水平，同时降低外部因素对重债穷国国际收支的冲击。

衍生词条：

巴黎俱乐部
Paris Club

主权担保
sovereign guarantee （SG）

释义：

指国家以主权信用为本国债务人提供担保，向其他国家或国际金融机构融资、借贷，如债务人无法按时履行偿付义务，将以国家财政执行偿付，是一国能够提供的最高信用级别担保。可以提供主权担保的机构主要包括所在国政府、财政部、中央银行或者政府授权的其他部门。

An obligation of the government to ensure that the government will fulfill the repayment if the primary obligor defaults. It is the highest level of credit guarantee in any specific country, and the Government itself, the Ministry of Finance, the Central Bank or any other authorized governmental agencies can offer sovereign guarantee.

相关知识：

主权担保是保证担保的一种类型。保证担保是指保证人与贷款人约定，当借款人违约或者无力归还贷款，保证人按约定履行债务或承担责任的行为。根据我国《担保法》，保证担保分为一般保证和连带责任保证两类。一般保证的保证人在主合同纠纷未经审判或者仲裁，并就债务人财产依法强制执行仍不能履行债务前，可以拒绝承担保证责任；连带责任保证的债务人在主合同规定的债务履行期届满没有履行债务的，债权人可以要求债务人履行债务，也可以要求保证人在其保证范围内承担保证责任。

次主权担保是指所在国加盟共和国、下属联邦国或者酋长国提供的担保。

主权担保的发展趋势。出口信用机构对非经合组织国家大型项目一直要求政府提供主权担保。但是，20 世纪 80 年代大批买方国家或借款国违约，并且到巴黎俱乐部重新安排双边债务，加上减免债务和对低收入国家债务的宽容趋向，致使出口信用机构支付大量赔款，大多数机构因此遭到重大损失，影响至今。出口信用机构不是援助机构，需在一定时间内做到收支平衡，因此出口信用机构对借款国主权担保开始重新认识。另外，随着私有化的增加以及计划经济的弱化，越来越多的所在国政府不再愿意为项目（甚至基础设施项目）贷款担当借款人或担保人的角色，这就意味着很多涉及资本性货物的项目需要通过项目融资来运作。

衍生词条：

主权违约
breach of contract by the host government

主权风险
sovereign risk

释义：

这一术语的概念同政治风险极为相似，只是它特指所在国政府违约或者所在国政府的特定行为。

A term broadly synonymous with political risk but particularly relevant to defaults by or actions of host governments.

相关知识：

主权债务违约是指一国政府无法按时对其向外担保借来的债务还本付息的情况，如债务重组，当期本金、利息未如期如数支付，债务总额超过国际货币基金组织贷款协议所规定的最高上限。当一国政府充当该国主权债券的债务人时，由于政府在司法体系中的角色使其很难出现在他国的破产法庭上，因此政府可能会在这种缺少法律约束的情况下宣布其主权债务违约。

主权债务违约的原因。实证研究证明，引发主权违约的关键因素通常是债务人——政府在主权债务危机出现时的意图和行为，而非债权人。对于私人债务而言，当债务人已无力偿还其债务时，即便债务人的全部资产可能无法偿还所有债务，债权人都可以通过法律条文的规定申请明确的求偿，这一特点被认为是私人债务关系和市场存在的关键。然而对于主权债务而言，其用于担保的资产往往属于国家财富，在其国内法律体系中属于豁免部分。即便那些不属于豁免部分的资产，债权人也很难找到一家合适的法庭申请执行债务契约。这些技术上的问题使主权债券的所有者往往难以在主权违约事件发生后进行程序性追索，也使主权国家较之于私人部门更愿意违约。因此主权国家的代表——政府对即将到期债务的态度对违约是否发生存在显著影响。

欧债危机。自2009年底以来，不少相对保守的投资者对部分欧洲国家主权债务产生忧虑，危机在2010年一度陷入最严峻的局面。在一连串经济危机和动荡中，被指出现问题的欧元区国家包括希腊、爱尔兰、西班牙和葡萄牙，而部分不属于欧元区国家的欧盟成员国也受到波及。冰岛虽然在2008年遭遇当时全球规模最大的金融危机，导致该国的国际银行体系崩坍，但正因为冰岛政府无力救助银行脱险，主权债务危机对冰岛带来的影响反而较少。相反，那些为了出手救助银行而导致主权债务急增的部分欧盟成员国，由于与其他欧盟成员国，特别是与德国之间在债券收益率差价和信贷违约掉期方面的差异越来越大，逐渐出现信心危机。

2014年阿根廷主权债务违约。2014年7月30日，阿根廷政府与“秃鹫基金”债权人及美国联邦法官代表的谈判最终破裂。美国联邦法官指定的谈判代表波拉克在谈判结束后发表声明称，阿根廷将“立即进入违约”。国际信用评级机构标准普尔30日宣布阿根廷主权债务违约，将其信用评级下调至“选择性违约”。

衍生词条：

债务重组
debt restructuring
主权债务
sovereign debt
政治风险
political risk

主权买方
sovereign buyer

释义:

指政府买方或者指可以担当起政府的全面承诺和信誉责任的买方（此类买方一般不会被宣告丧失偿付能力或破产）。许多出口信用机构对主权买方收取的费率较低，保障范围也较广。

A government buyer, or a buyer that enjoys full faith and credit of its government, which cannot be declared insolvent or bankrupt. Most export credit agencies charge lower premium rates and apply broader coverage for sovereign buyers.

相关知识:

买方的类型:

大多数出口信用机构将买方分成不同的类别，其承保条件和费率均不相同，主要有以下几种:

1. 主权买方: sovereign buyer，见上文“释义”，若发生主权买方违约不付款，属于政治风险。目前绝大多数出口信用机构在对某些买方是否为国有买方的判断时持非常谨慎的态度。

2. 公共买方: Public buyer，国家政府全额拥有，或大部分归政府所有或政府处于控股地位的企业买方，但是不同于主权买方，无政府担保和信誉，可以被起诉和被宣告破产。部分出口信用机构对国有买方设较低的费率。

3. 私营买方: Private buyer，私营企业买方，费率视买方经济实力和历史信用记录情况而定。若发生私营企业买方违约，属于商业风险。

相关信息：

不同买方类型的承保：

在众多领域里最应关切的是买方（或者买方信贷协议中的借款人）履行合同义务的能力。对于承保人来说，及时获得有关买方的准确信息至关重要，包括该买方的状况以及经过账目审计支持的财务信息，最好有详细的交易记录。这些信息无论对私营买方还是对公共买方都是必要的。公共买方或者全部属政府所有，或者部分属政府所有，但是他们不能够充分获得政府的授权和信任。除非买方国家政府给予支持，并正式为买方的债务负全责（目前这种情况很少见），不然承保人就要如同对待私营买方一样，获得有关公共买方（非政府买方）和银行的信息。

衍生词条：

公共买方
public buyer
买方
buyer

主权债务
sovereign debt

释义：

指一国政府（如财政部、中央银行）或其授权部门以该国的名义举借的，以国家信誉保证偿还的债务。发展中国家的主权债务有一定的风险，而发达国家的主权债务风险相对较低。当评估风险时，债务国政府的稳定性是一个重要的考虑因素，与此同时，主权信用评级也能帮助投资者衡量风险。

Debt borrowed by a national government, acting through the Ministry of Finance, the Central Bank or any other governmental agencies authorized to conduct sovereign borrowing on behalf of the importing country, with repayment secured by sovereign credit. Sovereign debt risk is higher in developing countries and lower in developed countries. The stability of the borrowing government is an important factor in concern, and sovereign credit ratings may help in risk measurement.

相关知识：

主权债务违约：

是指一国政府失信、不能及时履行对外债务偿付义务。当一国债务的比重大幅度增加时，该国的主权债务违约的可能性便会上升。当债务上升到一定阶段的时候，可能会出现主权违约。单个小国的主权信用危机，可通过 IMF 或其他大国的援助渡过难关。而一旦全球普遍存在主权信用风险，则可能出现全球性“惜贷现象”。

历史上主权债务危机：拉美主权危机（20 世纪 80 年代），墨西哥经济危机（1994），俄罗斯金融危机（1998），阿根廷债务重建（2002），冰岛危机（2008），迪拜债务危机（2009），欧元区债务危机（2009）。

主权债务违约解决方式：

在市场经济体制中，如一个国家发生主权债务违约，该国不能以自己的主权作为报酬来偿还债务。通常主权违约发生以后，一般都是以下两种方法进行解决：1. 违约国向世界银行或者国际货币基金组织等进行借款；2. 与债权国就债务利率、还债时间和本金进行商讨。

主权信用评级：

主权信用评级是信用评级机构进行的对一经济体政府或当局作为债务人履行偿债责任的意愿和能力的评判。在这一评判过程中，评级机构一般对一个经济体经济增长趋势、贸易及国际收支、外汇储备、外债余额及结构、财政收支和相关政策影响等进行考察，最后给出具体评级。一般而言，主权信用评级会包括长期主权信用评级、短期主权信用评级和评级展望三个方面，分别反映不同时间段的偿债能力及中长期信用状况的潜在变化方向。目前占主导地位的国际评级机构包括标准普尔公司、穆迪投资者服务公司以及惠誉国际公司。

相关信息：

阿根廷主权债务危机：

20 世纪 90 年代，阿根廷政府外债大幅度增加，截至 2000 年的外债规模达到了 1 462 亿美元，超过了外汇收入的 4 倍以上。2001 年阿根廷政府最终宣布对所有债务进行违约。随后阿根廷的货币大幅贬值。

2014 年 7 月 30 日，阿根廷经济部长宣布未能与 holdout creditor（秃鹫基金）达成一致，没有偿还 5. 39 亿美元的利息，标志着又一次主权债务的违约。

欧债危机：

欧洲主权债务危机，简称欧债危机，是指在2008年金融危机发生后，希腊等欧盟国家所爆发的主权债务危机。2009年10月，希腊的主权债务问题凸显，2010年3月进一步发酵，开始向“欧猪五国”（葡萄牙、意大利、爱尔兰、希腊、西班牙）蔓延。美国三大评级机构则落井下石，连连下调希腊等债务国的主权信用评级。欧盟、欧元区和IMF“三驾马车”为避免债务危机向全欧洲蔓延，对相关国家实施了多轮援助和减债计划。截至目前，部分国家状况已经有所好转，如爱尔兰于2013年底宣布退出欧债危机纾困机制；但也有国家仍未脱困，如希腊在已经接受两轮2 400亿欧元救助和两轮减债的情况下仍未坚决债务问题，于2015年6月对IMF债务违约。2015年7月，欧元区国家和希腊政府基本达成第三轮820亿~860亿欧元援助计划。从整体上看，欧盟和欧元区国家仍处于从债务危机中艰难复苏的过程中。

衍生词条：

主权违约
breach of contract by the host government

主要买方保险/关键买方保险
major debtor cover, key buyer cover

释义:

出口信用机构提供的一种保险产品，仅承保被保险人与其大型买方群交易中信用风险的保险。

Offered by an export credit agency to cover the credit risks in trade between the insured and the insured's largest buyers.

相关知识:

适用性：主要买方保险适用于买方集中度较高的被保险人就其主要交易对手的信用风险向保险人投保。但从严格意义上说，由于不符合“统保法则”，因此实际业务中保险人对该类业务的审核较为严格。

主要买方保险与统保保险、特定买方保险的区别：统保保险要求被保险人将适保范围内的所有业务均向保险人进行投保；主要买方保险仅承保被保险人与符合一定条件（如交易规模、销售规模等）的交易对手之间交易的信用风险；特定买方保险仅承保被保险人与某一特定买方之间交易的信用风险。在费率方面，由于统保保单要求被保险人投保所有适保业务，因此费率水平有所下浮，而主要买方保险和特定买方保险的费率水平可能有所上浮。

相关信息:

大数法则：又称大数定律或平均法则。人们在长期的实践中发现，在随机现象的大量重复中往往出现几乎必然的规律，即大数法则。概率论的大数法则是保险人计算保险费率的基础，只有承保大量的风险单位，大数法则才能显示其作用。

大数法则的意义：风险单位数量越多，实际损失的结果会越接近从无限单位数量得出的预期损失可能的结果。据此，保险人就可以比较精确地预测危险，合理地厘定保险费率，使在保险期限内收取的保险费和损失赔偿及其他费用开支相平衡。

保险公司正是利用在个别情形下存在的不确定性将在大数中消失的这种规则性，来分析承保标的发生损失的相对稳定性。按照大数法则，保险公司承保的每类标的数目必须足够大，否则，缺少一定的数量基础，就不能产生所需要的数量规律。但是，任何一家保险公司都有它的局限性，即承保的具有同一风险性质的单位是有限的，这就需要通过再保险来扩大风险单位及风险分散面。

衍生词条：

信用风险
credit risk
统保保单
whole turnover policy
特定买方保险
transactional cover

转分保
retrocession

释义:

再保险业务的再保险，即再保险公司将其部分责任转分给其他再保险公司的再保险。转分保合同与原始分出公司及再保险接受公司签订的再保险合同相互独立。转分保适用于特定危险单位或业务组合，旨在提高原始再保险接受公司的资本充足率，降低原始再保险接受公司的风险和损失。

The reinsuring of reinsurance. Retrocession is a separate contract and document from the original reinsurance agreement between a primary insurance company (as the reinsured) and the original reinsurer. A retrocession is placed to afford additional capacity to the original reinsurer or to contain or reduce the original reinsurer's risk of loss, and is either specific or blanket.

相关知识:

转分保是再保险人的分保，通常可有两种形式：一种是按原条件转分保一定的比例，即成数再保险的转分方式；另一种是通过超额赔款分保合同的方式保障其自留部分的责任。成数转分保合同方式多于后者。

转分保的意义及价值与再保险类似，主要体现在资本、收益和市场等方面。简而言之，转分人可以分散风险，扩大承保能力，同时还可以收取少量的转分手续费。其中转分手续费按转分保费的某一百分比率计算，通常定为 2.5% 。再保险业务每转分一次，转分公司就要收取一次转分保手续费，而转分保的次数是没有限制的。所以，转分业务转手的次数越多，支出的转分手续费也就越多，最终接受转分保业务的公司得到的转分保费自然就越少。

转分保业务的难点在于手续费方面“层层刮皮”，且易责任累积。转分保需慎重规避责任累积，例如 A 公司安排了一个信用险分保合同，B 公司和 C 公司都接受了一定份额，而 B 公司为了分散风险，又将本公司承接的所有信用险分保业务组织了一个转分保合同，如果 A、C 公司在该转分合同中参加份额，则会出现责任累积现象。

衍生词条：

再保险

reinsurance

转让
novation

释义:

1. 协议通过合同一方替代另一方。转让协议需要征得转让和受让方同意，同时转让的内容包括权利和义务。

2. 新签署的借款或债务协议替代原有的借款或债务协议。

1. Agreement to replace one party to contract with a new party. The novation transfers both rights and duties and requires the consent of both the original and the new party.

2. Replacement of an older debt or obligation with a new one.

追偿
collection

释义：

保险人、被保险人或商账追收机构以协商或法律手段，向债务人或相关第三方收回逾期欠款的行为。

Negotiating or legal actions taken by the credit insurer, the insured or the collection agency for collecting accounts overdue from the debtor or related third parties.

相关知识：

追偿在信用保险业务的地位和意义：追偿是信用保险业务的最后一个环节，主要包括赔前勘查、赔前减损和赔后追讨等工作，是保险人控制风险、为被保险人提供专业服务的重要环节。追偿收入与保费、保险资金运用收益共同构成信用保险的三大收入来源。

信用保险机构追偿的法律基础：根据《中华人民共和国保险法》第六十条规定保险人在赔付后，可取得代位求偿权进行追偿。由于信用保险保险人在风险发生早期就介入追偿以及信用保险比例赔付的特点，保险人一般通过接受被保险人的授权委托，以被保险人名义通过自身或转委托商账追收机构向债务人或相关第三方进行追偿。

相关信息：

信用保险机构提供追偿服务的优势：信用保险机构作为专业从事风险管理的机构，其追偿具有以下优势：

1. 拥有大量买方信息，并掌握对买方授信的能力，对买方具

衍生词条：

商账追收机构
collection agency
追偿手段
collection measures
追偿费用
collection expenses
追偿佣金
recovery commission
追回款
recoveries
追偿收入
recovery income

有较强的谈判优势和能力；

2. 与外部商账追收机构保持良好的合作关系，能够获得比较优惠的服务价格以及优质的服务；

3. 拥有一批追偿经验丰富，善于处理疑难、复杂案件的专业团队，能够取得较好的追偿效果。

追偿案件结案
close of case

释义：

经保险人立案追偿，当满足一定条件时，保险人终止向债务人及相关第三方主张债权，并终止与被保险人委托代理关系的行为。

Termination of collection against the debtor or the related third party and the collection entrustment between the insurer and the insured, when certain conditions are met under collection cases.

相关知识：

结案条件：1. 债务人已经全额付款；2. 债权人与债务人就债务解决方案达成一致，债权人给予一定折扣，债权人按照折扣后金额偿还债务；3. 因债务人破产、无力偿付、失踪等原因无法继续向债务人追讨；4. 调查所涉及事项已完成。

衍生词条：

追偿
collection
商账追收机构
collection agency

追偿费用
collection expenses

释义：

追偿过程中发生的全部费用，包括调查费、诉讼费、仲裁费、律师费、公证认证费等，以及追回欠款后支付给商账追收机构的佣金。

All expenses incurred during the process of collection, including investigation fees, litigation costs, arbitration costs, attorney's fees, costs for notarization or authentication, as well as the commission paid to the debt collection agency for recoveries.

相关知识：

追偿费用的主要类别：1. 佣金。指商账追收机构在接受委托并追回欠款后收取的报酬，是追回款与相对应佣金率的乘积。2. 律师费。指律师提供专项法律协助、法律咨询或非佣金式追偿服务而产生的费用。3. 调查费。指根据案件处理需要进行调查、取证产生的费用。4. 破产债权登记费。指破产案件中破产债权登记产生的费用。5. 诉讼（或仲裁）费。指采取诉讼或仲裁等法律手段进行追偿时，由法院、仲裁庭或其他司法机关直接收取或由商账追收机构代为支付的费用。6. 评估费、鉴定费和咨询费。指外聘专业机构提供评估、鉴定、检验和咨询等专业服务产生的费用。7. 公证认证费。指对法律文件进行公证及使领馆认证产生的费用。

追偿费用的承担方式。在信用保险中，追偿费用分为勘查费用和追讨费用，费用承担方式有所不同。勘查费用是保险人为核实案情、确认保险责任而产生的费用，一般由保险人承担；追讨费用是为追讨欠款而产生的费用，因此一般按照保险人和被保险人各自的权益比例来进行分摊。

衍生词条：

追偿佣金
recovery commission

商账追收机构
collection agency

追偿收入
recovery income

释义：

保险人赔付后，保险人、被保险人或商账追收机构向债务人或相关第三方收回款项中属于保险人权益的部分。

The insurer's portion of recoveries that are collected from the debtor or the related third party by the insurer, the insured or the collection agency after indemnification.

相关知识：

追偿收入 = 赔后追回款 × 保险人权益比例

影响追偿收入因素：1. 案件是否赔付。赔付前的追回款属于被保险人权益，而保险人赔付后才获得按照权益比例分配赔后追回款的权利。2. 赔后追回款。赔后追回款是计算追偿收入的基数，与追偿收入成正比。3. 保险人权益比例。保险人权益比例是计算追偿收入的乘数，与追偿收入成正比。

追偿收入是保险人赔付后通过追偿获得的收益，是保险人的收入来源之一，能够有效降低保险人的净赔付支出，帮助保险人稳健经营。

衍生词条：

追偿
collection
追回款
recoveries
赔付
indemnity

追偿手段
collection measures

释义:

追偿过程中使用的方式，特指保险人或被保险人向债务人追偿时采用的方式。

The measures taken during the process of collection. It specifically refers to the measures taken by the insurer or the insured to collect the debt against the debtor.

相关知识:

追偿手段从主体上分为自行追偿与委托追偿，从具体方法上分为非诉追偿和法律追偿。1. 自行追偿。保险人或被保险人通过函电、面谈等方式直接向债务人进行追偿。2. 委托追偿。保险人或被保险人委托商账追收机构向债务人进行追偿。3. 非诉追偿。电话联系，适用于迅速了解债务人拖欠原因并与债务人进行较深入沟通；邮件/传真，适用于获取债务人的书面说明，特别是认债声明；会谈/谈判，适用于了解案情并深入商谈还款计划，达成和解方案。4. 法律追偿。仲裁一般适用于非诉无法达成和解且合同约定有仲裁条款的案件；诉讼一般适用于非诉无法达成和解且合同未约定仲裁条款的案件；其他法律手段还包括申请破产清算、申请物权保留等。

委托授权文件是指在被保险人或保险人委托商账追收机构追偿过程中，为证明委托关系，根据债务人所在国法律制度提供的授权文件。

衍生词条:

代位求偿
subrogation

追偿佣金
recovery commission

释义：

商账追收机构接受委托追回欠款后收取的报酬，是追回款与相对应佣金率的乘积。

Fess charged by the debt collection agency for the recoveries collected. It is the product of recoveries and the corresponding commission rate.

相关知识：

追偿佣金的计量主要包含佣金率和计算方式两个要素。佣金率是指商账追收机构约定的费用支付比率，佣金率与其适用部分的追回款的乘积即为应支付的佣金。在实际业务中，主要有两种佣金计算方式：1. 按照委托金额计算佣金。根据委托金额的大小适用相应的佣金率，同一案件委托金额项下的追回款全部适用该佣金率。2. 按照追回款金额分段计算佣金。对追回款进行累加，累计金额达到某特定标准区段，则该区段内的追回款适用其对应的佣金率。

例如：

保险人向商账追收机构委托一宗30万美元的追偿案件，分别使用以下两种佣金计算方式：

1. 按照委托金额计算佣金

委托金额	佣金率
0～10万美元	20%
10万～20万美元	15%
20万～30万美元	10%

本计算方式下，由于委托金额为30万美元，因此适用10%佣金率。在全额追回30万美元的情况下，其佣金应为30万美元×10% =3万美元。

2. 按照追回款金额分段计算佣金

追回款金额	佣金率
0～10万美元	20%
10万～20万美元	15%
20万～30万美元	10%

本计算方式下，因累计追回金额为30万美元，覆盖了3个区间，不同区间内的追回款对应不同佣金率，其佣金应为10万美元×20% +10万美元×15% +10万美元×10% =4.5万美元。

佣金制的本质是“无效果，无报酬”，因此采取佣金制意味着商账追收机构在没有追回欠款的情况下需要承担无法收回成本的风险。在追偿实践中，商账追收机构一般在非诉追偿阶段采用“无效果，无报酬”收取佣金的方式，而如果案件需要采取法律手段，商账追收机构一般会要求事先支付一定费用，采用“固定费用+佣金”的方式。

衍生词条：

追偿费用
collection expenses
商账追收机构
collection agency
追回款
recoveries

追回款
recoveries

释义：

在追偿过程中，保险人或被保险人收到的债务人或相关第三方偿还债务的款项。

The repayment of funds collected by the insurer or the insured from the debtor or related third parties for offsetting the debt claims.

相关知识：

保险人与被保险人按照约定对追回款进行分摊。一般情况下，案件赔付前的追回款属于被保险人权益；案件赔付后，根据赔付结果确定保险人和被保险人权益比例，双方按照权益比例分配追回款。对于一些特定情况，保险人和被保险人可作出特别约定，如约定追回款优先冲抵保险人赔款等。

权益比例是保险人与被保险人分摊追回款的依据。通常情况下，案件赔付后的保险人权益比例 = 赔款金额/委托追偿金额 × 100%；被保险人权益比例 = 1 − 保险人权益比例。

例如：

被保险人报可损后，委托保险人追偿 10 万美元的应收账款。保险人经调查后赔付 9 万美元，且最终追回欠款 10 万美元。保险人和被保险人应如何分摊追回款？

保险人权益比例 = 赔付金额/委托追偿金额 = 9 万美元/10 万美元 × 100% = 90%

保险人应得追回款 = 10 万美元 × 90% = 9 万美元

被保险人权益比例 = 1 − 90% = 10%

被保险人应得追回款 = 10 万美元 × 10% = 1 万美元

衍生词条：

追偿
collection
追偿佣金
recovery commission
追偿费用
collection expenses

资产负债表
balance sheet

释义：

反映企业在某一特定日期（如年末、季末、月末）财务状况的报表，主要反映资产、负债和所有者权益三方面的内容。

Financial statements reflecting a company's assets, liabilities, and owners' equity on a given date, normally on a monthly, quarterly or annual basis.

相关知识：

财务报表是在日常会计核算资料基础上，按照规定的格式、内容和方法定期编制的，综合反映企业某一特定日期财务状况、经营成果和现金流量状况的书面文件。

资产的总额等于负债加所有者权益，资产负债表就是构成等式两边各个项目的列表。资产负债表不像损益表反映的是一段时期内的经营成果，它所反映的是某一时间点上的经营状况。资产负债表反映的是存量，不是流量，必须和以前的资产负债表和其他经营报表放在一起进行分析。

资信报告

credit report，business information report

释义：

由资信公司提供的一种核心服务，主要用于信用提供方对借贷方付款信誉的评估。报告类型主要包括：1. 标准资信报告。包括企业名称、地址、企业注册情况、企业背景信息和业务范围、管理层和所有者信息、员工人数、不动产信息、贸易往来情况、往来银行情况、财务信息、付款记录、法庭记录、信用评价等。2. 深度报告。根据调查委托人的要求，就其感兴趣的方面对企业进行更深入的调查。3. 监控报告或后续报告。对目标企业的最新变化，如财务变动、注册信息变化等进行监控并报告。

Core service offered by a credit agency to assist credit facility providers in evaluating the credit worthiness of a borrower. Usually, credit agencies provide 3 types of reports: i. Standard credit report, which usually includes company name and address, legal data, company background and lines of business, management and ownership information, employees, property data, trade records, bank data, financial information, payment record, litigation information and credit rating; ii. Indepth report or Special report, which provides more detailed information about a company's business operation, and can also be a customized report to meet specific credit inquiry need; iii. Credit monitor report or continuous report, which reflects critical changes of the subject company, i. e. financial information updates and change of registration, etc.

相关知识:

在日常承保过程中,信用保险公司需要从不同信息源取得并监控买方的资信信息。保险公司取得买方资信信息的渠道包括征信公司、信用保险机构的征信部门、银行、同业,财务报表、买方提供的保密信息、公开信息、被保险人提供的交易信息等。

企业征信产品的生产者分为企业资信调查机构和评级机构。最早的企业资信调查机构出现在19世纪初的英国伦敦。评级机构出现较晚,最早的评级机构为穆迪投资有限公司。目前国际著名的企业资信调查机构有美国邓白氏集团、美国克莱勒商业信息集团、澳大利亚TCM国际信用管理集团公司、荷兰格瑞顿公司、德国信用联合公司和波盖尔公司、日本帝国征信公司、台湾中华征信所企业股份有限公司等。世界三大评级机构有穆迪(Moody's)、标普(Standard & Poor's)和惠誉(Fitch)公司。

衍生词条:

信用评级
credit rating

自保
self-insurance

释义：

在信用保险相关语境下，指出口商或其银行决定不向出口信用机构投保，而是将风险由自己承担的做法。

In the context of credit insurance, self-insurance is the practice whereby exporters or their banks decide not to buy insurance from an export credit agency but to carry the risks on their own account.

相关知识：

自保是一种风险管理手段，是个人或者公司为了减少风险采取类似于保险公司的方式，包括评估潜在风险，预测可能的总体损失，建立一个可抵御未来损失的风控基金。如果公司把自保作为其重要的风控手段，则风控基金的建立需基于大数法则等保险知识并经过精算，使风控基金的总量足以覆盖未来的不确定风险。

自保的优点是免予支付保险费；风控基金可投资于短期货币市场，并在风险解除后用于公司发展。

自保的缺点是将公司暴露于可能的灾难性损失；无法获得保险公司提供的专业风控服务；风控基金投资所得或被征税。

信用保险参与自保公司承保的方式有两种：1. 信用保险公司作为代出单保险公司，向母公司的附属子公司提供保单及相关服务；然后将保单分给自保公司；自保公司或者向代出单保险公司申请再保险，或者在开放的再保险市场分保。2. 母公司的自保公司承担第一层风险，并将保单分给信用保险公司或再保险公司。

近年来自保成长很快，其中大部分是通过自保公司来实现的。

自保公司是为母公司提供保险服务这一特定目的而专门设立的公司，是决定自留风险的企业避免不合理税收的技术性产物，也是企业利用内部基金进行风险融资的高级形式。母公司直接影响并支配自保公司的运营，包括承保、索赔处理的政策以及投资行为等。

专业自保公司最早出现在19世纪中期，由于发现传统的保险险种和保险费率无法满足他们的保险需求，投保人创建了自己的保险机构。例如，在19世纪40年代，美国的一些船东不满足伦敦劳合社承保人提供的海上保险服务，创办了Atlantic Mutual。1845年，伦敦的一些货栈主因为无法从保险人那里获得所需的保险保障，创办了Royal Insurance Company。这些相对独立的事件，被看作专业自保公司的萌芽和雏形。20世纪60年代初，专业自保公司开始真正发展起来，现在已成为国际保险市场上一支重要力量。截至2005年底，全球范围内专业自保公司的数量已超过5 000家，总保费收入接近260亿美元，总投资已逾1 400亿美元。据统计，目前超过70%的世界500强企业设立了专业自保公司。

衍生词条：

再保险公司
reinsurance company

自行掌握限额
discretionary limit（DL）

释义：

保险人根据保单约定自动赋予被保险人对其特定业务项下可能承担保险责任的最高限额。自行掌握限额无须经保险人审批。

The maximum credit amount up to which the insured may use for the specific business in accordance with the policy without the insurer's review.

相关知识：

自行掌握限额一般适用于短期出口信用保险业务、国内贸易险业务。

被保险人可以根据保单约定，授予某一买方或开证行信用额度，无须经保险人批准。当一个付款周期内出运的金额不超过被保险人自行掌握限额时，被保险人不必事先申请信用限额即可直接安排出运。自行掌握限额为被保险人小额频繁出运提供了操作便利，也节省了保险人的人力成本和管理费用，有利于简化承保手续，提高工作效率。

自行掌握限额金额由保险人根据被保险人内部风险管控水平、被保险人出口规模、买方数量等因素综合评估而定，可针对不同支付方式、不同国家风险类别等承保条件进一步加以区分。

同一保单项下，每一买方或银行不能同时适用信用限额和自行掌握限额。如保单中虽然约定了自行掌握限额，但保险人批复的信用限额生效后，被保险人自行掌握限额自动失效，该失效的限额内的保险责任余额将自动归于新批复的信用限额。

衍生词条：

信用限额
credit limit
最高赔偿限额
maximum liability

大多 ECA 机构在短期出口信用保险保单项下都约定自行掌握限额，保险人根据被保险人内部信用管理制度的完善程度决定自行掌握限额金额，有时对风险较高的买方或国别不设置自行掌握限额。

综合成本率
combined ratio

释义:

综合赔付率和综合费用率的总和。

The sum of comprehensive loss ratio and comprehensive expense ratio.

相关知识:

综合成本率是反映保险公司盈利能力、发展能力及经营业绩的综合指标，也是保险公司内部对各级分支机构绩效考核的核心指标。

根据中国保险监督管理委员会相关规定，综合成本率 = 综合赔付率 + 综合费用率。

其中，综合赔付率 = ［（赔款支出 - 摊回赔款支出）+（提取未决赔款准备金 - 摊回未决赔款准备金）- 追偿收入］/已赚保费；综合费用率 =（业务及管理费用 + 手续费及佣金支出 + 分保费用 + 营业税金及附加 - 摊回分保费用）/已赚保费。

由此可见，对保险公司综合成本率影响较大的当属自留赔款（赔款支出 - 摊回赔款支出）、未决赔款准备金提转差（提取未决赔款准备金 - 摊回未决赔款准备金）、综合费用成本（税费成本 - 摊回分保费用）以及已赚保费（保费收入 - 分出保费 - 未到期责任准备金提转差）四个方面。

衍生词条:

综合赔付率
comprehensive loss ratio
综合费用率
comprehensive expense ratio

综合担保
security package

释义:

确保还清货款或本金、减少风险的总体安排，包括第三者托管账户、照付不议合同、所在国政府担保等。在出口信用机构的业务中，这种综合担保最常见于项目融资。就担保的形式和范围，参与决策的不仅有出口信用机构，还有放款人、与项目可行性和现金流分析有关的国家及通过转让安排提供保障机制的相关国家。

The security complex structured with escrow accounts, take or pay contracts, host government guarantee, etc. , to mitigate risks and ensure full repayment of loans as scheduled. In export finance, this structured package of security is most commonly seen in project finance. Decisions on its form and scope will be made not only by export credit agencies but also by lenders and countries relating to the viability, cash flow and projection of the project.

衍生词条:

照付不议合同
take or pay contract
项目融资
project finance

相关信息:

在出口信用机构项目融资业务中，常见的风险缓释措施包括但不限于:

资产抵押、股权质押、权益转让、项目参与方的承诺与支持、共管账户。

综合费用率
comprehensive expense ratio

释义：

费用支出与已赚保费的比值。

The ratio of expenditure to earned premium.

相关知识：

根据中国保险监督管理委员会相关规定，综合费用率 = （业务及管理费用 + 手续费及佣金支出 + 分保费用 + 营业税金及附加 - 摊回分保费用）/已赚保费。

衍生词条：

综合成本率
combined ratio
综合赔付率
comprehensive loss ratio

综合赔付率
comprehensive loss ratio

释义：

综合赔付成本与已赚保费的比值，是以财务数据为基础，考虑准备金与再保险因素，对保险业务在一定会计期间财务结果的全面反映，是评估保险业务盈利能力的核心赔付率指标。

A core index in evaluating the profitability of insurance business, comprehensive loss ratio is the ratio of comprehensive paid claims cost to earned premium to reflect the financial performance of an insurance company in an accounting period based on the financial data of reserves and reinsurance.

相关知识：

综合赔付率常用于期限较短的险种，如财险业务、人身险业务、财险再保险业务、人身险再保险业务等。

综合赔付率 = ［（赔款支出 - 摊回赔款支出）+（提取未决赔款准备金 - 摊回未决赔款准备金）- 追偿收入］/已赚保费

衍生词条：

综合成本率
combined ratio
综合费用率
comprehensive expense ratio

总限额
aggregate credit limit，ceiling

释义：

保险人在一定期限内可以接受特定买方/银行风险的最高金额。总限额取决于买方/银行付款能力和付款意愿，并综合考虑行业和国别的因素。

Aggregate credit limit or ceiling refers to the maximum credit limit of a specific buyer or bank set by the credit insurer through a specific period. The setting of the maximum credit limit is based on the assessment of the payment capability and payment willingness of buyers, the industry/sector risk and the country risk.

相关知识：

通常在信用限额审批前，保险人会对买方的总体情况进行评估，设定保险人在一定期限内可以接受风险的最高金额。

买方付款能力主要考察买方的财务状况、经营现状、在当地市场上的行业地位、行业发展情况、买方所处国别的风险状况。

买方付款意愿主要考察买方和被保险人的交易历史付款情况、买方的信用记录。

银行总限额是保险人根据特定银行的总体资信状况对其核定的最高可授信额度。

影响银行总限额核定的因素包括国际知名评级机构例如标普、穆迪和惠誉等的评级、银行财务状况、世界/国家排名、定性类指标（例如经营实力、股东构成、银行规模等）、银行所处国别情况、信用记录。

保险人在核定买方总限额的时候需要大量的信息，资信报告是保险人研判买方资信的最基本来源。然而资信报告的完整性和时效性并不总是能满足保险人的需要。因此各种外部数据库、公开网站信息也是保险人获取买方信息的重要途径。目前保险人一般常用数据库和公共网站有以下几类：1. 买方数据库，例如路透智库、穆迪 KMV 数据库、BVD 企业数据库、NEXIS 商业信息数据库；2. 银行数据库，例如 BVD 银行数据库、银行家年鉴和 SWIFT；3. 海关数据库；4. 行业数据库，例如 IBISWORLD 美国行业数据库、ISI 全球新兴市场数据库；5. 国别数据库，例如 IHS GLOBAL INSIGHT；6. 上市公司查询渠道，例如雅虎财经等各类财经网站；7. 各国证券交易委员会网站；8. 各国证券交易所网站；9. 各国商务部、统计局网站；10. 伯尔尼协会和主要同业机构网站。

衍生词条：

信用限额
credit limit
资信报告
credit report

租船契约
charter party, charter agreement, charter

释义:

租用飞机、船舶或其他运输工具，按指定航线将货物运抵一个或多个地点的租约或协议。总租船契约是船主提供人员和设备并承担诸如港口费等其他费用的租船协议。光船租赁是个人或法人租赁不带船员的货船，完全占有和控制货船，并通常被授予货船临时所有权的租船契约。

(a) A charter party or charter agreement is a lease or agreement to hire an airplane, vessel, or other means of conveyance to transport goods on a designed voyage to one or more locations; (b) A gross charter is a charter agreement by which the shipowner furnishes personnel and equipment and incurs other expenses, such as port costs; (c) A bareboat charter is a charter agreement under which an individual or legal entity charters a vessel without a crew, assumes full possession and control of the vessel, and is generally invested with temporary ownership powers.

衍生词条:

租赁
lease

租赁
lease

释义：

买方（承租人）可以使用设备但不拥有设备，使用期间的设备所有权仍归卖方（出租人），一般在租赁期内等额分期还款，是设备销售方式之一。租赁一般有两种方式：1. 销售租赁，亦称融资租赁，即承租人在租赁期结束时对设备拥有所有权。2. 经营租赁，即租赁期届满时，承租人应将设备归还给出租人。

A way to sell equipment. Buyer (lessee) could use but not own the leased equipment. During the lease period, seller (lessor) maintains the ownership of the leased equipment. Normally, lease payments are paid in equal installments. Lease has two types: financial lease, in which at the end of the lease period, lessee could have the ownership of the leased equipment; and operating lease, in which at the end of the lease period, lessee shall return the equipment to lessor.

相关知识：

在租赁项下，承租人（lessor）是对不动产或个人财产具有使用权的一方；出租人（lessee）是对不动产或个人财产具有所有权的一方。

衍生词条：

海外租赁保险
overseas leasing insurance
经营租赁
operating lease
融资租赁
financial lease

足额赔付
non-deducted indemnity

释义：

保险人按照保单约定的赔偿比例就被保险人的全部损失进行全额赔付。

Based on the total loss of the insured, non-deducted indemnity is the payment in full by the insurer, according to the ratio arranged by the policy.

相关知识：

足额赔付是相对于扣减赔付的概念，指保险人在定损核赔时，索赔案件满足定损核赔所需的全部条件，无任何需要扣减赔付的情形。足额赔付既可以一次性足额赔付，也可以分期足额赔付。

足额赔付需要在索赔案件项下贸易背景真实、承保条件满足、单证资料完整、保险合同义务履行无瑕疵、损失原因及保险责任确定、损失金额全部或部分确定等前提下进行。

衍生词条：

一次性赔付
indemnity in one lump sum
分期赔付
installment indemnity
扣减赔付
deducted indemnity
拒赔
denial of indemnity

组合风险管理
portfolio management

释义：

为平衡风险、防止风险过度集中在某个国家或行业，出口信用机构对整体业务风险的管理。即便是政府账户的业务，也要关注组合风险管理。这一课题对出口信用机构日益重要，一些出售或交换部分风险的做法已被越来越多的机构采用，以更好地平衡业务。

Management of an entire portfolio of risks with the objectives of balancing risks and preventing their concentration in any country or sector. Portfolio management is relevant even where business on government account is involved. It is a subject of increasing importance for export credit agencies, and more export credit agencies are selling or exchanging part of their exposure to achieve better portfolio balance.

相关知识：

投资组合理论为有效投资组合的构建和投资组合的分析提供了一整套数量分析体系，是风险组合管理的理论基础。投资组合理论由马柯维茨提出，用投资回报的期望值表示投资收益，用标准差（或方差）表示收益的风险。投资组合的收益是单项投资收益的加权平均数，投资组合的风险却不是组合中各项投资方差的简单线性组合，而更多地取决于投资之间的协方差。投资者可以通过选择与现有投资组合具有弱相关或负相关关系的投资，在维持组合收益的同时降低组合风险。

衍生词条：

风险集中
accumulation of risk
政府账户
government account

最长信用期限
maximum credit period

释义：

保单给予买方的最长信用期限。

The maximum credit period approved for a buyer under the policy.

相关知识：

最长信用期限是指保险人与被保险人在保险合同中约定，在未出现约定风险事件并符合一定条件的情况下，被保险人可以在规定期限内自行延展贸易合同信用期限的管理方式。

信用保险机构对被保险人自行延展信用期限的规定主要有两种方式，一种是“最长信用期限”（狭义的最长信用期限），另一种是“最长延展期限”（广义的最长信用期限）。狭义的“最长信用期限”是在保单或批单中规定，在被保险人提供产品或服务后的一段期间内，被保险人可一次或多次延长信用期限，但合计不得超过保单所载明的期限，即延展后的总信用期限是××天。采用“最长延展期限”规定的信用保险机构一般规定：“被保险人如有需要，可以将信用期限延展至与买方在合同中规定的应付款日之后，但延展的时间不能超过保单明细表中约定的最长延展期限。”有的信用保险机构作了双重规定，例如延期后的付款日不得超过应付款日后的 90 天；但在约定信用期限超过 180 天的情况下，不适用信用期限的延展。

由于贸易实践中交易模式千变万化，贸易中的信用期限和保险业务中的信用期限在概念的外延上可能存在一定的差别，限额信用期限的设定很难做到非常精确的匹配贸易信用期限；比如有些贸易方式具有一定的特殊性，信用期限的起算点不同于常规业务；又如，贸易中部分付款义务人因种种原因会出现习惯性的拖欠，而这种拖欠具有一定规律性，并不意味着风险的发生。在业务中如果对限额信用期限规定过于严格，则一旦出现买方可能晚于信用期限付款的情况，被保险人就必须申请修改信用期限；而在未出现明显风险信号的情况下，保险人一般都会同意信用期限的延展，大量的申请、批复操作增加了保险双方当事人的工作量，但并没有控制风险的实质意义。最长信用期限的作用在于给予信用期限一定的弹性，防止出现因贸易形式和贸易习惯的原因而导致的反复修改、延长信用期限，其实质是简化操作，方便被保险人，同时提高保险人的工作效率，减少冗余业务环节，而并非放松风险控制。相反，信用保险机构在设定最长信用期限的同时都会设定限制条件，主要是延展条件、适用范围和延展方式等方面的相应规定。

衍生词条：

最长延展期限
maximum extension period
拖欠
protracted default
信用期限
credit period

最长延展期限

maximum extensio

释义：

保单规定的买方可延长付款的最长期限。

The maximum due date extension allowed under a policy.

相关知识：

被保险人可以将信用期限延展至原应付款日后的一定时间，但延展后的期限不能超过保单或批单规定的最长延展期限，最长延展期限从合同约定的应付款日起算，即采用在原信用期限上加计天数的方式。

信用保险机构对被保险人自行延展信用期限的规定主要有两种方式，一种是“最长信用期限”（狭义的最长信用期限），另一种是“最长延展期限”（广义的最长信用期限）。狭义的“最长信用期限”是在保单或批单中规定，在被保险人提供产品或服务后的一段期间内，被保险人可一次或多次延长信用期限，但合计不得超过保单所载明的期限，即延展后的总信用期限是××天。采用“最长延展期限”规定的信用保险机构一般规定：“被保险人如有需要，可以将信用期限延展至与买方在合同中规定的应付款日之后，但延展的时间不能超过保单明细表中约定的最长延展期限。”有的信用保险机构作了双重规定，例如延期后的付款日不得超过应付款日后的 90 天；但在约定信用期限超过 180 天的情况下，不适用信用期限的延展。

由于贸易实践中交易模式千变万化，贸易中的信用期限和保险业务中的信用期限在概念的外延上可能存在一定的差别，限额信用期限的设定很难做到非常精确的匹配贸易信用期限；比如，有些贸易方式具有一定的特殊性，信用期限的起算点不同于常规

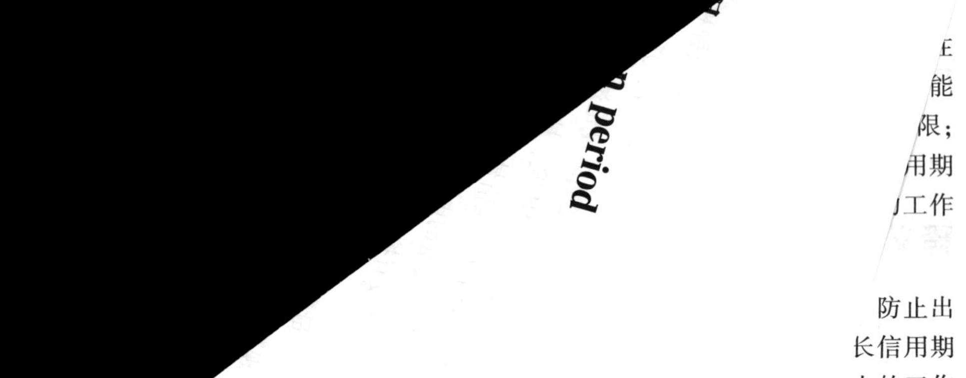

防止出
长信用期
人的工作
反，信用保
，主要是延

最低保费
minimum premium

释义：

被保险人在保单年度有效期内应交纳的最低保险费，是保险合同中明确约定的内容。被保险人足额交纳最低保费是保险人承担保险责任的前提。在保单执行过程中，最低保费不足的，被保险人需补交；在保单执行期满后，最低保费尚有剩余的，原则上剩余部分不再退还，也不结转至下一保单年度。

The agreed minimum amount of premium to be paid within the current insurance period of the insurance policy. The insurer shall not be liable for any insurance liability if the insured fails to pay the minimum premium in full. When the minimum premium is insufficient for liability, the insured should replenish the premium. In principle, the balance of the minimum premium for one policy period is non-refundable and would not be used in the next policy period.

相关知识：

最低保费可一次性收取，也可多次收取。被保险人的应交保险费首先从最低保费中核减，当最低保费被核减为零后，被保险人需按保单约定继续交纳保险费。保单年度终止时，最低保费余额不予退还，也不结转至下一保单年度。

交纳保费是被保险人的义务，如果被保险人未按上述规定足额交费，保险人对该保险费所对应的申报不承担赔偿责任。

保险合同双方根据买方风险、被保险人风险、出口商品本身的风险、出口国家的政治经济风险、行业风险等风险因素，通过

衍生词条：

保险单
insurance policy
被保险人
insured
保险费
premium
预交保费
prepaid premium
保险单期限
policy period

沟通协商确定最低保费，例如最低保费可以按预计保险金额乘以保险费率的80%收取。

除最低保费外，其他保费交纳方式还包括预缴保费和实报实收保费。预缴保费，即被保险人根据保险合同和实际出口业务金额，与保险人协商约定保费金额，并由被保险人预先交纳。保单到期时预缴保费可予退还或结转，除此之外，预缴保费的收取、核减方式以及相关约定与最低保费相同。实报实收保费，即按实际出口申报收取保险费。

最低资本

minimum capital

释义:

为了应对市场风险、信用风险、保险风险等各类风险对偿付能力的不利影响，保险公司依据监管机构的规定而应当具有的资本数额。

The amount of capital required for insurance companies according to the regulations to cover the adverse impact on solvency capability arising from market risk, credit risk, and insurance risk, etc. .

相关知识:

保险公司最低资本由三部分组成:

1. 量化风险的最低资本，即保险风险、市场风险、信用风险等固有风险对应的最低资本;

2. 控制风险的最低资本;

3. 附加资本: 包括逆周期附加资本、国内系统重要性保险机构的附加资本、国际系统重要性保险机构的附加资本以及其他资本。

最低资本的计量应该以风险为导向，反映保险公司面临的所有固有风险和控制风险等各类风险及其变化。最低风险资本的计量应当考虑各类风险之间的相关性，采用相关系数矩阵法。最低资本的计量应采用中国保险监督管理委员会规定的保险行业统一的方法、模型和参数。保险风险、市场风险和信用风险的最低资本计量方法原则上采用在险价值（VaR）方法。市场风险和信用风险的风险暴露不包括非认可资产和非认可负债，中国保险监督管理委员会另有规定的除外。独立账户资产和独立账户负债原则上不计量最低资本，中国保险监督管理委员会另有规定的除外。

衍生词条:

偿付能力充足率
solvency ratio
实际资本
available capital
偿付能力资本要求
solvency capital requirement (SCR)

最高保险金额
maximum insurance amount

释义：

被保险人在单个保单项下投保的最高金额，需要在保单明细表中列出。一般仅用于海外投资保险。

The maximum applied insurance amount under an insurance policy, listed in the schedule of an insurance policy. It is a term often seen in overseas investment insurance.

相关知识：

在海外投资保险项下，每个保险责任期的保险金额在任何情况下都不能超过最高保险金额。

海外投资（股权）保险的最高保险金额以保单有效期内任意时点被保险人的股本投入和收益（包括预计实现和已实现）之和的最大值进行确认。根据以上规定，股权保单中最高保险金额的确定取决于两点，一是保单有效期内被保险人对投资项目的最大股权投入；二是保险范围是否包括收益。

海外投资（债权）保险的最高保险金额以保单有效期内任意时点被保险人的贷款本金及利息之和的最大值进行确认。投保人投保时，要明确最高保险金额中是否包含利息，如果最高保险金额中不包含利息，则最高保险金额按照贷款本金的最大值确定；如包含利息，审核最高保险金额时应遵循东道国关于贷款利息的规定，审查贷款协议规定的利息是否超过东道国的相关规定。在保险有效期内，最高保险金额一经确定则保持不变。

衍生词条：

海外投资股权保险
overseas equity investment insurance
海外投资债权保险
overseas debt investment insurance

最高赔偿限额
maximum liability, policy limit

释义:

保险人在保单有效期内可能承担赔偿责任的累计最高赔偿额。

The maximum amount that the insurer is liable to pay in respect of all losses during a policy period.

相关知识:

最高赔偿限额的作用:保险人通过控制单个保单的年度赔偿上限,避免被保险人投保业务全部或多数出现损失时,导致保险人发生系统性风险而产生巨额赔付。

最高赔偿限额的约定方式:一般采用一个固定金额来表示。出口信用保险项下,保险人通常在保单中以一个确定的金额或者以保费的若干倍的形式约定保单最高赔偿限额。

最高赔偿限额能够起到分担风险的作用,在限制保险人赔偿责任的同时,也促使被保险人更加自觉地谨慎行事,并采取相应的风险控制措施以减少可能损失发生,从而降低风险。

最高赔偿限额可以针对一张保单的全部投保业务范围进行约定,也可以在保单最高赔偿限额之内,根据风险程度、保险费率等因素,就某一特定范围业务单独约定最高赔偿限额,如某特定买方、某特定国别等。一旦损失超过约定的最高赔偿限额金额,保险人将不再承担赔偿责任。

衍生词条:

可能损失
potential loss
信用限额
credit limit

最后付款日
date of final payment

释义：

信用证支付方式下银行的最长付款期限。即期信用证的最后付款日为有关信用证适用的《跟单信用证统一惯例》规定的银行收单后5个工作日以内；远期信用证的最终付款日为开证行的承兑付款日或通知到期日。

The date of final payment, or the final due date is commonly seen in the transaction under letter of credit method. According to UCP 600, the date of final payment of a sight L/C is the 5th working day from the date that the issuing bank receives complete documents. The date of final payment of a usance L/C is the date of payment accepted by the issuing bank or the advised due date.

相关知识：

银行审单期限：根据最新版《跟单信用证统一惯例》（目前为UCP600），按照指定行事的被指定银行、保兑行（如有）以及开证行，自其收到提示单据的翌日起算，应各自拥有最多不超过5个工作日的时间以决定提示是否相符。该期限不因单据提示日适逢信用证有效期或最迟提示期等情况而受到影响，收到单据的银行从第二天开始计算，在5个工作日之内必须决定提示单据是否相符；如果超出这一期限，则默认为单据是符合信用证要求的。

信用证是单据交易，开证行仅在单证完全符合信用证条款要求的情况下才承担付款义务。因此在信用保险项下，如果被保险人提交单据出现单证不符、单单不符的情况，属于被保险人未能完全履行信用证项下的义务，信用保险公司不予承担保险责任。

衍生词条：

信用证
letter of credit
(L/C)

最终买方
end buyer

释义：

最终买方是个相对概念。“买方”是买卖合同中接受标的物并支付价款的一方当事人，享有依照合同约定取得标的物所有权的权利，同时有义务按约定支付价款。最终买方则是“买方”的买方，即当商品再次买卖时，原来的“买方”变为“卖方”，最终买方成为新的买卖合同中接受标的物并支付价款的一方当事人。因此，最终买方能否正常付款对买方经营有直接影响。在承保实践中，保险人承保的业务往往是整个贸易链条中的一个环节，即商品多次买卖中的一个买卖合同。在商品多次买卖的过程中，买方的付款能力和付款意愿往往取决于最终买方的付款能力和意愿，因此，承保人对于买方信用风险的评估，可综合参考最终买方的资信情况进行评估。

The end buyer is a relative concept. According to its definition, the “buyer” refers to the party who accepts the subject matter and pays in the purchase and sale contract. The buyer is entitled to the ownership of the subject matter as well as the obligation to pay as agreed in the contract. The end buyer is the buyer of the “buyer” . In other words, if the subject matter is resold, the original “buyer” becomes the “seller”, and the end buyer becomes the party who accepts the subject matter and pays in the new purchase and sales contract. In the practice of underwriting, the insured transaction is usually one part of the whole trading process. As a result, whether the end buyer could pay as agreed has a direct impact on the operations of the buyer. The payment capability and willingness of the buyer usually depend on that of the end buyer. Accordingly, the underwriter may take the credit worthiness of the end buyer into consideration for the credit assessment of the buyer.

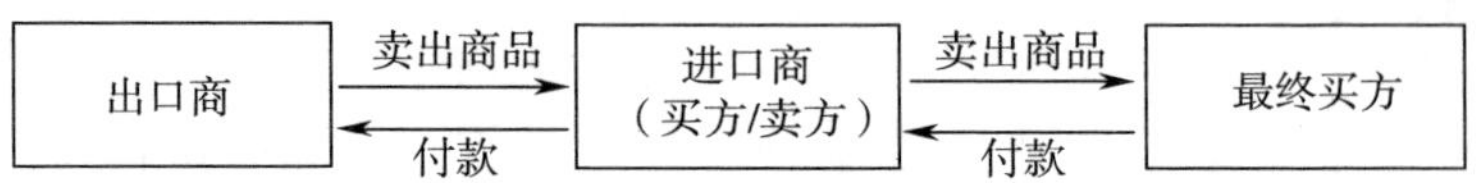

图1　贸易流程

相关知识：

集团采购办模式，根据业务对象范围的不同，分为狭义和广义两种。狭义的集团采购办为集团内兄弟公司提供采购服务，是行使集团内采购职能的主体。广义的集团采购办，实际上是专门提供代理采购服务等业务的供应链贸易商，其业务对象可能是某个或多个大型集团企业。采购办多数属于轻资产公司，自身财务实力较弱，其经营主要受下游客户回款的影响。专业化的集团采购办买方，往往经营规模较大，因此对限额需求也比较大。在承保时，如果仅仅考察买方自身实力，往往难以大额授信，这时就需要参考最终买方的实力和资信情况，以满足市场需求。

“三流”，即货物流、资金流、单据流。对于复杂贸易背景的业务，通过了解“三流”，可以快速厘清其中的关键环节和风险点。贸易背景复杂的业务，往往贸易链条长，环节多，涉及多个贸易主体。与最终买方相关的货物、资金以及单据，是分析贸易链条风险的关键。对于某些特定项目，为减少中间环节的付款风险，最大限度地保障回款路径的畅通，在分析“三流”的基础上，承保人可建议被保险人与买方和最终买方采用三方托管账户方式保障资金安全。而在一些特殊行业，被保险人可以在合同中约定货物留置权等特别条款，进一步防范信用风险。

三方托管账户，一般适用于支付特定项目的款项。比如一家生产日用品的工厂，可以将其出售货物所得的收入放入指定的三方托管账户，以用来偿还其购买设备的价款。进口商可将自身的应收账款抵押给出口商，但这种方式很大程度上取决于该笔债务是否可以完全收回，以及出口商是否可以在货款到期日主张对该笔债务的债权。此外，三方托管账户也适用以下大型项目：出口商是分包商，进口商为主要承包商，出口商可以非官方的形式参与到项目当中，以确保最终买方按照事先安排好的形式支付，或支付到三方托管账户，或直接使用本票支付。

衍生词条：

买方
buyer
信用风险
credit risk
托管账户
escrow account

最终验收
final acceptance

释义：

建设工程项目竣工后开发建设单位会同设计、施工、设备供应单位及工程质量监督部门，对该项目是否符合规划设计要求以及建筑施工和设备安装质量进行全面检验，以取得竣工合格资料、数据和证书。

The comprehensive inspection process that project owners conduct together with building designer, constructor, supplier and quality monitor after the completion of the construction project to certify if the project meets the requirement of the design and quality. Certificate of completion and relevant data should be released and serviced after the process.

衍生词条：

最终移交证书
Final Acceptance Certificate (FAC)
初步验收证书
Provisional Acceptance Certificate (PAC)
移交证书
take over certificate

最终移交证书/完工证明
Final Acceptance Certificate (FAC)

释义：

根据合同约定，业主接收已完工工程时颁发的证书。

Subject to specific clauses stipulated in the contract, a final acceptance certificate is a certificate issued by the owner for taking over the completed project.

相关知识：

英文表述“FAC”多见于电信类商务合同，在国际工程承包类商务合同中，移交证书多表述为“take over certificate”。电信类商务合同有时还有初步验收证书（Provisional Acceptance Certificate，PAC）的约定。

衍生词条：

初步验收证书
Provisional Acceptance Certificate (PAC)

移交证书/完工证明
take over certificate

最终验收
final acceptance

中文索引
Chinese Index

英文索引
English Index